本丛书为云南大学
"双一流"建设民族学一流学科建设项目成果

编委会

主　任：林文勋

副主任：何　明　关　凯　赵春盛　李志农　李晓斌

委　员（按姓氏笔划为序）：

马居里　马翀炜　马雪峰　马腾岳　王文光

王越平　牛　阁　龙晓燕　朱　敏　朱凌飞

庄孔韶　李永祥　李伟华　李丽双　何　俊

张　亮　张　赟　张海超　张锦鹏　陈庆德

陈学礼　周建新　郑　宇　赵海娟　高志英

谢夏珩

云南大学民族学与社会学研究生研究成果文库

刘建娥 主编

教育部人文社会科学重点研究基地
云南大学西南边疆少数民族研究中心文库

社会服务的转型
基于机构实务的社区社会工作研究

学苑出版社

图书在版编目（CIP）数据

社会服务的转型：基于机构实务的社区社会工作研究 / 刘建娥主编. —北京：学苑出版社，2020.5
ISBN 978-7-5077-5944-0

Ⅰ.①社… Ⅱ.①刘… Ⅲ.①社区－社会工作－研究－中国 Ⅳ.①D669.3

中国版本图书馆 CIP 数据核字（2020）第 083799 号

责任编辑：战葆红
出版发行：学苑出版社
社　　址：北京市丰台区南方庄 2 号院 1 号楼　100079
网　　址：www.book001.com
电子信箱：xueyuan@public.bta.net.cn
销售电话：010-67675512、67678944、67601101（邮购）
印　刷　厂：河北赛文印刷有限公司
开本尺寸：710×1000　1/16
印　　张：26.75
字　　数：350 千字
版　　次：2020 年 7 月北京第 1 版
印　　次：2020 年 7 月北京第 1 次印刷
定　　价：98.00 元

总序

故家乔木 薪火相传

何 明

培养高素质创新型人才，是教育的最高境界与理想追求，是人类社会可持续发展的动力和保障。

云南大学的民族学、人类学和社会学的人才培养和学科建设始于 20 世纪 30 年代末。1938 年，吴文藻先生应熊庆来校长之邀来到云南大学创办社会学系，进行社会学、民族学和人类学的人才培养和学术研究，不仅汇聚了费孝通、许烺光、陶云逵、林耀华、杨堃、江应樑等一批享誉世界的学术精英，创作了《乡土中国》《生育制度》《云南三村》《祖荫下》《昆厂劳工》《个旧女工》《芒市边民的摆》等一批学术经典，而且培养出田汝康、张之毅、刘尧汉等一批综合素质高、创新能力强的优秀人才。60 年代初开始培养中国民族史研究生。在 80 年代初国家恢复重建学位制度过程中，云南大学成为全国最早培养中国民族史硕士研究生和博士研究生的高校。随着国家学科体系和研究生培养体系的不断完善，云南大学先后获准设立民族学、社会学、人类学的硕士学位授权和博士学位授权以及社会工作专业硕士学位授权，为民族学、人类学和社会学的教学和研究以及社会各界培养了一大批优秀人才。

2017年国家启动"双一流"建设，云南大学荣膺"双一流"建设高校，民族学学科进入"一流学科"建设行列。作为"一流学科"建设重中之重的目标和任务，民族学、社会学和创新人才培养被推到前所未有高度。根据国内外形势的变化、国家重大战略、地方重大需求、民族学学科创新人才成长规律，确立围绕铸牢中华民族共同体意识和构建人类命运共同体"两个共同体"的人才培养目标，坚持"立维护民族团结之德，树促进民族团结之才"的人才培养理念，实施"校园＋田野＋语言（周边国家语言／少数民族语言）＋应用技术（影像技术／信息技术）"的"四维"人才培养模式，全方位提升学生的综合素养、知识层次和创新能力。

本套丛书呈现的是云南大学民族学和社会学研究生在导师汲引忘疲指导下完成的部分成果，从中可以窥见楚楚不凡之一角，希望他们及其同学堪当船骥之托，传承并创新云南大学民族学和社会学的优良传统，成长为国家乃至人类文明建设大厦的栋梁。

2020年4月22日午夜
草于白沙河畔寓所

目 录

导　论……刘建娥/1
　　一、研究背景/3
　　二、社会融入的实践策略与共享经验/5
　　三、社区发展与社会融入/11
　　四、社区机构实务研究/16

**改善老年人在机构生活适应不良的社会工作介入
研究**……范　文/1
　　一、关于老年人在机构生活适应问题的研究/4
　　二、关于老年人在机构生活适应不良问题的介入研究/11
　　三、B老年公寓老年人生活适应不良问题的现状及成因分析/15
　　四、住养老人在机构生活适应不良的个案工作介入/45
　　五、个案介入过程与效果/67
　　六、住养老人不同维度机构生活适应不良问题社会工作介入
　　　　的对比分析/132
　　七、结论与思考/137

**社会目标模式小组工作在老年志愿者培训中的运用
研究**……郭　杰/143
　　一、关于老年志愿服务研究评述/146
　　二、基本理论与研究方法/160

三、小组工作在应对 A 中心老年志愿者培训问题中的适应性/170
　　四、小组工作在老年志愿者培训中的运用过程/174
　　五、小组工作经验总结及改进建议/201
　　六、结论与讨论/211

女童反性侵教育的小组工作介入探索……何晓丽/217
　　一、关于儿童性教育/220
　　二、理论评述及研究方法/225
　　三、女童反性侵教育的实务小组/230
　　四、小组活动效果的评估/253
　　五、结论与讨论/261
　　附录/268

流动儿童生命教育的社会工作实践研究……徐　展/287
　　一、流动儿童与"生命教育"/290
　　二、游戏理论与体验式学习/300
　　三、研究方法与资料收集/309
　　四、流动儿童生命教育小组工作介入过程/312
　　五、结论和意见/329

流动青少年职业生涯教育的社会工作介入……侯新月/335
　　一、从侧重社会管理到服务发展/338
　　二、理论与方法/347
　　三、流动青少年的现状与需求评估/358
　　四、社工介入与行动研究/376
　　五、讨论与对策建议/392

导 论

刘建娥

近年来,经济发展加快了社会变迁和社区转型,带来新的社会需求和社会问题。政府购买社会服务是推动政府职能转变,推进政社分开,建设服务型政府,加强社会建设与社会管理创新的重大改革举措。在政府、市场及社会三大主体中,我国的社会维度极为薄弱,要鼓励社会力量在保障和改善民生中承担责任,大力支持民间公益慈善和社会服务事业,将社会力量的参与纳入到社会政策规划中,提升社会组织的能力,使其在公益服务中能够发挥常规化作用[1]。自 2012 年以来中央及地方政府先后制定发布了一系列重大政策文件[2],加快推进政府向社会力量购买公共服务的改革举措,在政府驱动和引导下逐步放开市场准入,整合社会资源,形成改善公共服务的合力,引入社会工作专业的介入,实现传统社会服务的转型和增量,以降低公共服务的成本,有效解决公共服务产品短缺、质量和效率不高等问题。

---

[1] 关信平:《论我国新时代积极稳妥的社会政策方向》,《社会学研究》,2019 年第 4 期第 34—37 页。

[2] 民政部、财政部制定颁发"关于政府购买社会工作服务的指导意见"(民发〔2012〕196 号);2013 年国务院办公厅发布"关于政府向社会力量购买服务的指导意见"(国办发〔2013〕96 号);2013 年 9 月 13 日省办公厅发布《云南省县级以上政府向社会组织购买服务暂行办法》。

在新冠疫情重大公共卫生事件的冲击和影响下，国际社会重新审视经济发展和社会发展的关系，更加重视社会与经济的平衡发展。社区是构成社会的基础结构，社区工作是承接基本公共服务的重要平台。在国际社会政策理论与实践研究中，社区发展作为社会融入的重要行动机制越来越受到重视。本书借鉴国际社区发展的政策和实践经验，基于我国本土社区社会工作机构的实务项目，探讨社会融入的基本策略与共享原则，提出改善社区教育、发展社区经济、提供专业服务、促进民主参与的现代社区发展模式。依托社区机构实践探索本土社会工作实务方法和技能，系统呈现老年服务与志愿者培育、女童反性侵教育、流动儿童生命教育、流动青少年职业生涯规划社会工作实务过程，并对实务介入进行过程评估、成效评估和影响评估，力求基于实践进行知识建构和经验反思，探讨针对不同年龄人口和服务对象设计适宜的服务模式。在实务研究的基础上尝试相关服务政策的倡导，积极推动专业化的社区服务机构的发展，提升社区服务的专业水平，充分发挥社区在公共服务提供过程中的基础作用，带来社会管理和服务的改变与进步。

一、研究背景

社区发展（community development）是以社会的、经济的和环境的视角，通过社区群体与组织开展网络工作，传递专业支持，促进个人与组织的参与，在此过程中分享权力、技能、知识与经验，加强政府部门、私有部门和非政府组织的合作，实现对当地社区的赋权，回应社区需求与改变。近年来，伴随着社会流动与社会分化加剧，个人主义与邻避主义增长，欧洲国家的一些传统社区开始日渐衰落，社区边缘化现象突显，如何限制对边缘社区弱势群体的社会排斥，促进社会融入与社会平等，已成为国际社会政策理论与实践策略研究的重大议题。许多国家和地区将社会融入作为人类生活质量的主要指标，较高的社会融入水平已经成为人类社会发展所追求的目标之一。在社会融入策略的研究中，社区发展作为重要行动机制越来越受到重视；同时社会融入也是当代社区工作的重要内容与目标。社区工作作为专业社会工作的基本方法之一，以社区或社区居民为工作对象，通过专业社会工作者的介入，组织社区居民参与行动，界定社区需求，合理解决社区问题，从而改善社区服务与福利；在参与过程中培养居民自助、互助及自决的精神，加强市民的参与能力和市民素养，改善社会关系，提升服务水平，"睦邻"和"增能"是社区工作的核心所在。

亨德森与托马斯（Henderson and Thomas, 2002）将社会资本、市民社会、能力建设与社会融入作为当代社区工作的核心要素。泰勒

(Taylor，2006）在对英国的社区发展项目评估中，提出了社区参与促进社会融入的理论模式，将上述四个核心概念统一在社区实践中。米奇利（Midgley，1993）提出三种社会发展策略：个人主义策略、集体主义策略以及平民主义策略[1]，基于社区的行动能够在一定程度上实现这些策略的平衡，在"自下而上"的社区行动过程中发展建立社区组织，增强个体代表自我利益的能力，实现自我改善与集体获益。社区工作有助于从更广泛的社区生活视角去理解社会融入的关键方面（Henderson，2005），促进决策过程中的市民参与，澄清社区问题与需求、分配资源与传递服务，加强社区基层能力建设，实现社会融入。社区发展作为欧盟促进市民社会与经济发展的重要政策策略，所形成的实践方法与普遍原则已成为社会政策领域的新热点。本书积极借鉴欧盟社会发展联会（CEBSD）[2] 成员国及其他欧洲国家社区发展项目的实践经验，探讨社区发展实践策略及共享原则，基于本土社会工作机构实务，探索当前我国社区社会服务的转型的基本路径和方法。

---

1 米奇利（J. Midgley，1993）提出社会发展的三种策略：（1）个人主义策略侧重于自我实现、自我决定与自我改善；（2）集体主义策略主张行动制度视角（Action - institutional approaches），加强建立组织；（3）平民主义策略强调发展当地社区的小规模行动。

2 2004年在布达佩斯由欧盟社会发展联会（The Combined European Bureau for Social Development，简称 CEBSD）、匈牙利社区发展协会、国际社区发展协会联合召开的"社区发展与加强欧洲市民社会"（Building European civil society through community development）重要会议。欧盟社会发展联会是欧洲的非政府组织，建立社会网络，开发社区项目，加强社区草根层的组织和群体、当地的权威机构、政府代理机构、研究机构的联系，增进社区发展实践的交流与合作，探索通过社区发展来对抗社会排斥的有效的实践方法与理论研究，积极促进社区和社会发展。

二、社会融入的实践策略与共享经验

近年来，欧盟社会发展联会成员国及其他欧洲国家主要采取小组工作（群体工作）、个案工作、社区项目与社区计划等实践方法，开展广泛的社区行动（表1），工作领域涉及住房、交通、健康服务、社区安全、环境、文化生活、职业培训及就业促进等社区生活的关键方面，社区在澄清问题、参与决策、传递服务及发展社区项目中具有重要的地位。笔者认为欧盟社区实践工作已经形成依托社区教育、发展社区经济、提供专业服务、促进民主参与的现代社区发展模式。其中，社区教育是增强就业和经济能力、改善服务、促进参与的重要手段；"社区"经济是社会发展的基础；社区服务是社区发展的核心；社区民主参与是基本条件。在社区发展的过程中，四大策略相互支持，共同建构限制社会排斥、促进社会融入的行动机制，完善社区教育与文化，发展当地经济，改善社区服务与设施，增进社区民主，在平等参与的过程中实现赋权与增能。

表1 欧盟社区发展实践案例分析

社区发展实践行动	国家、地区及组织	项目与方法	反思与经验
社区教育	英国伯明翰城市委员会（City Council）	成人教育服务，职业培训服务，终身教育服务	增长工作技能与社会技能，拥有更多改善生活的机会与就业机会，扩大培训基金的外部投资
社区经济与可持续发展	瑞典的 Orebro、匈牙利的 Dunamelleck、比利时的 Brussels	启动社区经济发展项目：社区商业项目、基础设施项目以及社会服务项目；发展失业者指导项目：自我雇佣协会、二手商店、日间照顾中心	共担责任，分享收益；建立合作伙伴关系，提高效率；发展资源，明确责任
	挪威的 The Sagene Samfunnshus（SSH）、Ideas Bank Model（IB）、匈牙利的 Bokartisz	绿色工作站、回收利用中心、生态公园、"最后的稻草"园林重建项目	获得可持续发展的知识与技能；有助于澄清环境与资源的问题；有效利用项目资金与资源

续表

社区发展实践行动	国家、地区及组织	项目与方法	反思与经验
社区服务	英国的 Scotland、Bradford，挪威的 Holmlia，西班牙的 Barcelona，丹麦的 Copenhagen	心理健康项目； 社区街餐馆； 社区论坛、社区报纸与年度会议； 夜间巡视小组、环境巡视小组	提供社会支持，改善社会关系； 关注弱势群体，避免负面标签； 长期投入支持，避免短期计划
社区民主	瑞典的城市住房公司委员会（SABO）、欧盟社会发展联会（CEBSD）与社区发展运动中心（CESAM）	民主的住房政策 学习课程与社区听证会 咖啡对话 邻里参与委员会	强调参与既是权利，也是责任； 重视具体项目，避免大讨论； 主动参与，避免被动接受

第一，社区教育是社区发展的重要手段和条件，社区教育作为实现自我发展与教育互动的主要方式[1]，被广泛应用于成人教育与职业培训中。通过社区教育与培训，增长社区成员的职业技能与社会技能，确保更多的学习者获得培训认证，拥有更多改善生活的机会和就业机会。例如，英国的社区教育强调开展国家级统一的正式的社区教育课程，促进非达标式学习（non-accredited learning），同时结合当地社区的需要与特点，开展多元化的社区培训，增加对弱势群体的社会支

---

1 Payne M. *Social Work Change and Continuity*, Basingstoke：Palgrave Macmillan, 2005.

持。[1] 社区教育要实现外部投资最大化，不断加大教育培训基金支持力度，同时要改善教学与学习的支持服务与管理，并不断发展新的潜在的教育服务对象，拓展新的培训课程，实现社区教育的品质、平等与多元化的发展目标。

第二，社区经济是当代社会发展的关键所在，社区发展要回应当地经济与环境发展的需要，创造个人与组织融入社会的经济条件。社区经济的主要实践策略涉及：（1）开设训练课程，启动社区经济发展项目。当地政府部门、志愿者部门与商业部门共同参与，成立地区经济发展基金委员会，建立地区经济发展工作坊，启动商业项目、基础设施项目以及社会服务项目。例如，在城镇社区，启动增设网络中心、公交车站、运动广场等基础设施项目，发展社区儿童与老人日间照顾中心等社会项目；在农村社区，带动小农场主参与，为农户提供技术与信息咨询，使他们获得更多的技术知识和市场技巧。（2）提供培训机会，发展失业者指导项目。依据课程参加者的需求与能力来设置课程，并将培训项目与工作机会结合起来，提高项目的针对性和吸引力，在职业培训中提升失业者的就业能力，拥有更多的就业机会。有报酬的工作是实现社会融入的重要途径。[2]（3）增进社区可持续发展。可持续发展不可能仅仅依靠技术来解决，还应该通过社区教育，使社区居民获得并共享可持续发展知识、经验和信息，形成更广泛的公共影响；同时，只有加强社区民主，居民参与社区环境与资源问题的决策过程，可持续发展才能在社区层面得以实现。[3] 如果缺乏社区的参与和支持，投资项目的资金与资源往往得不到充分的应用，甚至被浪费。

1　Birmingham City Council (2008), Adult & Communities, http://www.birmingham.gov.uk.

2　Levitas R. *The Inclusive Society: Social Exclusion and New Labor*, Basingstoke: Palgrave Macmillan, 2005.

3　Kajner and Peter. "All is one: Healthy communities and a sustainalbe future", *Community Development Journal*, Vol. 40, No. 4, 2005, pp. 447—452.

总之，社区发展在促进当地经济发展、增加失业者指导项目以及可持续发展的过程中，首先要激励参与者共担责任，分享收益，职员得到工资收入，而志愿者收获荣誉；其次是明确社区居民的需求，协调社区不同部门的利益和行动，提高合作伙伴网络工作的效率；最后结合欧盟和国家就业计划，加大成员国及欧盟的资金投入，确保社区自助经济行动的生存和发展。

第三，开展社区项目、传递社区服务是社区发展的基本策略与核心功能。社区工作者采取促进融入、参与和预防的方法，协调并整合个人、组织与公共团体多方面的力量，共享协议与信息，通过有效的沟通与合作来促进问题的解决。这些方法涉及：（1）开展特定项目与治疗性个人课程，为社区居民提供专业化的社会支持，如心理健康项目，为居民提供专业化心理辅导服务；（2）采用小组工作的方法，如夜间巡视小组、环境巡视小组，提供互动、参与、学习、合作以及自我服务的机会；（3）在特定项目与小组工作的基础上，建立社区中心，开展网络工作，组织社区行动与活动，如社区街餐馆、社区论坛、社区合作伙伴、社区报纸与年度会议。孤立的社区成员能够在网络工作中寻求帮助和支持，改善社会关系，增强价值感与归属感，实现社会安全网功能。社区服务需要长期支持与投入，避免短期计划。例如，选举期间的短期项目的社区计划方案往往难以开展和持续。"社区发展不仅是原则，还是方法；不仅是方法，还是过程"。[1]

第四，社区民主是实现居民基本的政治参与和社会参与的重要策略。参与是限制社会排斥的核心，融入与排斥主要取决于参与的程度。[2] 重视参与原则，尤其是在被忽视或弱势社区，鼓励志愿者、职

---

[1] CEBSD Project on Promoting Participation in 2000, http：//www. cebsd. org/social. htm.
[2] Burchardt T and Le Grand J. Piachaud D. *Degrees of Exclusion*：*Developing a Dynamic*，*Muti - dimensional Measure*. In：J Hills（ed.）. *Understanding Social Policy*. Oxford：Oxford University Press，2002.

员、服务对象及其他组织积极参与项目运作与决策制定。例如,通过社区听证会、咖啡对话、邻里参与委员会等方式,提供社区成员参与社区项目与计划的机会,加强合作与信任,促进决策者、社区工作者与社区的紧密联系,平衡社区的权力与资源。(1)民主参与原则渗透在社区发展的各个层面,有助于改变社区的消极陈规,形成积极循环。服务使用者的参与能够促进个人之间的互动,便于达成共识的目标,保障服务的提供是适宜的与回应性的,而且有助于实现面临社会排斥的群体或个人的赋权与增能。[1] 民主参与要依照透明和公开原则,促进信息的沟通与交流,为参与者提供真正的选择与可及的服务。(2)遵循参与原则尽管可以促进社区发展,但也有可能产生消极的影响。当共享价值被群体所主导的时候,有可能会导致对另外一个群体的排斥,所以参与需要充分地考虑到在特定的社区情境中发展多元合作的理念。另外,参与很容易变成表面文章,局限于肤浅的形式化的参与,没有足够的、积极的市民来代表社区的广泛意见,自我中心和抵制变化的社区领导往往不能对多样化的复杂的社区问题做出清晰的分析和表达,甚至可能不能听到一些声音。尽管许多生活在贫困中的人有着迫切的参与愿望,但是"长期的忽视,或者虚假的参与经历,只留下失望;需要全力以赴的长期的社区工作,实践真正的社区参与,才能克服怀疑和失望"。[2] 社区民主实践的经验也表明,在民主参与活动中,要结束传统的意识形态的大讨论,重视具体的项目与方案的研究;同时,社区工作者要尊重社区居民的需求与能力,避免将个人偏好的单一模式强加给当地社区,鼓励主动参与,避免被动接受。

---

[1] Thompson N 2006a. Power and Empowerment, Lyme Regis: Russell House; Thompson N. 2006b. Anti-Discriminatory Practice. in: Martin Davies (ed.). *The Black Companion to Social Work*, Oxford: Blackwell, 2008, pp. 102—109.

[2] Lister R. "Forword", in P. Henderson and H. Salmon, *Social exclusion and community development*, Lodon: CDF Publications, 2001, pp. 5—6.

三、社区发展与社会融入

欧盟社会发展联会及其他欧洲国家在社区发展实践过程中，形成完善社区教育、发展社区经济、提供专业服务、促进民主参与的现代社区发展模式，依托社区为边缘弱势群体的社会融入构建基本政治、经济以及社会条件，有效地回应社会的、经济的、环境的动态发展过程中的问题与需求，通过社区发展，使国家的社会融入政策从抽象的一般性政策转变为社区具体的专业实践。社区发展在限制社会排斥、促进社会融入政策实践过程中发挥重要影响，所形成的基本经验与共享原则为我国社会融入实践研究带来重要启示。本研究基于上述研究，提出以下三个方面的政策建议。

第一，灵活发展社区群体，在多元获益的过程中实现社会融入。基于结构与功能的维度，本研究提出"社区群体促进社会融入模式"（图1）。（1）社区群体：在结构方面，社区群体作为社区构建潜在的社会基础；在功能方面，这些群体能够满足社区基本的需要，并不断促进新的独立的小型群体与组织的产生。（2）社区小型志愿者团体与俱乐部：其结构松散，组织成员基于个人兴趣自愿参与，形式较为灵活多样；这些群体具有满足居民多元化的休闲生活服务，并促进社会基层组织发展的重要功能。（3）社区专业化组织：具有扁平化的单一的结构特征，便于高效率地运作与沟通；主要具有发展社区项目、开展社区活动、传递社会服务的功能。社区居民通过这些组织能够帮助服务提供者对社区实施有效的管理，改善社区的服务与设施，保护项目投资。(4) 社区网络工作：社区项目的发展与服务的传递，带动多主体参与及合作，能够增加项目组织者与服务使用者之间的互动频率，发展社区网络工作；从而改善社会关系，加强非正式的社会控制，形成积极的融入的网络。在个人层面，稳定的多样的社会网络工作能够提升人们的认同感和幸福感，减少反社会行为，增强社区安全感，"通过文体活动建立起来的交往结构为社区构建提供潜在的社会基础"[1]，促进个人社会资本的积累与发展；在集体层面，通过增进互动与联系，提高社会信任的水平，增强组织能力，带来决策中更多的一致与协同。最终，社区群体通过结构的发展与功能的完善，在社区发展的过程中能够实现多元获益[2]；社区部门的行动将有限的资源分配到加强社区基层的能力建设中，包括非正式的网络工作、小型草根组织、民主参与的组织中。某种意义上，这些独立的部门正在扮演挑战现有社会福利政策的重要角色，作为社会福利的新形式的先锋，已成为欧洲辅助性原则的真正表达。[3]

---

1. 杨敏：《作为国家治理单元的社区：对城市社区建设运动过程中居民社区参与和社区认知的个案研究》，《社会学研究》2007 年第 4 期，第 137—164 页。
2. Richardson Liz and Mumford Katharine. "Community, Neibourhood, and Social Infrastructure", in John Hills (eds.), Understanding Social Exclusion, Oxford: Oxford University Press, 2002, pp. 202—225.
3. Gilchrist A. "Community development in the UK-possibilities and paradoxes", Community Development Journal, Vol. 38, No. 1, 2003, pp. 16—25.

多元化 ↑	（Ⅱ）社区小型志愿者团体与俱乐部 1. 结构松散，组织成员基于个人兴趣自愿参与 2. 满足居民多元化的休闲生活服务，促进社会基层组织的发展	（Ⅳ）社区网络工作 1. 多主体参与合作，复杂的组织互动与社会互动 2. 通过非正式的社会控制，形成积极的融入的网络
功能的发展与完善 单一	（Ⅰ）社区群体 1. 作为改善的社区组织的一部分 2. 满足社区基本的需要，不断促进新的群体与组织的产生	（Ⅲ）社区专业化组织 1. 扁平化的单一的组织结构 2. 发展社区项目，开展社区活动，传递社会服务

简单 ——结构的发展与变化→ 复杂化

图1 社区群体促进社会融入模式

第二，发展社会资本，促进社区网络化。社会资本（social capital）是在联盟、网络、邻里（alliances/networks/neighbourliness）概念的基础上，借用经济学的概念发展而来，社会资本对促进社区发展有着重要的作用，与社区发展有着密切的联系。[1] 社区发展实践以社会资本为基础，人们之间的信任与合作是有效开展社区实践工作的前提；同时，社区发展能够建立与群体、管理体系以及中介主体之间的联系，加强群体行动与网络工作，发展社会资本，促进高水平的社区融合。所以，社区发展实践需要回应社会资本的不足，依托城市社区组织与群体促进社区融入，以改善社区居民的社会服务和社会关系，转移并积累社会资本；在此基础上加强跨社区融入，在社区之间开展网络工作，建立社会资本的横向联系；自下而上逐步影响决策层，居民能够参与到决策制定与服务提供过程中，发展社会资本的纵向联系，实现

---

[1] Sarah B and Felicity S, "Regenarating Neibourhoods: A critical Look at the Role of Community Capacity Building", *Local Economy*, Vol. 16, No. 4, 2001, p. 291.

决策融入；兼顾广度与深度视角，社会资本从社区内向社区间横向拓展，从草根层向决策层纵深发展，建构社会支持网络，加强市民社会，实现社会融入。[1]

第三，发挥政府主导作用，建立政府与社区组织的有效合作机制，保持社区发展的广度与深度。(1) 在广度方面，通过国家职能部门的介入与政府的积极推动，有效地协调个人与群体、社区、当地权威部门的利益关系，并认识理解集体问题与决策的政治特征，依靠集体的努力，从更广泛的政治、社会、经济问题的视角来探索收入、财富、机会和权力分配的制度与规范。例如，英国社会排斥部（SEU）在1998年的研究报告中，认定3000个社区存在高水平的贫困、失业、犯罪，较差的健康服务与学校教育，以及严重的社区设施与环境破坏问题，2000年政府启动社区更新计划回应这些社区的问题与需求[2]。(2) 在深度方面，需要不断加强社区发展的价值与机制建设，深化社区群体与政府代理机构之间的合作。如果社区发展仅仅局限于狭隘工具性与功能性目的，只关注具体的项目服务和政策，忽视潜在的价值和普遍原则的交流，忽视法律和机制的建设，那么，这种趋势只能让社区发展成为地区专业化和基层社会组织发展的工具，而不能带来内在的、深远的社会发展。同时，社区发展实践对居民生活质量的改善难以形成持久的影响，社区发展的成效与价值仍然没有引起一些政策制定者与管理者的充分重视，社区群体与政府代理机构之间形成有意义的合作仍然存在困难。社区工作者面对正式的设置与协议时，往往会有疏离感与挫败感。社区工作者需要不断地调整工作方法，理解部门的复杂性、社会认同以及社区利益，更好地适合当地权威机构的文

---

[1] 刘建娥：《乡—城移民社会融入的实践策略研究——社区融入的视角》，《社会》2010年第1期，第144—146页。

[2] Lupton R and Power A. "*Disadvantaged by Where You Live? New Labour and Neibourhood Renewal*", in J. Hills and K. Stewart (eds). *A more Equal Society? New Labour, Poverty, Inequality and Exclusion*, Bristol: The Policy Press, 2005, p. 119.

化与程序。

我国正处于社会转型的特殊时期,社会福利与服务的提供,由单一的政府提供模式向着社会多元化提供模式转变,这些因素带来社区需求与环境的显著改变。然而,我国现有的社区服务体系滞后于经济与社会的发展,人力资源、物质资源薄弱,服务功能单一,既不能满足城市当地居民的需要,也无力回应外来移民的融入需求。例如,农民工社区(城中村)是我国典型的城市边缘化社区,这些社区既是农民工从事生产活动的场所(作坊、铺面或仓库),同时也是他们生活居住的主要空间,社区成为时间与空间、生产与生活的凝聚点。城市管理部门要做出关于农民工转化为新市民的具体规划,注重利用传统的社区资源建立具有服务功能的开放型社区,提供正式的社会服务,积极构建社会资本的积累和形成机制,推动农民工问题从宏观的抽象的政策研究向着现实社区服务转变,帮助农民融入城市。[1] 积极借鉴国际社区发展实践的基本策略与共享经验,探索适合我国当地社区发展的技能与方法,发展新型的社会服务模式,在政府的推动下,充分调动非营利组织、私有部门等多元主体的参与,依托社区组织与群体发展社区网络工作,建构社区居民特别是新移民的社会支持网络,改善社区服务,使社区居民能够作为积极的社会成员,充分地、平等地参与到社区经济、社会文化与政治生活中,并为其发展做出贡献,促进社会融入与社会和谐。正如麦达克[2]所强调的,社区发展正在改变着市民与政府互动的关系,让我们的城市变成一个健康的、兴旺的、融入的社区,人们因为优良的社区生活品质而选择居住。

---

[1] 李培林、李炜:《农民工在中国转型中的经济地位和社会态度》,《社会学研究》2007年第3期,第1—17页;刘传江、周玲:《社会资本与农民工的城市融合》,《人口研究》2004年第9期,第12—18页;时立荣:《透过社区看农民工的城市融入问题》,《新视野》2005年第4期,第64—65页。

[2] Murdoch and Steward. "Community Development and Urban Regeneration", *Community Development Journal*, Vol. 40, No. 4, 2005, pp. 439—446.

四、社区机构实务研究

本书主要由以下五部分内容构成。

第一部分，近年来随着我国老龄人口的迅速增长，老年照顾给家庭和社会带来较大的压力。家庭养老功能不断弱化，难以提供有效的养老需求，而社区养老模式仍处于探索改进阶段，机构养老成为不可或缺的养老模式。机构养老带来生理适应不良、心理适应不良、社会支持适应不良、精神生活适应不良、机构管理适应不良等问题和困惑。为了应对老年人在养老机构生活中适应不良的问题，研究以理性情绪疗法和增权理论为指导进行介入，探索社会工作改善老年人机构生活适应不良的介入策略与技术，并对介入过程和介入成效进行评估分析。评估结果表明，接受社会工作个案辅导的老年人在机构生活适应不良的状况有所减轻，在养老机构内的生活质量与生活满意度均有所提高。因此，社会工作介入对改善老年人在机构生活的适应不良问题具有一定的实用价值。本研究认为，针对不同因素所导致的老年人在机构生活适应不良问题应采用不同的社会工作理论指导、介入策略与专业技术，应针对老年人的独特性需要提供"差异化"服务，提升社会工作实务介入的服务效能。

第二部分，积极培育老年志愿服务资源，开展老年志愿者培训，不仅符合我国当前对老年志愿服务的需求，更是应对老龄化挑战的重要策略。积极老龄化强调健康、参与和保障的视角，社会目标模式强调社会责任意识和个体积极参与。本研究在积极老龄化理论及社会目标模式实务理论的指导下，以昆明市 A 养老中心为例，开展老年志愿者培训小组实务研究。实务介入过程涉及志愿服务价值与动机、老年志愿者具有的优势与资源、志愿者价值观与伦理守则、志愿服务方法技能四个方面。研究开展成效评估并做出实务反思，认为老年志愿培训小组工作成效的影响因素包括活动内容与形式设计、组员需求、组员的认同与归属感、小组带领者素质与经验等。社会目标模式小组工作对于提升老年志愿者培训品质具有积极意义，要不断规范志愿者管理制度，加强机构对小组工作方法的认可，增进组员对小组工作的接纳与适应，提升小组带领者的素质与经验。在老年志愿者培训过程中充分应用社会目标模式，是积极老龄化理论本土化的重要实践路径。

第三部分，随着女童被性侵案件频繁报道，学界和社会越来越关注女童反性侵教育问题。目前，国内有的小学已经开设性教育课程，部分家长会为孩子讲解有关反性侵教育的内容。另外，立法机构、政府部门和司法部门积极完善相关的法律政策，一些社会组织开始开展反性侵教育服务活动。社会、学校、家庭都积极关注反性侵教育，通过不同的途径增强儿童的自我保护意识。但目前的反性侵教育服务方式单一，服务专业化水平不高，急需整合挖掘社会资源，推动专业服务机构开展教育服务活动。本研究依托昆明市 C 市区的社工站开展"培蕊小组"活动，即反性侵教育小组活动，探索进行开展反性侵教育的可行性方法。"培蕊小组"活动共开展 6 次，活动主题依次为：我们都是好朋友、做自己身体的主人、娃娃的新衣、认识"性侵害"、做自己的保护者、朋友再见。主要采用的研究方法为小组工作法、访谈法、问卷调查法，开展需求评估、家庭支持和社会观念等相关内容的研究，在小组实务的基础上开展女童反性侵教育的介入效果评估，并对实务研究进行理论反思和知识建构。

第四部分，从生命教育的"人与己"和"人与人"两个层面对来

K机构的流动儿童进行生命教育社会工作介入，并将体验式学习融入流动儿童生命教育的小组工作中，提升流动儿童的自我认知和人际关系，小组评估表明社会工作介入流动儿童生命教育有较好的效果。小组工作方法介入流动儿童生命教育有着较好的适用性和推广性，体验式学习与生命教育有良好的适配性与契合性，打破人们熟悉的场景来开展小组活动可以取得更好的效果，在小组规范中人为地创造独特的小组仪式感可以增强小组动力。对该实践研究进行反思认为，一定程度上社会工作开展活动的过程比结果更为重要，体验式学习融入小组工作中要特别注重分享与反思，体验式学习的小组设计要有参与性、主体性、情境性和趣味性，儿童的生命教育，家庭、学校及社区都不能缺位。

第五部分，近年来流动人口家庭化迁移趋势日趋显著，从农村来到城市生活的流动青少年人数逐年增多。关于流动青少年的多数研究主要聚焦于心理障碍、行为偏差等消极负面的视角，较少从积极的发展的视角看待流动青少年；对流动青少年的研究理论多于实践，管理多于服务，难以充分回应人口流动和发展的社会需求。调查发现，多数在城市生活的流动青少年对初中毕业后的发展感到迷茫，对升高中不抱希望，在读技校和找工作的人生选择间徘徊犹豫。针对上述现状，云南省X非营利组织扎根福德社区，通过职业生涯教育项目，对即将初中毕业的流动青少年开展社会工作介入，以培养其对人生的自主选择能力和积极态度。依托机构服务项目对流动青少年开展需求评估、行动介入与效果评估。需求评估发现流动青少年存在自信心缺乏、利己偏差、社会资源缺乏和未形成职业观等问题，自我认知和社会认知存在不同程度的偏差，并且对未来缺乏理性规划。研究设计并开展职业体验、知识讲座、角色扮演、情境观察等实务活动，运用社会工作的理念和方法开展职业生涯教育。研究发现，流动青少年通过活动初步形成了职业观，树立了理性的规划意识，增强了自我认同感和社会支持网络。社会工作理念和价值观能够在机构项目背景下得以践行，特别是体验式学习模式的运用使项目取得很好的服务效果，可围绕职业生涯教育进一步拓展专业化的青少年社会工作服务。

改善老年人在机构生活适应不良的社会工作介入研究

作　　者：范　文（云南大学民族学与社会学学院社会工作专业硕士研究生）

指导教师：李艳华

近年来，随着我国老龄人口的不断增加，老年人个体、家庭、社会发展等多方面都承受压力。由于家庭养老功能有所弱化，无法完全满足人们的养老需求，而社区养老模式仍处于探索改进阶段，没有系统的模板可供参考，机构养老作为我国不可或缺的养老模式之一，已成为许多老年人最后的选择。与此同时，在养老机构内的生理适应不良、心理适应不良、社会支持适应不良、精神生活适应不良、机构管理适应不良等也成为老年人、老年人家人及养老机构难以回避的困扰和问题。为了应对老年人在养老机构生活中适应不良的问题，探索社会工作改善老年人机构生活适应不良的介入策略与技术，本文选取两例在养老机构生活，属于不同类型适应不良问题且具有典型性的老年人个案，在收集其基本信息及分析具体不适应层面的基础上，分别以理性情绪疗法和增权理论为指导进行介入，并对介入过程和介入成效进行分析阐述与比较研究。社会工作实践结果显示，接受社会工作个案辅导的老年人在机构生活适应不良的状况有所减轻，在养老机构内的生活质量与生活满意度均有所提高。因此，社会工作介入对改善老年人在机构生活适应不良问题具有一定的实用价值。本研究认为，针对不同因素所导致的老年人在机构生活适应不良问题应采用不同的社会工作理论指导、介入策略与专业技术，针对老年人的独特性需要应提供"差异化"服务，同时提高社会工作介入效率。

一、关于老年人在机构生活适应问题的研究

随着人口老龄化和养老机构的发展,老年人机构生活适应问题引起了学术界的关注,学者从不同角度对此问题展开研究。

(一)养老机构生活适应的维度

目前,国内外学者对老年人机构生活适应的维度划分和所包含内容的看法各不相同。台湾学者李孝陵等认为机构养老适应包括生理适应、心理适应和社会互动三个维度。[1] 国内学者陈明珍[2]、范力尹[3]将老年人机构养老适应分为生理适应性、心理适应性和社会适应性三个方面。除了使用三分法对以上概念进行界定,还有一些学者采用二分法对老年人在机构养老的生活适应维度进行划分:崔杰认为养老机构环境分为物质环境及人文环境两大类,包括居住条件、配套设施和邻里关系[4],老年人的适应维度可据此划分为物质环境适应与人文环境适应两大类。王贵生等通过项目分析、探索性因素分析及验证性因素分析等过程最终确定老年人机构生活适应应包括四个维度,分别是机

---

[1] 李孝陵、彭淑惠、吴琼满:《浅谈迁移至机构照护对老人的冲击》,《长期照护杂志》2004年第4期,第371—375页。
[2] 陈明珍:《养护机构老人之生活适应过程研究》[D],广州:暨南大学,2002年。
[3] 范力尹:《老人入住养护机构的生活适应经验之探讨》[D],台湾玄奘大学,2008年。
[4] 崔杰:《老年人生活质量和归属感——以养老机构环境因素为视角的关系研究》[D],长春:吉林大学,2009年。

构环境心理适应、机构管理适应、机构居住环境适应及基本需求适应。[1] 陈爱如、魏文凯认为测量与评价老年人机构养老适应可从基本需求、心理、人际交往、居住环境、机构管理和个人发展六个维度进行，进而从性别、年龄、婚姻状况、文化程度和健康状况五个维度开展老年人适应程度的差异性比较。[2]

综上所述，国内外学者对于老年人机构生活适应的维度做出了详细的划分，涉及生理、心理、外部环境等多个维度。但是，也有部分研究忽略了老年人个体生理、心理方面的适应。本研究认为，养老机构生活适应是指老年人与机构的契合程度，一方面是老年人自身对机构生活的适应，另一方面则是机构为老年人提供的生活环境、服务质量、服务水平是否满足老年人的需求。为了能够更全面地分析老年人机构生活适应状况，在参考现有研究成果的基础上，本研究将老年人机构生活适应划分为生理维度的适应、心理维度的适应、社会关系维度的适应、精神生活维度的适应和机构管理维度的适应。之所以如此划分，是因为从养老机构生活适应的界定出发，可以将养老机构生活适应划分为通过老年人自身的调适实现对养老机构生活环境的适应和调适机构环境以满足老年人的需求两个部分。前一部分对应着老年人自身在生理、心理、社会关系和精神生活四个维度的机构生活适应；后一部分对应着机构管理维度的机构生活适应。

（二）老年人的机构生活适应过程

对于老年人在养老机构中的适应过程，国内外学者持有不同的观

---

[1] 王贵生、黄磊、申继亮：《老年人机构养老适应的内容与阶段性》，《心理与行为研究》2013年第5期，第635—639页。
[2] 陈爱如、魏文凯：《我国老年人养老机构适应性问题研究》，《统计与决策》2017年第1期，第105—109页。

点。Rantz 认为，老年人对机构养老的适应过程可划分为三个阶段：混乱期、调适期和稳定期。其中混乱期为老年人刚入住养老机构的 6~8 周，调适期为老年人入住后的第 3 个月，稳定期一般为老年人入住养老机构后的 3~6 个月。[1] 章丽英等学者对山东某老年公寓进行调查研究后认为，老年人入住养老机构后的适应过程分为三个阶段，分别是：混乱期（入住第 1 天~第 1 个月）、熟悉适应期（入住后第 15 天~第 3 个月）、稳定期（入住后第 3 个月~第 6 个月）。在这三个不同阶段中均有老人需要面临的挑战和适应的部分。只有完成挑战，老人才能顺利适应机构生活，否则就会处于适应不良的状态中。[2] 王贵生等学者采用定性与定量相结合的方法对上述问题进行研究后认为：老人在入住养老机构 14 个月左右时最容易出现不适应的情况，而随着自身心理层面的调节和对机构环境的适应，老人会逐渐适应养老机构内的生活，至入住 30 个月后达到基本完全适应。

还有部分学者从老年人入住养老机构的意愿度探讨老年人养老机构适应的过程。内伊（Nay）发现，凡是主动入住养老机构的老年人，一年以后大多数都适应得不错。[3] 相反地，被动进入养老机构的老年人普遍具有适应不良的问题，其适应过程也相对缓慢。除此以外，还有研究表明老年人的适应阶段并不是一成不变的，而是动态循环的过程。当遭遇生活中的重大事件时，如突发恶性疾病、亲人亡故，老人

---

[1] Rantz M J Petroski G F , Madsen R W etc. "Randomized Clinical Trial of a Quality Improvement Intervention in Nursing Homes", *The Gerontoligist*, Vol. 41, No. 4, 2001, pp. 525—538.

[2] 章丽英、蔡雅卓、李敏：《社会福利院老年人生活适应过程的质性研究》，《泰山医学院学报》2013 年第 12 期，第 2726—2728 页。

[3] Nay R. "Nursing Home Residents' Perceptions of Relocation", *Journal of Clinical Nursing*, Vol. 4, No. 5, 1995, pp. 319—325.

的适应阶段极有可能又退回到第一阶段的混乱期。[1]

综上所述，国内外学者对于老年人机构生活适应过程的研究获得了大量成果，但是也存在一定的不足。例如：在机构养老适应过程的阶段划分上，学术界尚未有一致的看法，有待补充研究；国内缺乏针对老年人适应过程及阶段的测量工具，不能准确测量老年人的机构适应状况，因此有必要开发本土化的测量工具。

（三）影响老年人在机构养老适应的因素

米什拉（Mishra）和格达默（Gedamu）认为影响老年人适应机构养老的因素包括：老年人自身特质（年龄、性别、教育水平、经济水平和健康水平）、入住机构意愿和控制程度三个方面。[2] 阿默（Armer）的研究则将老年人机构养老适应影响因素分为自愿度、意愿度[3]、参与决策度和控制度四个方面。[4]

通过分析579名机构住养老人的问卷调查数据，曾惠文等学者认为影响老人机构生活适应的主要因素有自理能力、精神认知状态、沟通水平。[5] 章丽英等学者的调查表明影响老年人养老机构生活适应的因素主要有两个：一个是老人自身的因素，即自身人格特质与入住养老机构前的准备工作程度；另一个是养老机构照护服务内容，

1　Wilson S. A. "The Transition to Nursing Home Life, A Comparison of Planned and Unplanned Admissions", *Journal of Advanced Nursing*, Vol. 26, No. 5, 1997, pp. 864—871.

2　Mishra S, Gedamu L. "Heavy Metal Tolerant Transgenic", *Theoretical and Applied Genetics*, Vol. 78, No. 2, 1989, pp. 161—168.

3　自愿度与意愿度的区别：自愿度是指自己愿意去做某事的强烈程度；意愿度是指人们对待一件事情或任务的投入热情高低程度。

4　Armer J M. "An Exploration of Factors Influencing Adjustment among Relocating Rural elders", *Image: Journal of Nursing Scholarship*, Vol. 28, No. 1, 1996, pp. 35—39.

5　曾惠文、王亚亚、金晓燕：《养老机构老年人社会适应能力现状及其影响因素调查》，《中国护理管理》2014年第5期，第488—491页。

即养老机构服务是否全面、完善。[1] 薛思凝则认为机构养老适应影响因素应由五个方面组成：老年人自身特质、机构环境、入住意愿、对生活的控制程度和应对策略。[2]

由上述学者的研究可以看出，目前针对老年人机构生活影响因素的研究主要集中于老年人自身的因素，包括生理、心理、人际关系等方面，以及外部环境的因素，包括养老机构服务质量、护理人员的专业化程度等方面。这些研究成果对本研究的启示是：社会工作者介入老年人机构生活适应不良问题应秉持"人在情境"的理念，从老年人自身和外部环境两个方面入手进行综合介入，而不是单单从某一方面出发。

（四）老年人在机构生活适应不良的后果

若老年人机构生活适应不良会给老人带来一定的负面影响。麦克斯威尼（K. McSweeney）等学者认为，养老机构住养老人如果存在适应不良的问题，那么在他们身上出现抑郁和焦虑等心理问题的可能性往往要高于其他没有适应不良问题的老年人。[3] 霍尔扎菲尔（Holzapfel）等指出，老年人入住养老机构后，适应困难会影响其健康，导致身体功能下降，甚至有30%的老年人会出现自我毁灭行为。[4] 台湾学者李孝陵等认为，老年人刚入住养老机构的6~8周内，往往会因为

---

[1] 章丽英、蔡雅卓、李敏：《社会福利院老年人生活适应过程的质性研究》，《泰山医学院学报》2013年第15期，第2726—2728页。

[2] 薛思凝：《城市养老机构老年人生活适应状况研究——以北京市某养老机构为例》，中国青年政治学院，2012年。

[3] K. McSweeney and D. W. O'Connor. "Depression among newly admitted Australian Nursing Home Residents", *International Psychogeriatrics*, Vol. 20, No. 4, 2008, pp. 724—737.

[4] Holzapfel S. K, Schoch C P, Dodman J B, etc. "Responses of Nursing Home Residents to Intrainstitutional Relocation", *Geriatric Nursing*, Vol. 13, No. 4, 1992, pp. 192—195.

无法适应新环境，心理上出现孤独感并伴随哭喊的行为表现。[1] 上述学者的研究表明：老年人在养老机构内的生活不适应会对老年人的心理、生理产生不良影响，从心理层面来看，老人更易出现焦虑、抑郁等不良情绪，而从生理层面来讲，老人出现哭喊行为的同时，身体功能也会下降，会对身体健康造成极大的负面影响。

国内学者陈勃、申继亮则认为，老年人的适应不良问题会导致"老年歧视"的现象[2]，即老年人适应不良的行为符合了社会上认为"老年人是被动的，且会给社会或他人带来负担的群体"的描述，使老年人在社会上的形象普遍降低，老年人在思想行动上也会趋于消极，认为自己是需要社会大力支持与帮助的人，即使他们本可以不用这样。[3] 赵玲玲认为，在养老机构中，部分新入住老人往往因为适应困难而产生系列问题，如适应困难的老人自身生理和心理负担加剧；与减少联系的子女间的隔阂加剧；对养老机构的不满意和问责导致养老机构管理难度和风险加剧；对社会化养老方式造成一定冲击，使养老社会问题复杂性加剧等。[4] 以上研究成果表现，老年人的机构生活适应不良问题不仅对老年人自身的心理、生理造成不良影响，还会影响家庭关系、机构内住养关系，从而降低其社会评价，导致老年人的社会形象负面化，对社会养老事业造成冲击。

上述研究说明机构生活适应不良会给老年人自身、老年人家庭、养老机构和社会养老事业都带来很多负面影响，造成不良后果。因此，实务领域及学界需要对老年人机构生活适应不良的问题给予关注，并

---

[1] 李孝陵、彭淑惠、吴琼满：《浅谈迁移至机构照护对老人的冲击》，《长期照护杂志》2004 年第 4 期，第 371—385 页。

[2] 陈勃、申继亮：《成人后期日常能力自评与操作水平的横断比较》，《应用心理学》2002 年第 4 期，第 23—27 页。

[3] 陈勃：《人口老龄化背景下城市老年人的社会适应问题研究》，《社会科学》2008 年第 6 期，第 89—94 页。

[4] 赵玲玲：《养老机构新入住老人适应困难社会工作介入的行动研究——以吉安市 J 社会福利中心为例》，《社会福利》2017 年第 2 期，第 47—50 页。

采用专业方法与技术进行介入,以改善现有状况,提高机构住养老年人的晚年生活质量并维护其社会形象。

(五) 提升机构住养老人适应力的对策研究

关于如何提升机构住养老人的适应力,学者们也进行了大量探讨。贾占昀等认为,从养老机构的管理层面入手,提高服务水平与机构环境的质量,能够使老人获得心理上的舒适感,从而更快地适应机构环境。[1] 这说明通过改善老年人的外部环境,能够帮助老人提高对养老机构生活的适应性。

还有一些学者认为,可以从老年人自身的能力和所获取的社会资源入手,推动老年人发挥主动性以改善机构生活不适应的问题。曾惠文等认为,养老机构内老年人的适应力有待加强,具体可从改善老年人日常生活的自理能力、改善老年人精神认知状态以及增加老年人与外界的沟通交流这三个层面入手来逐步提高老年人的机构生活适应力。[2] 王玉环等学者则指出,优质的社会支持网络在很大程度上能够帮助老年人较快地适应新环境,对住养老人的生理和心理健康均有积极的影响。[3] 因此,协助住养老人组建新的社会支持网络是帮助其尽快适应机构生活的重要方法之一。以上这些思路为本研究中针对机构生活适应不良的住养老人的社会工作介入提供了介入方向与可参考的框架。

---

[1] 贾占昀、向阳、李源源:《昌吉市养老机构入住老年人健康状况调查》,《卫生职业教育》2015 年第 21 期,第 125—127 页。

[2] 曾惠文、王亚亚、金晓燕:《养老机构老年人社会适应能力现状及其影响因素调查》,《中国护理管理》2014 年第 14 期,第 488—491 页。

[3] 王玉环、冯雅楠、侯蔚蔚:《养老机构老年人社会支持及影响因素分析》,《中国老年学杂志》2013 年第 3 期,第 631—634 页。

二、关于老年人在机构生活适应不良问题的介入研究

针对老年人在机构生活适应不良问题的介入,相关研究运用不同的理论工具,就专业服务介入改善老年人机构生活适应不良的必要性进行阐述,并以实践为基础探讨了对老年人机构生活适应不良问题的介入方法。

(一)专业服务改善老年人机构生活适应不良的必要性

加兰(Caplan G)指出,在养老机构中获得较为专业的帮助,如生理、心理上的安慰或者辅导,能有效地帮助住养老人面对压力,进而增强其幸福感和适应能力。[1] 莫利(J. E. Morley)指出:在养老机构内为老人提供专业的服务,有助于提升养老机构的服务质量,这将帮助住养老人获得全面、高效的服务与支持,从而增强生活的幸福感。[2] 孙茜则认为介入老年人机构生活适应不良的问题,可以使老年人得到养老机构、社会大众以及新兴媒体更多的关心和关注,有利于

---

[1] Caplan G. *Support System and Community Mental Health*: *Lectures on Concept Development*, New York: Behavioral Publications, 1974, p. 51.

[2] J. E. Morley. "Clinical Practice in Nursing Homes as A Key for Progress," *The Journal of Nutrition*, *Hleath&Aging*, Vol. 14, No. 7, 2010, pp. 586—593.

老年人的再社会化，多方面、多层次、多角度地帮助老人解决问题，可让老人度过安心幸福的晚年养老生活。[1]

综上所述，通过专业服务的介入来改善老年人机构生活适应不良的状况，不仅能够改善老年人目前的生存状态，还可以提高老年人的晚年生活质量。由此可以看出，社会工作者在老年人机构生活适应不良问题中的介入有其必要性。

（二）老年人机构生活适应不良问题介入的理论指导

利达夫（Leedahl）等学者运用问卷调查法开展研究发现，支持性的人际网络在帮助新入住的老人适应新的住养环境上具有积极的作用。[2] 该结论为社会工作者的介入指出了明确的方向：运用社会支持理论帮助老年人连接同辈群体，建立良好的人际关系网络是在促进老年人适应机构生活的实务中需要得到重视的策略。

赵玲玲、温谋富认为，认知、情绪和行为是一个相互影响的循环圈，想要修正一个人的问题，必须将三者进行整合，多角度地进行干预。对于入住老人适应困难的问题，通过对吉安市 J 社会福利中心的行动研究，赵玲玲、温谋富总结出如下方法：以认识行为治疗方法为理论依据，采用"计划—实施—反思"三部分组成的螺旋式上升的发展过程作为行动研究的操作模式实现多方位的介入，达到提升老年人生活质量的目的。[3] 孙茜对南京市 S 养老机构某老人进行个案研究，

---

[1] 孙茜：《老年人住适应困难的个案社会工作介入研究——基于南京市 S 养老机构 T 老人的个案分析》，南京大学硕士论文，2014 年。

[2] Leedahl S, Chapin R &little T. "Multilevel Examination of Facility Characteristics, social Integration, and Health for Older Adults Living in Nursing Homes", *Journals of Gerontology Series B Psychological Sciences and Social Sciences*, Vol. 70, No. 1, 2015, pp. 111—122.

[3] 赵玲玲、温谋富：《养老机构新入住老人适应困难社会工作介入的行动研究——以吉安市 J 社会福利中心为例》，《社会福利》2017 年第 2 期，第 47—50 页。

采用系统理论、认知行为疗法以及优势视角三大理论介入，最终在结合老人意愿、双方相互配合的基础上，成功提高了老人的适应能力，改善了老人不良的生活状况，提升了老人晚年生活质量。[1]

各国学者运用多种理论指导老年人机构生活适应不良问题的介入实践，丰富了社会工作的理论内涵。遗憾的是，尚没有形成完整的介入模式。

（三）老年人在机构生活适应不良的介入方法

对于老年人在机构生活适应不良的问题，现有研究的介入方法主要包括三类：第一，个案工作或个案管理；第二，小组工作；第三，个案工作、小组工作与社区工作相整合的方法。

英国学者理查德（Richard）将个案管理的方法运用到老年机构的服务当中，希望能够通过提升机构服务质量来增强老年人的机构生活适应性。[2] 我国学者曹琰[3]、孙茜[4]均采用社会工作中的个案工作方法对老年人机构生活适应不良的状况进行介入，以期改善老年人适应不良问题。李初旭则采用社会工作中的小组工作方法，设计并实施了养老机构新进老人入院适应小组，通过对小组的评估总结出可以促进老年人适应机构生活的有效途径和方法。[5] 郭紫维等学

---

[1] 孙茜：《老年入住适应困难的个案社会工作介入研究——基于南京市 S 养老机构 T 老人的个案分析》，南京大学硕士论文，2014 年。

[2] Richard Hugman. "Social Work and Case Management in the UK: Models of Professionalism and Elderly People", *Ageing and Society*, Vol. 14, No. 2, 1994, pp. 237—253.

[3] 曹琰：《个案工作促进养老机构老人生活适应的研究——基于系统理论》，华中科技大学，2014 年。

[4] 孙茜：《老年入住适应困难的个案社会工作介入研究——基于南京市 S 养老机构 T 老人的个案分析》，南京大学硕士论文，2014 年。

[5] 李初旭：《胜任能力模型下促进高龄老人养老机构适应的实务探究——以"幸福港湾"新进老人入院适应小组为例》，华东师范大学，2015 年。

者从社会工作视角出发,综合个案、小组、社区三个层面的工作方法,详细阐释了针对老年人适应状况的介入策略。[1]

总体而言,对于老年人机构生活适应不良的问题,介入研究相对较少,且缺乏较为完整的介入框架,对于如何因应不同类型的机构生活适应不良而采用不同理论指导与方法技术进行介入的研究与探讨不够系统和细化。因此,本研究采用实务研究法,通过实务、研究与反思的相互促进,针对养老机构内老年人面临的不同类型的生活适应不良问题探讨相应的改善路径与社会工作介入策略。

---

[1] 郭紫维、马正香、刘庆:《退休老年人社会适应策略探析——基于社会工作视角》,《长沙民政职业技术学院学报》2014年第2期,第13—14页。

三、B 老年公寓老年人生活适应不良问题的现状及成因分析

（一）B 老年公寓简介

2017 年 7 月至 12 月，笔者在 B 老年公寓进行了为期 6 个月的社会工作专业实习。B 老年公寓位于云南省昆明市，是由民间企业家投资 1000 余万元建立的民办养老机构。该机构占地面积为 7330 平方米，拥有床位 328 张，已入住老人 294 人，除去包房的老人已经实现 100% 的入住率。老年公寓包括 9 栋单体建筑，由前台接待区、老人住宿区、办公区、餐饮区四大区域及影音室、活动室、麻将室、医疗室等众多活动区域组成。B 老年公寓一直致力于打造集"智能化、信息化、精细化"管理为一体的"互联网＋"养老服务，力争通过互联网、物联网技术提高养老服务和管理品质，改变社会大众对养老行业的刻板认识，使养老服务更科学和公开透明，实现让老人开心、让家属安心的服务宗旨。除了日常生活照料和医疗保健服务，B 老年公寓还组织老年人开展一系列文化娱乐活动。包括：每个月一次老年人生日会；每个月一次艺术团文艺会演；每个月 2～3 次志愿者爱老敬老活动；每周一、三、五在影音室对健康老人开放的蓝天唱歌班；每天上午 9：00—11：00 专为失智、失能老人组织的开心唱歌班以及逢节假日组织的庆祝活动。从 2010 年开业至今，该机构已获得众多荣誉，具有良好

的口碑。

机构建立了清晰明确的管理制度：上设一名经理作为机构的最高管理者，负责管理层的指挥与工作安排；管理层则负责管理下属的护理部、培训部、餐饮部、医务室和后勤部5个部门（图1）。

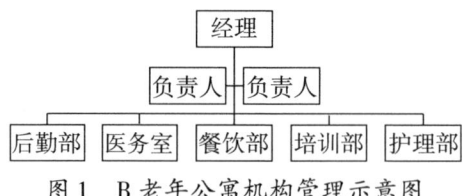

图1 B老年公寓机构管理示意图

资料来源：B老年公寓：《B老年公寓员工管理结构示意图》，2017年5月。

截至2017年12月，根据老年公寓内部提供的相关统计数据，B老年公寓内住养老人的平均年龄为76岁。其中，行动方便的老人可随时自行参加公寓内的各种活动，而行动不便的老人则可以通过摁铃呼叫护工的方式请护工将自己推到自己想去的地方，参加感兴趣的活动。作为昆明市一流的老年公寓，B老年公寓为老人提供了较好的饮食、较为完善的活动场所及丰富多样的文娱活动，护理人员的配置也基本满足老人的需求，但是在协助老年人适应机构生活方面，仍然存在意识不强和服务不到位的问题。

（二）住养老人机构生活适应不良现状

1. 调查对象基本情况

2017年7月开始，笔者以参与观察的方式深入到老年人的日常生活当中，并为机构内的7名老人提供长期陪伴服务，进行了多次深度谈话。2017年11月，笔者采用随机抽样中滚雪球抽样的方式，邀请机构内的50名老人填答笔者设计的《B老年公寓老年人生活适应状况调查问卷》。对于无填答行为能力和不识字的老人，由笔者采用一对一的方式协助作答，最终得到有效问卷50份，回收率为100%。接受调查的50位住养老人的基本情况见表1。

表1　老年人基本情况

题目	总人数（$n=50$）	
	人数	百分比/%
老年人的性别		
男	20	40
女	30	60
老年人的年龄		
50~59岁	0	0
60~69岁	3	6
70~79岁	41	82
80岁及以上	6	12
老年人的健康状况		
非常好	5	10
较好	10	20
一般	16	32
较差	11	22
很差	8	16
老年人的护理级别		
普通护理	38	76
中级护理	5	10
高级护理	6	12
一对一护理	1	2

续表

题目	总人数 ($n=50$)	
	人数	百分比/%
老年人的子女个数		
0个	0	0
1个	1	2
2个	3	6
3个	19	38
4个及以上	27	54
老年人目前的婚姻状况		
未婚	0	0
已婚（配偶健在）	9	18
已婚（丧偶）	37	74
离异	4	8
老年人与配偶间的关系		
很好	12	24
比较好	33	66
一般	4	8
不太好	0	0
很不好	1	2

从表1可以看出，在男女比例上，有60%的老人为女性，40%为男性。6%的老人年龄为60~69岁，82%的老人年龄为70~79岁，剩余12%的老人年龄在80岁以上，说明本次调查的对象以中龄老年人为主，还包括少数高龄老年人和极少数低龄老年人。在接受调查的50位老人中，有30%的老人身体状况较好（包括身体状况非常好——没有疾病、精力充沛以及身体状况较好——患有两种以下的疾病，身体没有明显不适感），有32%的老人身体状况一般（患有3~5种疾病，

偶尔感觉到身体不适），有22%的老人身体状况较差（在患有多种疾病的同时经常感到身体不适，需要常去医务室诊断），剩余16%的老人身体状况很差，患有较严重的慢性疾病，忍受多种病痛折磨的同时还有长期卧床、失去独立行走能力等情况。在护理方式上，有76%的老年人选择了普通护理这样级别较低的护理，基本靠自助式养老；10%的老年人选择中级护理，请护工对自己的日常生活进行照料；12%的老人选择高级护理，有专职护工定时照料并送饭上门；仅有一名老人选择一对一护理，由护工对其进行全天候24小时的陪伴照顾。从上述数据可以看出，大部分老人的身边并没有护工常伴左右，仅有少部分老人会经常和护工独处。且根据访谈内容可知，无论身边是否有护工，老人们都会感到寂寞和孤独，即使有的老人身边有护工24小时陪伴，但仍然觉得缺少话题，没什么可说的。

从表2可以看出，在老年人与子女的关系上，76%的受调查住养老年人与子女之间的关系较为融洽，能够较为愉快地相处（包括关系很好与关系较好两类）；6%的老年人认为与子女关系一般，处于不冷不热的状态；14%的老年人认为与子女的关系不太好，存在矛盾；另有4%的老年人与子女间的关系非常不好，说起子女经常以泪洗面，表示宁愿和他们老死不相往来。在子女的探视频率上，74%的老人子女都会较为积极地探望老年人，保证每周至少一次的探访频率；22%的老人子女探视行为较少，平均每个月探望老人1~3次；剩余4%的老人子女由于身在异乡、与老人发生矛盾等原因极少探望甚至几乎不来探望老人。能够被子女积极探望的老人表示自己很开心子女会定时探望，感觉家人没有离开自己；而那些子女很少来看自己的老人情绪状态则显得很失落，其中一位老人说自己经常哭，因为孩子不孝顺，很少来看自己。

表2 老人与子女关系及子女探望情况

指标	总人数（$n=50$）	
	人数	百分比/%
老年人与子女的关系		
很好	18	36
比较好	20	40
一般	3	6
不太好	7	14
很不好	2	4
老年人子女的探望情况		
每周一次及以上	37	74
平均每月3次	4	8
平均每月2次	2	4
平均每月1次	5	10
平均2个月一次	0	0
平均3个月一次	1	2
平均半年一次	0	0
平均一年一次	0	0
几乎不探望	1	2

从表3可知，在养老方式的偏好倾向上，72%的受调查老人都认为居家养老是最适合自己的养老方式；认为社区养老适合自己的调查对象数量居第二，所占比重为24%；而认为机构养老适合自己的调查对象数量最少，所占比重为4%。笔者通过访谈询问老人做出如上选择，却违背本意来养老机构居住的原因，老人们表示哪里都不如家好，居家养老是最令自己满意的养老方式，但由于子女无力照顾、房屋拆迁等原因，为了减轻子女负担只能来养老公寓居住，是不得已的选择，如果有机会还是想回家养老。只有一名老人表示自己是为了消除寂寞，

能够找人聊天才来老年公寓居住的。

表3　老年人养老方式的偏好倾向

指标	总人数（$n=50$）	
	人数	百分比/%
居家养老	36	72
机构养老	2	4
社区养老	12	24

在老年人对于养老机构生活适应程度方面，问卷调查结果表明，有76%的老年人存在不同程度的养老机构生活适应不良的问题，包括不适应和非常不适应两种。有10%的老年人认为自己对养老机构的生活适应程度一般，介于适应和不适应之间，处于得过且过的状态，虽然偶尔有不适应但是都还过得去，并不追求较高的生活满意度。另有10%的老年人认为自己能够基本适应老年公寓内的生活，即使偶有不适应也可以通过自我调整来达到适应的状态，仅有4%的老年人能够完全适应老年公寓内的生活，不觉得自己在养老机构生活存在适应不良的问题（表4）。

表4　老年人在老年公寓生活的适应程度

指标	总人数（$n=50$）	
	人数	百分比/%
非常适应	2	4
基本适应	5	10
一般	5	10
不适应	27	54
非常不适应	11	22

2. 住养老人机构生活适应不良的表现

针对存在机构生活不适应状况的 43 位老年人（包括在"在老年公寓生活的适应程度"这一问题中选择一般、不适应、非常不适应三个选项之一的所有填答问卷的老年人），笔者请他们继续填答调查问卷内关于机构生活不适应维度的内容。该部分内容全部为单选题，每个问题只能选择一个选项。本部分将老年人机构生活不适应划分为生理、心理、社会支持、精神生活和机构管理这五个维度，通过老年人的填答来了解老年人不同维度不适应状况的所占比例和具体表现。

（1）生理状况适应不良

从表 5 可以看出，老年人在生理维度的机构生活适应不良主要体现在对老年公寓内饮食、公寓环境和居住房间这三个层面的不适应上，其他层面虽然也存在不适应的状况，但从数据上可以较为直观看出其不适应程度较轻。

表 5 老年人生理维度适应不良的状况

指标	总人数（n = 44）	
	人数	百分比/%
对老年公寓内饮食的适应程度		
非常适应	0	0
基本适应	3	7
一般	5	11
不适应	19	43
非常不适应	17	39
对老年公寓内生活作息时间的适应程度		
非常适应	5	11
基本适应	32	73
一般	2	5
不适应	5	11
非常不适应	0	0

续表

指标	总人数（$n=44$）	
	人数	百分比/%
对老年公寓医疗条件的适应程度		
非常适应	0	0
基本适应	9	21
一般	22	50
不适应	12	27
非常不适应	1	2
对老年公寓内卫生状况的适应程度		
非常适应	11	25
基本适应	21	48
一般	11	25
不适应	1	2
非常不适应	0	0
对老年公寓内环境状况的适应程度		
非常适应	2	5
基本适应	9	20
一般	6	14
不适应	23	52
非常不适应	4	9
对老年公寓内居住房间的适应程度		
非常适应	6	14
基本适应	4	9
一般	5	11
不适应	13	30
非常不适应	16	36

续表

指标	总人数（$n=44$）	
	人数	百分比/%
对老年公寓内公共设施的适应程度		
非常适应	9	20
基本适应	25	57
一般	7	16
不适应	3	7
非常不适应	0	0

问卷调查结果显示，在饮食层面上，有高达82%的老人存有不同程度的饮食不适应情况。通过对这部分老人的访谈，笔者了解到老人们普遍认为机构内的饮食不合自己的胃口，饭菜过于清淡，甚至还有6位老年人因为饮食不适应而选择不吃饭或是少吃饭，只靠腌菜米饭来度日，每日所摄入的营养难以满足老年人维持健康的身体所需。

在居住环境上，52%的受访老人表示不适应机构为老人提供的现有环境，还有9%的受访老人表示非常不适应。究其原因，老人们觉得自己在机构内的活动范围过小，日常锻炼的需求无法得到满足。通过观察，笔者发现该公寓的环境确实具有一定局限性：总体占地面积较小，内部建筑物较为密集，除了3条狭长的通道及院门前的一片小空地外，并没有额外的地方供老人散步、锻炼。对于经过批准、可以自由出行的老人来说，每天除了早晨9点挤在空地前做做操，还可以去公寓外的菜市场、江边等场所散散心，活动下身体；而对于需要拄拐前行或是坐在轮椅上的老人来说，每天的活动仅限于在护工的帮助下，在机构内的通道里走两三个来回。受访老人Z奶奶时常让护工把轮椅推到公寓门前的空地上，隔着栅栏门向外看，说自己想出去。她说住进来6年了，每天只能坐在轮椅上，看着房间门口的几盆花，再也接触不到外面的世界。而护工推自己在公寓散步时，看到的都是老人，她觉得没有一点生机，很不喜欢。

在居住房间上，有66%的老人存有不同程度的适应不良。通过对老人访谈内容的总结，笔者发现老人对于居住房间的不适应主要体现在以下几点：其一，有16位老人反映老年公寓内部分房间设计不合理，导致屋内"冬冷夏热"，还有的房间内没有窗户通风，气味很不好，其中1名老人的房间紧挨着厕所，中间的墙竟然是相通的，他人排便的气味、声音都会传过来，给老人造成了很大的困扰。其二，有8名关节炎、风湿等病症患者认为房间环境过于阴暗、潮湿，不利于自己病情的控制。其三，有5名老人与舍友的关系不和，曾发生过多次争吵，因此他们不愿意居住在现有房间。以上这些情况都让老人深切地感受到老年公寓和家之间的巨大落差，更易引发他们对机构生活的不适应。

针对上述情况，笔者也访谈了老年公寓的负责人，了解到目前机构内有87.3%的住养老人患有老年人常见慢性病，如高血压、高血糖、高血脂、心脏病、关节炎等。其中一些病症不需要进行特别护理，而另一些则对环境、饮食具有一定的要求。例如风湿、关节炎患者适宜居住在光照充足、干燥温暖的房间；高胆固醇者忌食动物内脏、猪肉；卧床不起的瘫痪老人希望居住在靠窗通风的床位以保持和外界的接触等。而这些疾病也使老人对机构生活的舒适度和针对性持有较高要求，还喜欢时常与居家养老时的生活做对比，一旦出现落差则会抱怨难以适应机构生活，想回家居住。

老人因为对于居住环境不满意而心情压抑，时常找工作人员投诉却往往无法得到满意的回应。根据对机构负责人的访谈，机构管理人员虽然知道老人有改善饮食、改变居住环境的需求，但是由于工作繁忙、对该问题的重视程度欠缺等原因一直没有采取有效措施为这些老人提供更加合适的饮食与居住条件。老年人生理层面的不适应状况一直未得到改善，上升为心理层面的不满和抱怨，从而产生压抑与消极的情绪，降低了老年人的生活质量与生活满意度。

（2）心理状况适应不良

从表6可以得到目前老年人在心理维度上对机构生活不适应的具体数据。

表6 老年人心理维度适应不良的现状

指标	总人数（$n=44$）	
	人数	百分比/%
居住在老年公寓内的心情		
非常开心	0	0
开心	6	14
一般	13	30
不开心	15	33
非常不开心	10	23
在老年公寓内感受到孤独的频率		
经常感到孤独	21	48
偶尔感到孤独	13	30
很少感到孤独	10	22
从不感到孤独	0	0
进入老年公寓后对机构生活的总体印象		
比想象中的好	9	21
和想象中的基本一样	16	36
比想象中的差	18	41
没感觉	1	2

从受访老人的心情来看，并没有人认为居住在机构使他们非常开

心,然而却有23%的老年人认为居住在老年公寓令他们非常不开心,还有33%的老年人觉得不开心。这说明对于很大部分老人来说,老年公寓内的生活并不能使他们愉悦。笔者询问老人为什么会觉得不开心,有13位老人表示生活在老年公寓心情压抑,尤其是想到以前自由自在的生活,心里会很难受;还有9位老人看到周围邻居的病痛,再联想到自己,觉得自己将来也会和他们一样,因而心情低落;另有3位老人就是不想住在老年公寓,对公寓内的生活具有极大的排斥感,他们表示哪怕条件再好,住在这里也不会有开心的感觉。在这25位因在老年公寓内居住而感到"非常不开心"或"不开心"的受访老人中,甚至有8位出现了悲观消极的厌世想法。L奶奶说:"有时候晚上我睡不着,就会偷偷哭,觉得自己命苦,心里难受得很,哭很久才能睡着。"Z奶奶说:"我在这里住了6年还是不习惯,不想活了,有什么意思,我就是个废物,老废物。"

在机构住养老人的孤独感受频率上,有48%的老人经常会感到孤独,有30%的老人偶尔感到孤独,还有22%的老人很少感到孤独,但是并没有老人认为自己从未出现孤独的感受。这说明老人们在不同程度有孤独的情绪。在经常会感到孤独的21位老人中,有13位是行动不便而只能在室内活动或是坐在轮椅上的老人。他们表示在家里时每天家人会跟自己说说话,而在公寓除了护工和家人的定期探望外,没人会来自己的房间。不看电视的时候就是一个人一坐、一躺一整天,很孤独,这也是令他们不能接受和适应的地方。老人们表示,冬天比夏天更难熬。夏天天气好的时候他们还可以走走,出门锻炼,参加一些机构内的活动;而到了冬天,天气寒冷,机构内的唱歌活动就会停办,麻将室也没什么人,他们窝在房间里没有地方可去,即使是那些腿脚方便的老人也会觉得无所事事。即使偶尔有志愿者登门拜访看望,也只有十几分钟而已。因此他们极度缺少陪伴,常常会感到孤独。在很少有孤独感的10位老人中,有4位爷爷和2位奶奶喜欢看电视或者听广播，而另外 1 位爷爷和 3 位奶奶则比较喜欢看报纸和读书。这说明培养兴趣爱好可能有利于老人抵御孤独的感觉。

在老年人对机构生活的总体印象上，有 41% 的老人表示机构生活比自己想象中的要差，影响因素包括原来设想的单人间不存在、和自己不喜欢的舍友居住在一起等。根据访谈，在 18 位认为机构生活比想象中的差的老人中，接近一半的老人都表示因为现实和预期出现了一定程度的落差，因而自己在心理上有些难以接受，感到失落，对未来机构生活的心理预期也大打折扣。

机构管理人员关注到老年人在机构生活中心理维度适应不良问题，但是由于机构内的护理人员整体受教育程度偏低以及缺乏专业人员，所以无法为老人提供一对一的心理辅导服务。为了解决心理辅导服务缺失的问题，老年公寓会定期邀请心理咨询机构讲师对公寓内工作人员及护理人员进行团体心理辅导及专业培训，这些辅导和培训能够使护工了解到一些心理辅导的知识，但由于缺乏系统、持续的理论技巧学习和文化基础较弱，护工对老人的回应往往只表现在劝说和安慰上，不能有针对性地解决老人的心理问题。情绪上的消极悲观极易引发老年人身体上的疾病，甚至威胁到老年人的生命安全。R 奶奶表示自己刚入住老年公寓时因为感觉被子女抛弃而经常逢人就哭，因此患上了心口痛的毛病，每隔一段时间就会复发，身体不像进老年公寓之前那么健康了。在笔者实习期间，公寓内也发生了一起老人因为觉得居住在老年公寓心情压抑，无法适应而深夜爬护栏大喊"救命"，想要翻墙逃出老年公寓的事件。

（3）社会关系适应不良

社会关系是人们在共同的物质和精神活动过程中所结成的相互关系的总称，即人与人之间的一切关系。[1] 根据社会关系的主客体范围，

---

[1] 中共中央马克思恩格斯列宁斯大林著作编译局：《马克思恩格斯选集》，人民出版社，2012 年。

可将其划分为个人之间的关系、个人与群体之间的关系、个人与国家之间的关系、个人与社会之间的关系等。[1] 在封闭式管理的 B 老年公寓中，老人的社会关系主要体现在个人之间的关系、个人与群体之间的关系上，而这两种关系的深化都涉及社会支持网络这一概念。

社会支持网络是指一定社会网络运用一定的物质和精神手段对社会弱势群体进行无偿帮助的行为的总和。高伊恩（Goyne）等学者通过对社会支持网络与身心健康关系的大量研究发现，良好的社会支持网络有利于身心健康，而较差的社会支持网络则会有损身心健康。[2] 因此，构建良好的社会支持网络有助于维护老年公寓内住养老人的身心健康，从而增强老人对于机构的适应能力，提高其生活质量。而对于具有社会关系适应不良表现的老年人来说，可以通过构建、强化、完善等方式加强自己的社会支持网络建设。

肖水源认为可将社会支持划分为两类：一类是客观的社会支持，指可见的或实际的支持；另一类是主观的社会支持，指个体体验到或情感上的支持。[3] 在结合 B 老年公寓内老人社会支持现状的基础上，笔者对肖水源的主客观社会支持的基本内容进行删减和补充，通过自设计的问题来了解老年人的主客观社会支持以及社会支持利用度的情况。

笔者将老年人的主观社会支持内容划分为在老年公寓内的朋友个数，与舍友的关系，与其他老人的关系，以及老人从配偶、子女、兄弟姊妹处得到的支持和照顾程度，具体调查结果见表7。

---

[1] 安东尼·吉登斯：《社会学》（第七版），北京大学出版社，2015 年。
[2] Goyne J C, et al. "Stress, Social Support and the Coping Process", *Annu Rev Psychol*, Vol. 42, 1991, pp. 401—426.
[3] 肖水源：《〈社会支持评定量表〉的理论基础与研究应用》，《临床精神医学杂志》1994 年第 4 期，第 98—100 页。

表7　老年人获得主观社会支持的情况

指标	总人数（$n=44$）	
	人数	百分比/%
在老年公寓内拥有的朋友个数		
没有	15	34
1~2个	25	57
3~5个	4	9
6个及以上	0	0
您与舍友的关系		
相互之间从不关心，只是点头之交	11	25
遇到困难可能稍微关心	18	41
有些舍友很关心您	14	32
大多数舍友都很关心您	1	2
您与老年公寓内的其他人		
相互之间从不关心，只是点头之交	26	59
遇到困难可能稍微关心	10	23
有些老人很关心您	8	18
大多数老人都很关心您	0	0
从配偶处得到的支持和照顾		
无	36	82
极少	4	10
一般	2	4
全力支持	2	4
从子女处得到的支持和照顾		
无	1	2
极少	12	27
一般	17	39
全力支持	14	32

续表

指标	总人数 ($n=44$)	
	人数	百分比/%
从兄弟姊妹等亲属处得到的支持和照顾		
无	11	25
极少	28	64
一般	3	7
全力支持	2	4

首先，从朋友个数上看，57%的老年人认为自己有1~2个朋友，但是大部分老人表示这种朋友就是吹吹牛、聊聊天，和可以谈心的"发小"是完全不一样的。还有34%的老人认为自己在老年公寓内没有朋友，究其原因，老人表示在机构内很难与他人建立亲密关系。对于那些腿脚不太方便的老人来说，与其他老人交流互动的机会更少，建立友谊关系的可能性就更小。因腿脚不便无法独立行走的L奶奶反映："住在家的时候，可以自己挑选朋友，想和谁耍就和谁耍。现在住在这里，坐着轮椅，只要没有护工推就哪里也去不了。旁边的很多人都说不到一起去，不想说话，可是自己又不能主动去找能聊得来的人。没人陪我说话，我觉得很孤独。"即便是腿脚方便的老人，也面临很难找到聊得来的同伴的问题。在认为自己没有朋友的老人中，腿脚方便的老人比例占半数。与其他老人建立亲密关系的机会难寻，加上有的子女关于"不要和其他老人交往太多，小心手脚不干净"的叮嘱，机构内的老人们不易建立自己的社会支持网络，社会关系也因此较为疏离。

在与舍友的关系上，除了一名老人认为大多数舍友都很关心自己外，有32%的老人认为有些舍友很关心自己，有41%的老人认为遇到困难时舍友会稍微关心，还有25%的老人则认为与舍友只是点头之交，相互之间从不关心。笔者通过对这25%的老人访谈，了解到与舍友关系淡漠的原因主要是双方相处不融洽，性格不合。有4名老人表示曾经与舍友发生过较大的争吵，机构内也曾发生过一起因老人争吵打架致死的意外事故。X爷爷表示自己住进公寓之前不喜欢与人争吵，可是住不惯这里，也不习惯舍友每天在屋内抽烟、看电视放很大声音的生活习惯，因此只能靠吵架发泄不满。S奶奶说自己看到过一个老人说舍友偷自己东西而拿椅子砸向舍友。以上表现既是老年人在社会关系维度适应不良的原因，也是老年人对机构生活中社会关系维度不适应的结果，因果互相影响，产生恶性循环，如果放任不管，不但会影响老人在机构内的生活质量，甚至会威胁到老年人的生命安全。

最后，对老年人从配偶、子女、兄弟姊妹等亲属中得到的支持和照顾程度的数据进行比较，能够发现老人得到的照顾与支持主要来源于子女，兄弟姊妹等亲属次之，而从配偶处得到的照顾与支持最少。原因之一在于有机构生活适应不良状况的44名老人中，共有36名老人已丧偶，这种情况导致老人无法得到来自配偶的支持。此外，老年人虽然有较多的兄弟姊妹，可是他们也年岁已大，自顾尚且不暇，对于老人的支持与照顾更是杯水车薪。因此，照顾和支持老人的重任落到了子女的肩上。

71%的子女能够给予老人不同程度的支持和照顾，但是仍有27%的子女极少照顾老人，还有2%的老人没有得到子女的支持和照顾。对于这部分老人来说，物质的照顾是次要的，精神上的支持才是急需的。从老年人与子女之间的关系来看，中国传统的养儿防老观念加之在机构内无法找到可以交流的伙伴，老年人转而向家人寻求支持，表达回家的愿望，但是家人却因为照顾孙辈、加班工作等原因无法满足老人的沟通与陪伴需求。部分老人因此产生非理性信念，认为自己被遗弃在养老机构。由于无法从子辈获得足够的社会支持，导致两代人之间产生矛盾，甚至升级为冲突。C奶奶说："以前我和孩子们的关系还是好呢，没想到他们把我送到这个监狱里来，我才知道养了一群白眼狼，把我送到这里来等死……现在关系也不好了，他们过来就和我吵架，丢人啊。"J奶奶甚至编了一首顺口溜来讽刺自己的子女，每到午休时间就开始大声念唱，影响周围老人日常休息的同时也造成了一定程度的混乱。老人们有时候也会质疑自己是不是被家人抛弃，没人要了，从而心情低落、沮丧，行为处事也变得悲观消极。

然而，机构对于老年人社会关系维度的适应不良并没有太多关注。受访的一位机构管理人员谈道："每天需要做的事情太多，实在没心思管老人们之间讲不讲话。就算不讲话也是正常的，可以自己在屋里坐着看电视。"这样的看法忽视了老人获得社会支持、维持良好的社会关系的重要性。

从表8可以看出，在入住老年公寓后，当老年人遇到急难状况时，往往能够得到子女提供的经济支持和帮助，比例为77%，其次是兄弟姊妹等亲属提供的经济支持和帮助，比例为25%，而得到公寓内老人帮助的比例是最少的，为16%。在获得的安慰和关心上，子女所提供的安慰和关心多于老人兄弟姊妹等亲属提供的安慰和关心，公寓内老人提供的安慰和关心比例依然占最少。从以上数据来看，公寓内的老人不能为遇到急难状况的老人提供经济支持是无可厚非的，这与老人的经济状况等因素密切相关，但是在精神支持——关心和安慰上，作为朝夕相处的同伴，老年人对彼此遇到的事情并不关注，主动给予精神慰藉的意愿度较低，可见同辈群体之间关系的冷漠。在最后一个关于所获得的经济支持及精神支持是否有变化的问题上，半数以上的老人认为这些支持都减少了，这说明机构内的住养老人现有的社会支持网络发生了一定变化，人际关系逐渐向疏离的趋势转变。

表8 老年人获得客观社会支持的基本情况

指标	总人数 ($n=44$)	
入住老年公寓后，在您遇到急难状况时	人数	百分比/%
得到过子女的经济支持或解决实际问题的帮助		
是	34	77
否	10	23
得到过机构内老人的经济支持或解决实际问题的帮助		
是	7	16
否	37	84
得到过兄弟姊妹等亲属的经济支持或解决实际问题的帮助		
是	11	25
否	33	75
得到过子女的安慰和关心		
是	41	93
否	3	7
得到过公寓内老人的安慰和关心		
是	19	43
否	25	57

续表

题目	总人数（$n=44$）	
	人数	百分比/%
得到过兄弟姊妹等亲属的安慰和关心		
是	21	48
否	23	52
总的来说，您觉得入住老年公寓后，您获得的经济支持或精神安慰的变化		
增加了	9	21
没有改变	9	21
减少了	25	56
不知道	1	2

在老年人对于社会支持的利用程度上，笔者将老年人在老年公寓内遇到烦恼时的倾诉方式、求助方式以及对机构内组织活动的参加频率作为判断标准，具体结果见表9。

表9 老年人对社会支持的利用度

题目	总人数	
	人数	百分比/%
您在老年公寓内遇到烦恼时的倾诉方式		
从不向任何人倾诉	12	27
只向关系较为密切的1~2个人倾诉	24	55
如果有人询问您会主动说出来	5	11
主动倾诉自己烦恼，以获得支持和理解	3	7

续表

题目	总人数	
	人数	百分比/%
您在老年公寓内遇到烦恼时的求助方式		
只靠自己，不接受别人的帮助	1	2
很少请求别人帮助	29	66
有时请求别人帮助	12	27
有困难时经常向家庭、亲友、机构求援	2	5
对于机构内组织的活动，您的参加频率		
从不参加	2	5
偶尔参加	16	36
经常参加	9	20
主动参加并积极活动	17	39

在老年人遇到烦恼的倾诉方式上，55%的老人选择向关系较为密切的1~2个人说出来。根据对老人的访谈，这关系密切的1~2个人往往是自己的子女，而对于机构内的其他老人、护工和负责人，老人持有一定的戒备心，不愿意轻易说出自己的心里话。这说明老人具有倾诉的意愿，但是倾诉的对象较单一。此外，还有27%的老人从不向任何人倾诉自己的烦恼，他们表示在老年公寓内没有自己想要说话的人，他们也不愿意惹是生非，让他人传自己的闲话，所以遇到事情不愿多说。通过这些老人的表述可以发现，虽然他们的内心可能也渴望与人沟通，但因为不信任机构内的人际环境而不愿过多坦露自己的心事。

从老年人遇到烦恼时的求助方式来看，66%的老人很少请求他人帮助，甚至还有2%的老人不想接受来自他人的帮助。这说明老人的求助意识不够，他们忽视了良好的社会支持能够给自己带来的资源和帮助，总是因为羞于给他人添麻烦而不愿意求助于人，因此进一步使自己的社会关系疏离，使自己难以在机构内与其他老人建立亲密关系。

对于机构内组织的活动，大部分老人具有主动参加的意愿，但是也有36%的老人偶尔参加，还有5%的老人从不参加。通过笔者的询问了解到，参加机构活动意愿度低的老人，一是没有意识到可以通过活动来结识朋友，与他人建立社会关系；二是不了解机构内的活动种类、方式等具体信息；三是对于机构现有的活动并不感兴趣。

综上所述，目前住养老人对于机构内的社会支持利用度不够，因而他们的社会支持网络较薄弱。这些社会支持网络构建较差的老年人常常出现对机构生活不适应的情况：对机构缺乏归属感，进而对机构生活产生排斥的心理，认为机构不适合养老而不愿在此居住。

除上述调查结果以外，笔者通过深度访谈发现，老年人与同辈群体之间、老年人与护工群体之间的关系也存在很多困扰。从老年人与同辈群体之间的关系来看，由于性别、地缘、受教育程度、兴趣爱好等因素的影响，老年人同辈群体中往往会形成多个亚群体，而各类老年人亚群体之间的相处也并不是非常融洽。在调查中，C奶奶表示有的女性老人不喜欢和同性交流，只有见了男性才会聊天、侃家常，让人很看不惯。W奶奶则告诉笔者，公寓内的城市老人会看不起农村出来的老人，尤其是城市中的文化人更是瞧不起来自农村的自己，平时都不跟自己讲话，所以自己宁愿回农村居住，也不想在老年公寓里受气。L爷爷说自己很想参加唱歌班，可是人家是个小团体，害怕自己融不进去，显得不自在，因此一直都没参与什么活动，每天过得没什么意思。老年人群体与护工群体的相处也存在不和谐之处：护工作为照料和护理老年人的专职人员，与老人日常相处时间较长，理应与老人建立较为亲密的关系。然而，在笔者调查期间，14位老人表示自己与护工群体间关系并不融洽。在讲述事件前，他们反复询问笔者是否会将他们的意见告诉护工，是否会对自己有什么影响，甚至有些老人在表示自己和护工关系不好之后要求一定要保密,以防护工报复自己。以上这些情况均表明在老年公寓内,部分老年人较难通过构建良好的社会支持网络形成较好的社会关系,因此在机构生活的社会关系层面适应较差。

(4) 精神生活适应不良

从精神生活来看,有84%的受访老人感到不同程度的精神空虚,终日无所事事,对很多事情都提不起精神来。机构针对这种情况为老人们开展了相应的文娱活动、以丰富老人的日常生活。从参加文娱活动的频率来看,除了5%从不参加活动的老人以外,其余的老人都或多或少地参与了机构内的文娱活动。但是有54%的老人认为机构内活动较为平淡无奇、无趣,甚至使他们再也不想参加类似的活动。通过访谈,笔者了解到这些老人认为机构内的活动重复性过高,缺少创意,因而他们的参与意愿较低。最后,有34%的老人表示对机构内现有活动形式与类型不适应,另有18%的老人认为现有活动很一般,并不能够满足自己对于文娱活动的需求(表10)。

表10 老年人精神生活适应情况

指标	总人数 ($n=44$)	
	人数	百分比/%
您认为您的精神活动空虚吗		
从不感到空虚	7	16
很少感到空虚	14	31
偶尔感到空虚	20	46
经常感到空虚	3	7
对于机构内组织的活动,您的参加频率		
从不参加	2	5
偶尔参加	16	36

续表

指标	总人数 ($n=44$)	
	人数	百分比/%
经常参加	9	20
主动参加并积极活动	17	39
关于老年公寓内部的集体活动		
非常有趣	3	7
有一定趣味性	17	39
平淡无奇	12	27
非常无趣	10	22
再也不想参加类似的活动	2	5
您对老年公寓内的现有活动形式与类型适应情况		
非常适应	6	14
基本适应	15	34
一般	8	18
不适应	10	23
非常不适应	5	11

通过问卷调查，笔者发现在44位具有机构生活适应不良现象的老年人中，有8位老人具有宗教信仰，且他们全部是佛教徒（表11）。机构关注到老年人精神生活上特殊的灵性需求，为具有宗教信仰的老年人设立了佛堂等宗教场所。但是有3位具有宗教生活经验的老年人认为机构提供的佛堂缺乏专业性与庄严感，因而无法接纳机构的佛堂。

表 11　老年人宗教信仰情况

指标	总人数（$n=44$）	
	人数	百分比/%
是	8	18
否	36	82

上述调查说明，机构目前开展的文化娱乐活动以及设置的宗教场所尚未能有效地满足住养老人的精神生活需要，部分老年人存在精神生活适应不良的问题。

（5）机构管理适应不良

从表 12 老年人对于机构管理水平的满意度来看，45% 的老人对于机构现有管理是不满意的，这说明机构管理目前仍存在很多不足，而这些不足如果一直未得到有效解决，就极可能会转化为老年人机构生活适应不良的诱因。

表 12　老年人对机构管理水平的评价

指标	总人数	
	人数	百分比/%
非常满意	4	10
基本满意	15	34
一般	3	6
不满意	20	45
非常不满意	2	5

在本问卷的最后一道问题中，笔者采用开放式问题来了解老年人是否存在机构管理适应不良的问题，以及对机构管理的适应不良主要

表现在哪些方面。在 44 位老人中，有 18 位老人表示自己对机构管理有一定程度的不适应，主要体现在以下三个方面。

其一，机构的管理方式存在一些局限。B 老年公寓采用封闭式管理：除非家属授权同意，否则禁止老人外出，即使是有独立行走能力的老年人也不可以自由出行。然而对于家属来说，同意老人自由出行也是一件需要承担风险的事情：老年人的行动相对迟缓，而 B 老年公寓位于主干道旁，每日车流非常密集，且公寓附近没有可供自由外出的老年人锻炼的地点，老年人往往要步行 30 分钟左右，穿过车速较快的马路才能去环境较好的江边锻炼，这些因素无形中都加大了老年人人身安全受到威胁的概率。为了降低风险，保护老人的安全，家属往往选择禁止老人出行，甚至一再叮嘱机构千万要看好老人，不要让他们出去。这就导致一部分老人不能外出，只能生活在老年公寓这个不够大的空间里。于是，失去自由的老年人会感觉到"与曾经的自由生活落差太大，像生活在监狱里"，并由此引发对机构的不满和责难，从而无法适应机构生活。

其二，护理人员的服务中也存在一些导致住养老人适应不良的局限。从护工服务层面来看，所有老人都表示护工遵守了机构的规定，并没有收红包的情况出现，但是护工的服务质量仍有待提升。一些老人觉得护工的护理水平与收取的费用不符，其中有一位老人因为抱怨护工服务质量差而与护工发生过多次冲突。根据访谈，笔者发现护工主要存在以下问题。

首先，文化水平低，不能给予老人文化层面上的帮助。L 爷爷反映："和护工谈国家大事谈不拢，他们不关心也不懂。""我的眼睛看不清楚报纸上的字，让护工帮我读，可认识字的护工没几个，还都在忙。剩下的都是不识字的，想帮我也帮不了。"这使 L 爷爷觉得住在这里是花钱买罪受，还不如回家让儿女读给自己听。

其次，部分护工的服务态度差，这直接影响老年人在机构生活的质量。J奶奶反映："我对护工从来都是小心翼翼的，有什么好吃的都要给她们吃。就怕她们不高兴了，晚上叫她扶我上厕所的时候不理我。""这些事都说不得的，被护工知道了要骂我多嘴，其实我以前住的机构里护工不是这样的。"从J奶奶的话语得知，她一直处于一种小心谨慎的状态。她也表示自己过得很累，可是又不敢告诉子女，怕子女找护工说后护工会报复自己。"住不惯也没有办法，家里人不接我回去啊。我只盼着能早点死掉，就不用活受罪了。"

除上述情况，还有个别老人认为机构管理人员存在不作为、和稀泥的现象，因此觉得被敷衍，没有获得应有的尊重，和以前的生活落差太大。

机构负责人对于老人在护工护理方面的适应不良是有一定了解的，但是护理工作脏、累、苦以及护工感到心理压抑、社会认同感低等因素的影响，导致护工流动性非常大。"招人难"使机构一再降低护工的入职门槛，使得大多数就职的护工都是一些岁数大且不识字的人，进而导致护工整体素质不高，难以满足一些高学历老人的沟通需求。而在服务态度方面，虽然机构也多次向护工强调，但因为护理工作的劳累和繁忙，仍有部分护工难以做到微笑服务。

其三，部分老人觉得机构内的公共设施和物品不足，应当再购入健身器材、及时补充毛笔纸张等；还有一些老人认为机构内的设施并没有得到完全利用，如台球桌、健步器等设施虽然购入了，但并没有人去教授老人如何使用。

作为老年服务的提供者，目前机构管理人员对于老年人在机构生活适应不良的问题，缺乏积极采取措施进行干预的主动意识。在接受访谈时，机构管理人员谈到，适应是每个老人都要经历的过程，只是长短不同，自己每天很忙，没时间去管这些。她也相信老人是能够通过自己的努力适应老年公寓的生活的，并举例说明一些老人是如何适应的，但对于那些一直没有适应机构生活的老年人却避而不谈。她仅认为适应不良是老人自己应该解决的问题，而没有从机构的角度去思考机构可以为老年人提供哪些服务来加以改善。

3. 住养老人在机构生活适应不良问题的介入需求

问卷调查显示，44 位受调查老年人存在一定程度的机构生活适应不良，加上 3 位没有参与问卷调查却接受了笔者访谈的老人，共有 47 位老人具有机构生活适应不良问题。有 17 位老人非常希望能得到专业服务，其中有 11 位老人愿意接受社工的协助来改善机构生活适应不良的状况，他们表现出了较为强烈的改善现状的意愿。此外，笔者发现，针对不同维度的机构生活适应不良，老人的需求也不相同，主要可以归纳为以下几点。

在生理维度的饮食层面上，老人们目前的需求主要集中于改善机构内过于清淡的饮食，希望食物符合自己口味的同时，食物的质量、种类也能够符合身体的需求。而在机构生活环境层面，老人们也有改善居住环境、提高居住质量的相应需求。

从心理维度来看，老人们希望能够改善抑郁、难过、消极的情绪，使自己在机构内能够愉快地生活。机构管理者也希望通过引入社会工作专业实习生，运用专业知识与技能为老年人提供心理疏导与精神慰藉服务，协助老年人更好地适应机构生活。

从社会关系维度来看，拥有良好的社会关系不仅有利于老年人的身心健康，还可以帮助老年人调动社会资源，更好地与他人相处，增强人生意义感与存在感。老人们希望能够拥有较好的社会关系，获得更多的社会支持，从而在精神上帮助自己度过艰难的机构生活适应期。

从精神生活维度来看，老人们认为机构需要整改现有文娱活动，改变活动形式单一、内容重复等不良现状，增加一些老人们能够参与并且感兴趣的活动，改善老人精神生活匮乏、枯燥的情况；此外，机构需要关注有宗教信仰的老年人的特殊需求。机构管理者认为可以与社工合作，使社工发挥专业特长，组织老人开展相关活动，丰富老人的业余生活。

从机构管理维度来看，老人们认为机构管理者需要增强服务意识，多接触老人，了解老人需求，听取老人的意见，这样才能更好地管理机构，减少"和稀泥"的现象。机构负责人在认同老人意见的同时，认为仅凭一己之力是无法改变现状的，需要社会工作者作为沟通桥梁，改善机构、护工与老人之间的关系，促进各方的相互理解，并在深入了解老人需求的基础上，向机构提出更多改善老年人在机构管理方面适应不良状况的意见与建议。

综上所述，除了老人有对改善不适应现状的迫切需求外，机构管理人员也希望通过引入专业的社会工作者来协助机构提升服务质量与服务水平，更好地发展养老产业，造福于老人。

四、住养老人在机构生活适应不良的个案工作介入

在 B 老年公寓，部分老人因为机构生活适应不良而整日郁郁寡欢、心情低落；还有一些老人终日哭泣，以泪洗面，从而导致病情的加重，给自己的健康带来了很大的负面影响。住养老人在机构生活适应不良的现状不仅体现在老年人的心理感受和生理健康上，还会对其家庭关系、社会关系乃至社会形象等多个层面产生不良影响。因此，重视老年人在养老机构生活适应不良的现状，并通过社会工作专业技术与方法进行介入是势在必行的。

（一）社会工作介入住养老人机构生活适应不良的特色与优势

1. 社会工作职能特色与优势

与其他学科不同，社会工作提供的并不是某种特定内容的知识，而是一种具有综融性的系统化服务。因此，在社会工作介入住养老人机构生活适应不良的过程中，社会工作者往往需要扮演多种角色，发挥其不同职能与优势。其一，社工应扮演服务提供者的角色。这需要社工在了解案主背景信息的基础上，评估其需求，有针对性地为案主提供相应的福利及物质援助。其二，社工应扮演支持者的角色，为案主提供心理支持和慰藉。其三，社工应扮演倡导者的角色，当案主处

于两难困境时，社工在遵守职业伦理的基础上，可为案主提供相关的建议供其选择，以摆脱机构生活适应不良的现状。其四，社工应扮演资源链接者的角色，寻找有益的资源并将其传递到案主手中。

2. 理论特色与优势

社会工作介入住养老人机构生活适应不良涉及老年人从认知层面到行为层面的改善。要想改善老年人机构生活适应不良的现状，就要从这两个层面入手，各个击破，才能达到最终消除老年人机构生活不适应、提高生活质量的目的。

首先，从认知层面来看，社会工作介入的目的是使老人正确认识到自己的机构生活不适应的问题，并从意识上做出主动改善现状的努力。要想达到此目的，社工需要采用理性情绪治疗的方法纠正老年人的非理性认知，协助其了解到对机构生活的不适应是正常的，其来源不是自己的多事和挑剔，从而使老人在心理层面消除对自己的埋怨和不满，正确对待自己。其次，对于老年人在此期间出现的自卑或是认为自己缺乏优势与资源去改善现状的情况，社工可使用优势视角，帮助老人发掘自身存在的优势和资源，增强自信心。社工还可以使用社会支持理论，强化老年人的社会支持网络，从而进一步为老人链接资源，给予老人更多的精神和物质支持，为老人改善机构生活适应不良现状增强推力。最后，在老年人将改善机构生活适应不良转变为行动的过程中，社工应采用增权理论，激发老年人的权能，引导其通过行动来争取自身的合理权益。

而对于老年人不同层面的机构生活适应不良问题，社工应首先运用增权理论对老年人的生理、精神生活、机构管理层面适应不良问题进行介入，激发老人自身的权能意识，鼓励其争取自己的合理权益；其次，运用理性情绪疗法、优势视角对老年人的心理层面适应不良进行干预，改善老年人的非理性认知，缓解不良情绪，重建理性认知的同时，协助老人发现自身的资源与优势，增强自信心，提升自我价值感；最后，采用社会支持理论对老年人社会支持层面的适应不良进行介入，帮助老人构建完善的社会支持网络，促进老人的交流沟通。

（二）社会工作介入住养老人机构生活适应不良的服务目标与介入方法

1. 服务目标

改善住养老人机构生活适应不良的社会工作介入，其服务目标是改善服务对象表现在不同层面的养老机构生活适应不良状况，提高老年人在机构生活的质量，从而提升其满意度。

2. 介入方法

本研究采用个案社会工作的介入方法，帮助面临机构生活适应不良问题的老年人改善适应不良的现状，提升其适应力，最终提高在养老机构内的晚年生活质量。之所以采用个案工作方法介入，主要出于以下几点考虑：首先，两位案主均具有较为迫切的改善机构生活适应不良现状的需求。他们本人曾多次找社工反映不适应问题并表示想得到帮助，机构负责人也希望社工能够优先协助这两位老人改善现状，以提高他们的生活质量。其次，将问卷调查和深度访谈相结合，笔者发现两位老人所面临的多个层面的不适应问题的总和基本上覆盖了住养老人机构生活适应不良的所有层面，具有典型性，可以作为探索社会工作介入老年人机构生活适应不良问题的切入点。再次，对于开展小组工作的提议，老人们的积极性并不高。一方面，一部分老人认为冬天到了，自己希望在房间取暖，由社工来上门开展服务，不想出门参加活动；另一方面，一部分社会支持层面适应不良的老人不愿意与陌生老人一起参加活动，认为其他老人和自己聊不来，也不想听他们说话；此外，每位老人的作息时间不一样，他们也习惯于自由支配时间，很难找到一个统一的时间来开展小组活动。因此依据当时的需求评估结果，社工决定采用个案社会工作的方法为老人提供一对一的上门服务，其优势在于遵循老人的案主自决原则，由老人根据自己的身体条件、作息时间来自由选择社工的服务时间，减少约束性。最后，采用个案工作方法有利于案主更好、更深度地表达心声，减少他人的干扰，增强案主的安全感，社工也能够"因人而异"地制订更符合案主期待与需求的服务计划，使社会工作服务更符合"差异化"原则。

（三）社会工作介入方案设计

在B老年公寓开展参与观察与深度访谈的过程中，笔者发现两位在机构生活中出现较明显适应不良情况的老年人。在对这两位老年人进行综合评估后，笔者发现她们面临的问题虽然都属于机构生活适应不良，但每位老人适应不良的侧重点又不同。根据面临问题的典型性及解决问题的迫切性，笔者在征求老人意见并获得同意的基础上以个案工作的方式分别为她们开展社会工作服务。为了遵循社工应保护案主隐私的社会工作伦理守则且便于对二者进行区分，下文以个案A的L奶奶和个案B的W奶奶指代两位老人。

1. 个案A介入方案设计
（1）个案A概况

个案A的案主是L奶奶（简称L），今年76岁。她育有3个子女，包括1个儿子和2个女儿，每周儿女都会至少来探望她一次，并为她带来各种水果与零食。L目前的身体状况不是很好，除了中风后遗症导致无法行走、长期卧床、靠轮椅出行以外，她还患有多种疾病，包括心脏病、高血压、风湿、胃病等。但是L很少因为病痛而抱怨，她说这与她早年在部队当兵的经历有关。L18 岁入伍在部队工作了 20 多年，后来转业成为地方企业的一名干部，一直工作到退休。她的丈夫也是一名军人，和 L 感情很好，但是在 6 年前因为突发疾病去世了。丈夫去世后，家人找来保姆看护她。当时 L 生活还能自理，所以保姆只是负责做饭，直到去年 10 月 L 因为中风失去自理能力，家中无人照顾，专业护理人员难寻且价格高昂，子女为了让老人得到更好的照顾而将其送往老年公寓。目前 L 已经在老年公寓里居住了 10 个月，但是她对机构生活并不适应，表达出强烈的想要回家的意愿。在得知社工能够帮助自己改变现状时，L 积极地向社工寻求帮助，表示愿意配合社工，机构负责人也希望社工能够为 L 提供个案服务，从而给予她更多的心理慰藉和精神支持。

（2）个案 A 预估

①问题分析

通过面谈，笔者发现，L 存在 4 个维度的机构生活适应不良，分别是：生理维度、心理维度、社会关系维度、机构管理维度。

首先，在生理维度上，L 面对三方面的问题：第一，L 的房间位于 B 老年公寓的 2 楼，由于封闭式管理的要求，没有窗户可以通风和透气，缺乏光照，这使 L 认为自己有种住监狱的感觉，和家里窗明几净的环境差距太大。在周边环境上，L 作为一名女性，却和 3 位男性室友生活在同一屋檐下，这让 L 感到没有安全感。此外，周围的邻居大多都是神志不清醒的人，L 渴望沟通却"举目无亲"，因而更增加了对机构现有环境的排斥和厌恶。第二，L 无法适应机构内的饭菜：她多年的饮食习惯都是偏好重口味，而机构清淡的饭菜令她难以下咽。第三，L 身患数种疾病，导致她必须进行严格的忌口，尤其在病情严重时，一些之前可以食用的肉类也不能吃。但是由于与机构未提前沟通，机构并不知道 L 饭菜分配的注意事项，依然根据日常标准分配。因此有时候一盘菜端上来，L 能吃的只有几片白菜，这种状况对 L 的身体健康产生了一定影响,她说自己目前只能遵照医嘱,靠吃药来补充每日必需的维生素。以上多种因素的综合作用导致L对居住环境适应不良。但由于老年公寓目前的入住率为100%,没有多余的房间可供L更换,所以她只能被动地勉强自己去适应现在的房间。可因为导致其不适应的原因一直存在,所以L的适应过程非常艰难,鲜有进展。

其次,在心理维度上,L认为自己已经老了,没有用处了,子女把她送到这里来就是等死的。想到这些,她经常在晚上哭几个小时,越想越难过,觉得这辈子白过了。而这种糟糕的心理状况对L的身体健康造成了不良影响,她说难过的时候心脏会不舒服,感觉心率特别快,像是要发病了。

笔者调查发现,L在心理方面具有悲观、消极、自主能动性低、敏感等特点,这些特点对她适应机构中的老年生活均产生了不同程度的负面影响。

第一,L持有一定的负向信念。负向信念是指案主对于自己不正确、不合理的悲观消极的认知。在个案A中,案主的负向信念主要体现在两个方面:其一,她认为自己现在没有任何用处了。其二,她认为子女把自己送入老年公寓是为了让她等死。这两个认知分别来源于案主对自己的不合理认识和对子女心理的揣测,且对案主目前的心理状态造成了一定程度的不良影响,她常为此闷闷不乐。而整夜哭泣甚至失眠的状态也对L的身体健康有很大的负面影响,她能够明显地感觉到身体状态的不适。

第二,养老方式改变导致的角色丧失降低生活自主性。在来到老年公寓之前,L作为一家之主具有较高的自主性,能够充分行使自决的权力,表达自己的喜好。而入住老年公寓后,因为角色的转换,L从家庭成员变为老年公寓的一员,由自己做主变为在他人的安排下生活,这样的转变对于L来说有巨大的心理落差。

第三,L的性格非常敏感脆弱。通过对L的深度访谈、观察以及护工的反映，笔者发现L的性格较为敏感、多疑且多愁善感。她时常以"林黛玉"自比，很在意别人对自己的评价，别人的一句简单话语也时常会在她的心底激起涟漪。心理学家认为敏感并不是一种缺点，但是如果因为敏感而格外在意外界对自己的态度和评价，经常性地过度解读他人的话语，不但影响自己的心情，还会影响与他人的人际关系。虽然L性格外向，喜欢与他人交流，但敏感、多疑的性格使其经常过度解读他人的话语，从而影响到自己的心情，也阻碍了她与其他老人的沟通，导致其对机构生活适应不良。

此外，L还有怕麻烦别人的心理。L是一个较为独立自强的人，她自己能做的事情就不愿意麻烦别人，生怕别人会因此对自己产生不满，背后说她的坏话。社会交换理论认为，人类社会交往的原则就是互帮互助——回报他人给予自己的好处并学会接受他人的回报，因此，社会交往过程（人际关系）就是一个交换过程。而对于L来说，她不愿意麻烦别人的心理其实已经限制了她与周围人的社会交换，她不愿意接受别人给自己的回报，而自己又对给予他人的馈赠耿耿于怀，因此她的人际关系难以维持。不良的人际关系使她在老年公寓内无法与他人正常交流，从而引发机构生活适应不良。

再次，在社会关系维度上，L也存在缺乏社会支持网络和因社会支持网络不足而引发孤独感的问题。

第一，缺乏合意的人际交往。L认为自己在机构内没有朋友，无法和周围人有高质量的交流，感到和以前的生活落差很大，非常不适应。一方面，L和舍友的关系不融洽。她居住的套房有4个独立的房间，除自己外还有3名男性室友。其中两名室友具有独立外出的行动能力，所以每天出去玩，并不会理会她，而剩下的一名男室友对她态度很不友好，还会霸占屋内的电视不让她观看，为此L觉得在房间内的生活非常压抑，无人可交流。另一方面，L居住的区域处于封闭管理的状态，楼层内绝大多数都是神志不清或无法自理的老人，根本无法与她进行正常的交流，难以沟通。而放眼整个机构，L描述道："每个人都不一样，和这里的老人相处非常艰难，有的是脑子不清楚，不能说；有的是脑子清楚，可是说不到一起去，有什么办法？有的人说话让人很难过，我听不下去。可是我又想找人说话，整天在自己房间里坐着有什么意思呢。护工呢，也要忙自己的事情，不愿意理我。唉，我从来没有这么想跟正常人说说话，你来看我，我真的太高兴了，总算能和别人说说话了。"由此可见，L具有非常强烈及迫切的交往需求，渴望建立自己的社会支持网络。

第二，社会支持不足增加孤独感。离开生活了几十年的家庭，失去了家人、朋友的日常陪伴，来到老年公寓这样一个新环境，更是增加了L的孤独感，使其心情低落，倍感对"家"的思念，渴望回家居住，不愿去花费精力适应老年机构的生活。

最后，在机构管理维度上，L对于目前B老年公寓内的机构管理存在一些意见。第一，L认为机构管理存在不负责任和"和稀泥"的现象：她跟负责人提起过自己和舍友的矛盾，可是负责人就说了句"你要多包容"。为此她非常不满，认为自己的合理诉求并未得到重视。第二，L认为一些护工存在渎职以及懈怠的问题，还有些护工服务态度很差，这种情况直接导致自己每天不敢喝水，生怕总是上厕所会引发护工的反感而被训斥。第三，L还提出机构应该提高老年人的入院门槛，因为一些精神不正常的老人入院后会影响正常老人的生活。例如，她曾经被一个不正常的老人打过头，因惊吓过度而出现了心率过快的毛病，差点被送去医院。因此，L希望机构能够加强管理，提高老年人入院门槛，保证自己的人身安全。

在个案A中，因为分别在多个层面出现对机构生活适应不良的情况，案主L表现得较为沮丧，认为在机构生活很压抑，感到不适，十分渴望回家居住，但是因为子女确实没有时间照顾老人，所以老人回家的想法是无法实现的。

②服务需求

当笔者询问L对机构生活适应不良问题有什么看法时，她表现得非常无奈，说自己想到的就是回家住，可这是不现实的，子女明确地说过家里没有人管自己，也找不到保姆，不让她回去。可如果不回家，她也只是硬撑着，得过且过，晚上的时候想到这些就彻夜难眠，流泪到凌晨两三点钟却不知道自己该怎么做。有时候感觉心脏挨不住要犯病了，可是她依然控制不住自己难受的心情。情绪上的消极和压抑已经影响到了L的身体健康状况。

L现有的适应不良问题体现在多个层面上的，而适应不良的状况在影响L生理、心理、人际关系的同时，甚至会威胁到她的生命安全，因此急需社工从全方位对L的机构生活适应不良问题进行介入。

L意识到了自身面临的适应不良问题的严重性与解决问题的迫切性，但是并未思考出相应的解决问题的方法。当问及L是否愿意通过社工的帮助改变现状时，L表现出很感兴趣的样子，说自己很想试一试，觉得需要有人启发自己才能迈出去。

为了改善案主面临的机构生活适应不良问题，笔者认为应首先从认知层面入手，调适案主认为被子女抛弃的悲观消极非理性认知，从而改善其不良情绪，建立正向积极的情绪状态，并协助其将认知转化为行动，通过发现、运用自己的资源和"自助"行为来改善自己的人际交往和机构环境，最终改善机构生活适应不良的状况。

③案主L拥有的资源

根据优势视角收集和整合老年人拥有的资源与优势，发掘其潜力，增强其自助能力是改善老年人在机构生活适应不良问题的重要切入点。根据面谈，笔者看到案主自身拥有很多有利于解决机构生活适应不良问题的优势，外界环境中也存在诸多有助于改善此问题的资源。

从表13可以看出，在应对机构生活适应不良的问题中，案主L自身具有很多优势，在她所处的外部环境中，也存在一些有助于改善此问题的资源。在社会工作者介入改善其机构生活适应不良问题时，可以调动、充分利用上述优势与资源，不断发掘 L 的潜力，以协助其提升适应能力，改善机构生活适应不良的状况，提高其晚年生活的质量。

表 13 案主 L 的自身优势与外部资评估

自身优势			外部资源
性格特点	技能/才华	个人爱好/愿望	
热情的 健谈的 好客的 大方的 善良的 关怀他人的 坚强的 ……	唱歌好听 会使用智能手机 人生经验丰富 对药品非常了解 保健知识丰富 识字 强烈的改善机构生活适应不良的意愿 ……	喜欢唱歌、听歌 喜欢看电视 喜欢参与各种活动 想要交聊得来的朋友 想要参加唱歌班 ……	机构负责人关照 子女很孝顺 护工照顾 有好朋友来探望 衣食不愁 工资稳定 ……

（3）服务目标与策略

①服务目标

在老年人个体层面调节其个人的不合理认知，同时引导、协助案主发掘自身的优势、运用外部环境中的资源，增强表达需求的能力，改善人际关系，并通过自己的尝试和努力在机构层面推动生活环境的改善。通过两个层面的交互作用，提高 L 的机构生活适应能力，改善机构生活适应不良的状况，提升晚年生活质量。

②服务策略

在个案 A 中，社工将采用"三步法"的个案工作服务策略为案主提供相应的服务。

第一,调适非理性认知。案主目前存有较多的非理性信念,如认为自己已被子女抛弃、是没有任何用处的。针对这样的负向认知,社工应采用理性情绪疗法进行介入,通过驳斥案主的非理性信念,改善现有认知,调节其失落、消极的不良情绪,最终协助案主建立积极正向的认知。在此部分,社工应注意介入方法的专业性,在驳斥案主的非理性信念时保证有理有据,从而保证介入效果。

第二,完善社会支持网络。案主因为缺少完善的社会支持网络而感到心情压抑、郁郁寡欢,拥有大把的空闲时间却无法利用,只能自己胡思乱想,进而增加了非理性认知出现的频率。因此,采用社会支持理论帮助案主重建社会支持网络,能够增加其人际交往,改善不良情绪,增强案主的人生意义感。在本部分的介入,社工应重视资源的链接,帮助案主寻找合适的人际支持,从而协助其建立社会支持网络。

第三,增强机构生活适应能力。鉴于案主现有的不良状态是对机构生活无法适应造成的,所以增强案主的机构生活适应力是第一要务。因此,社工应采取增权理论,协助案主增强自己的权能意识,启发案主发挥主观能动性为自己争取正当权益,从而提高自己的机构生活质量。在改善案主外部环境的同时增强其对机构生活的适应力。在本层面的介入中,社工应注意对案主自决原则的保护,避免社工代替案主做决定的现象产生。

2. 个案 B 介入方案设计

(1) 个案 B 概况

个案 B 的案主是 W 奶奶(简称 W),今年 78 岁。目前她的身体较健康,能够独立行走,但是患有高血压、心脏病、肠梗阻等疾病。W 来自农村,因为父母去世得早,作为家中的大姐,她在 14 岁的时候就开始照顾家庭,16 岁的时候嫁给同村人。之后在朋友的介绍下,她与丈夫一起去火车站工作。因为自己不识字,没文化,只能给人打打杂。后来虽然可以参加扫盲班,但是为了照顾家中的孩子,她放弃了这个机会，让丈夫去参加。学习文化后，丈夫因为工作优秀被提拔成干部，家中的生活也好过很多。W 育有 4 个子女，包括 1 个女儿和 3 个儿子。W 与子女间的关系很好，他们经常会探望 W，并接 W 出去吃饭。W 和老伴退休后在农村生活，10 年前丈夫去世后，W 开始信仰佛教，并搬去佛堂居住。两年前因为肠梗阻而被送入重症监护室，W 一度病危，康复后身体情况曾经很差，不能独立生活，子女为了能够使她得到更好的照顾而将她送到老年公寓。W 认为是菩萨保住了自己的命，因此对佛教信仰更加虔诚，每天要念诵上万遍佛号，还要定时去机构小佛堂参拜 3 次。目前 W 已经在老年公寓里居住了一年半，她认为这里的生活总体上来说还过得去，但是和佛堂的生活差距很大。她多次向子女提出要回佛堂居住，但是子女为了她的身体健康拒绝了她的请求，并将她之前在佛堂的房间退掉了。W 虽然很无奈但却无计可施。她主动告诉社工自己对机构内生活不适应的情况，希望能够在社工的帮助下改善现状。

（2）个案 B 预估

①问题分析

W 存在 3 个维度的机构生活适应不良，分别是心理维度、精神生活维度和机构管理维度。

首先，在心理维度，W 存在自卑心理和不敢表达真实的感受与意愿两方面的问题。

第一，比较自卑。因为没有读过书、不识字且出身农村，她认为自己命苦、可怜，不如城市里的文化人。当与别人意见不合时，她就会说这人是城市的知识分子，瞧不起自己这种不识字的农村苦孩子。因为不识字而无法阅读经书，她只能靠看一些佛教光碟来学习更多的佛教知识。她说，之前虽然在机构内也看到过一些佛教教友，但是由于觉得自己不识字，不会念经，人家会瞧不起自己，所以就没有再深入接触。

社工认为，案主在心理维度存在的自卑表现是因为不理性的信念引起的。她认为因为自己不识字,所以所有的人都会瞧不起自己。秉持这样的信念使得案主缺乏自信,在与其他老人相处时易产生畏缩、胆怯的心理,而对教友更是如此,她认为教友一定不想和没有文化的自己交流。这样的信念使她的情绪低落、自怨自艾,还阻碍了她与教友的结识和沟通。

第二,不敢表达真实的感受与意愿。之前W居住在佛堂,每日的活动就是拜佛、念佛号、听师父讲课,只需要扮演"虔诚的佛教徒"这一个角色。而当她进入老年公寓后,在处理好与机构负责人、护工和其他老年人关系的同时,还要参加机构内举办的各种活动,她的角色由单一变得复杂,W感到分身乏术。她不愿意参加机构的活动,认为影响了自己的宗教生活,可是碍于面子和机构负责人的热情,她只能一次次地勉强参加,为此她觉得很难受。

社工认为,案主之所以不愿意表达真实的感受,也是由她的非理性信念导致的。她认为如果自己向机构反映自己不想参加活动,就会被贴上"不识抬举"的标签,还会被机构领导认为性格孤僻,不想和大家交往,因此案主只能一直勉强自己参加不愿意参加的活动。但由于案主的内心对参加机构活动具有很大的抵触情绪,所以她每次参加活动后都会抱怨很久,情绪上也会受到一定影响,感到闷闷不乐。

其次,在精神生活维度,W面临的机构生活适应不良问题主要表现在两个方面:一方面是感到自己的佛教信仰没有得到充分尊重,另一方面是未能融入机构内的教友群体。

第一,佛教信仰没有得到充分尊重。W是一名具有宗教信仰的老人,她信佛已经长达10年,曾经在佛堂居住过8年,对佛教有着深厚的情感,信仰极为虔诚。但是当她来到B老年公寓后,发现机构内的宗教生活与自己之前参与的相差甚远:虽然机构提供了佛堂供老年人参拜,但是其庄严感并没有达到佛堂的程度,并且尚未请佛教的住持进行开光,这就使W从心理上缺乏对该佛堂的认可。W为此经常向儿女和机构反映,说自己无法适应这里的生活,要回佛堂居住,但却无一例外遭到了拒绝。她的儿女认为她年岁已高且大病初愈,居住在佛堂内的小房间会影响身体健康,甚至会威胁到生命安全。为了打消她回去的念头,儿女将她在佛堂内的用品、床铺全部送人了。为此W感觉非常难过,认为自己的宗教信仰没有得到尊重和理解。

第二,未能融入机构内的教友群体。

最后,在机构管理维度,W对机构管理存在一些不满。她发现机构内的工作人员会使用佛堂功德箱里的捐款,而在佛堂里,这些捐款是只能用于佛具购买或是寺庙修缮的,为此她认为"机构的管理层太过腐败,竟然连供佛的钱也要贪污"。

社工认为,该问题是案主与机构管理者沟通不畅所导致的。案主在并未向机构管理者进行询问了解的基础上,仅凭工作人员使用捐款一事就推测机构管理层贪污了供佛的钱,显然是缺少证据的。但W显然并未意识到这一点,她依然坚信自己的揣测并对机构管理层非常不满,这种情绪对W与机构管理者的关系会产生一定的负面影响。

②服务需求

埃里克森提出的人格发展八阶段理论指出,个体在不同发展阶段会出现不同的需求,个体需要进行自我调整来接受现实,完成该阶段的任务。老年人处于八个阶段中的最后一个阶段——成熟期,必然面临死亡带来的情感波动,他们可能会怀着安详的心态去应对,也可能充满绝望、恐惧。在这样的背景下,W选择宗教作为自己的精神支持和情感寄托,以此来调整心态,应对死亡的威胁,这就是她通过自我调整来应对现实的做法。因此,协助W较好地满足宗教信仰的需求,既可以改善老人机构生活不适应的现状,对提升其晚年生活质量也具有重大意义。根据社工与W的访谈,W对精神生活调适的需求主要体现在以下几点:第一,希望佛堂内有一尊开光的佛像,这样能够提高佛堂的庄严性;第二,能够寻找志同道合的教友交流学佛的心得体会,共同进步;第三,自己能够拥有更多的私人时间去进行宗教活动，可以不参加自己不喜欢的机构活动。W 认为只要能够满足上述三点，那么她的宗教信仰需求就能够得到满足，精神生活维度的不适应情况也会得到改善。社工经过评估后认为，W 的愿望具有实现的条件，可以进行介入。

③案主 W 拥有的资源

本研究将优势视角作为探索、发现 W 资源的支持性理论，以此收集和整合 W 可供利用的资源与优势，发掘潜力，并将其作为改变 W 在机构生活适应不良现状的重要切入点。

从表 14 可以看出，W 拥有很多自身优势与外部资源。社会工作者介入 W 的机构生活适应不良问题时，可以引导 W 调动和充分运用上述优势与资源，不断发掘 W 的潜力，协助她通过自己的努力改善其不适应的现状，提升机构生活适应能力。

表 14 案主 W 的自身优势与外部资源评估

自身优势			外部资源
性格特点	个人愿望	技能/才能	
热情的	希望机构能有高质量的活动	人生经验丰富	机构负责人关照
乐于助人的 受欢迎的 好客的	想要可以交流的教友 希望能够多帮助他人 希望能够更好地学习佛教	佛教知识丰富 做菜好吃 会使用影碟机	子女非常孝顺 护工照顾 可以定时出去玩
善良的 开朗的 ……	具有改善机构生活适应不良的意愿 ……	会使用手机 ……	老朋友很多 兄弟姐妹健在 ……

（3）服务目标与策略

①服务目标

从认知维度、精神生活维度和机构管理维度入手，改变案主 W 的非理性认知，消减自卑，增强表达自身意愿与需求，增强生活自主性的能力，协助 W 更有效地满足其宗教生活需求，从而达到提升机构生活适应能力、改善其在机构生活中适应状况的目标。

②服务策略

在个案 B 中，社工将从 4 个层面采取不同的个案工作服务策略为案主提供相应的服务。

第一，调适非理性认知。案主目前存在一些非理性信念，如认为自己没文化所以别人都会瞧不起自己、因为自己不识字所以念不好佛等。针对这样的负向认知，社工应采用理性情绪疗法进行介入，通过驳斥案主的非理性信念，改变现有认知，调节其悲观、消极的不良情绪，最终协助案主建立积极正向的认知。在此部分，社工应注意介入方法的专业性，在驳斥案主非理性信念时保证有理有据，从而保证介入效果。

第二，增强自我表达与自主能力。案主在生活中碍于面子，时常将自己的想法藏于心中，即使有些事情和自己的想法背道而驰，但为了取悦他人仍会容忍。鉴于这种情况，社工可以采用增权理论进行介入，激发案主的自我权能意识，增强自主性，而不要总是为了取悦他人而放弃自决的权利。本层面的介入中，社工应将重点放在启发案主自我充能上，协助其进行自我表达，发挥自主性。

第三，改善宗教生活环境。案主对现有的宗教生活环境存有一定不满，如功德箱钱款的使用问题。但是案主并未向机构反映，只是憋在心里。机构因为不知情而未做出相应改变，案主却因为机构的不改变而滋生出更强烈的不满情绪。在这种情况下，社工应采用增权理论进行介入，鼓励案主产生自主反映问题的意识并推动案主将反映问题的想法付诸行动。在此过程中，社工应注意保护案主自决原则，不应勉强案主听取自己的建议和倡导。

第四，促进融入教友团体。案主具有强烈的自卑情绪，认为自己没有文化，因此在与他人沟通交流时缺乏自信。针对这种情况，社工应采用优势视角，协助案主发现自己的优势和外部环境中的资源，增强自信心，从而消除自卑感，促使其顺利融入教友团体。在此过程中，社工应注意循序渐进地介入，为案主留足思考的空间，以免对案主造成压力，影响介入效果。

（四）社会工作介入理论指导

针对两位案主面临的机构生活适应不良问题的表现、成因、资源及介入需求，笔者主要采用以下理论为指导来设计个案服务方案。

1. 社会支持理论

"社会支持"一词起源于20世纪70年代的精神病学研究，但其含义在目前的学术界还未有统一定论。本研究采用德马雷（Demaray）等学者的定义，认为社会支持是一种能够提高个体社会适应性，免遭不利环境伤害且必须来自他人的普遍或是特殊的支持性行为。[1] 吕培瑶指出，社会支持理论的模型有三种，分别是主效应模型、缓冲作用模型和动态模型。[2] 虽然这三种模型的作用机制不同，但都肯定了社会支持的增益作用，认为在某个阶段内，获得良好的社会支持对个体的身心健康有积极的影响。洛温（Lowen）等学者经过长期调查研究

---

[1] M K Demaray, C K Malecki. "The Relationship between Perceived Social Support and Maladjustment for Students at Risk", *Psychology in the Schools*, Vol. 39, No. 3, 2002, pp. 305—316.

[2] 吕培瑶:《关于社会支持理论研究的综述》,《时代教育》2010年第4期, 第109页。

发现，老年人如果建立良好的社会支持网络并与支持网内的人保持密切交往，能够有效缓解抑郁症状。[1]

在个案 A 中，案主在社会支持层面的适应不良需要采用社会支持理论来进行介入。根据该理论，社会工作者在进行介入时，第一步应对案主的心理进行调适，缓解她焦虑、急切渴望结识新朋友的心情，使其拥有较为平和的心态。第二步是提升案主的个人能力，社工培训、引导案主发挥自主能动性，将认知转化为行动，从而产生主动与他人沟通的行为。第三步是促使案主主动与他人互动，增进与他人的关系，进而为自己建立更为完善的社会支持网络。通过社会支持网络的构建，信息与资源可以在网络中进行流动和互换，案主不再依靠社工来进行资源的传递和链接，而是通过社会支持网进行资源、信息的收集，减少对于社工的依赖，增强自主性。

在个案 B 中，案主 W 在社会支持层面的需求和个案 A 中案主 L 又有所区别。个案 B 的案主已经获得了来自家人、朋友等方面的社会支持，她急需的是来自佛教教友的社会支持。因此，在采用社会支持理论对个案 B 进行介入时，社工应重视案主特殊的需求，帮助其链接佛教教友的支持。

2. 理性情绪疗法

理性情绪治疗模式作为认知行为疗法中的一个实践模式，是由艾利斯（Ellis）于 20 世纪 50 年代开创的。这是一种以认知为基础、多元模式的综合治疗方法。[2] 该治疗模式的核心是 ABC 人格理论，其原理是认为引发案主情绪和行为的不是事件本身，而是案主对事件的认

---

[1] M F Lowen, C Haven. "Interaction and Adaptation: Intimacy as a Critical Variable", *American Sociological Review*, Vol. 33, No. 1, 1968, pp. 20—30.

[2] 阿尔伯特·艾利斯、黛比·约菲·艾利斯：《理性情绪行为疗法》，重庆大学出版社，2015 年。

识和态度。换言之，假设不幸事件是 A，对事件的信念和看法是 B，因事件而产生的情绪和行为结果是 C，那么不是不幸事件（A）造成了情绪和行为的结果反应（C），而是你对事件的信念和看法（B）造成了情绪和行为的结果反应（C）。其中，对事件的信念和看法（B）可能是理性的或非理性的，非理性信念包括以下几种：绝对化、灾难化、非此即彼、以偏概全。[1] 科里（Corey）认为，如果采用理性情绪治疗模式进行干预，首先要质疑案主的非理性信念（D）并帮助案主建立新的信念（E），从而出现新的情感和行为结果，最终达到使案主能够建立完善的理性思维模式的目的。[2]

通过在 B 老年公寓为期 6 个月的观察与调查，笔者发现两位案主都持有非理性信念。例如，在个案 A 中，案主 L 认为"在自己唱歌时发出声音的人就是不喜欢自己"，个案 B 中，案主 W 认为"城里人都是瞧不起自己这样的乡下人的"。上述绝对化、灾难化的思维方式对她们产生了很多负面影响，如案主 L 感到不高兴，心情压抑，而案主 W 则开始对他人进行区别对待，每当得知新认识的人是城里人就不想与之交往。在老年人个体的认知维度，通过理性情绪治疗模式，社工可以与上述老年人的非理性信念进行辩论，质疑不合理的认知，并通过留"家庭作业"、系统脱敏法等方式一步一步地帮助老人重建理性信念。

3. 增权理论

社会工作中的增权取向实践开始于 20 世纪 70 年代。唐咏认为，增权并非赋予案主权利，而在于挖掘和激发案主的潜能，恢复案主被

---

[1] 何雪松：《社会工作理论》，上海人民出版社，2007 年，第 63 页。
[2] Gerald Corey：《心理咨询与心理治疗》，石林、程俊玲译，中国轻工业出版社，2000 年。

剥夺了的尊严和自由。[1] 陈树强强调:"权利存在于案主之中,而不是案主之外。"[2] 周会敏则提出增权理论以优势为视角,认为应相信案主自身的能力和优势,通过发掘、培育、鼓励、激发人们内在的优势来解决问题。[3] 格恩瑞慈(Gutierrez)指出,增权具有三个层面,即个人层面的增权、人际层面的增权和政治层面的增权[4],而结合我国国情的增权主要集中在前两个层面上。我国目前的增权模式主要包括个体主动增权和外力推动增权两大模式,分别强调个体在增权过程中的决定性作用和外部力量在增权过程中的推动与促进作用。

  在个案 A 中,案主 L 存在一定的"习得性无助"的情况:当她对某一现状不满意时,即便自己的合法权益未能得到保障或者合理需求未得到满足,也缺乏为自己争取机会和维护权利的意识,而是认为得过且过,即使向上面反映了或是自己去争取了,也不会有任何作用。而这种"无权"的现状导致 L 的饮食不适应问题长期得不到解决,反而有逐渐加重的趋势。这种情况不仅不利于提升机构内的服务质量,还阻碍了老年人的机构生活适应。因此,针对因机构生活环境的局限而产生的机构生活适应不良问题,需要以增权理论作为指导,协助案主合理地表达自己的需求,并采取有效的措施与行为争取改善的机会和条件,从而改善案主机构生活适应状况。从认知层面来说,社会工作者需要以增权理论为指导,激发老人产生权利意识,发现自己的优势与资源,改变"习得性无助"[5] 的心理状态,激发其发挥主观能动

---

[1] 唐咏:《中国增权理论研究述评》,《社会科学家》2009 年第 1 期,第 18—20 页。
[2] 陈树强:《增权:社会工作理论与实践的新视角》,《社会学研究》2003 年第 5 期,第 70—83 页。
[3] 周会敏:《增权理论与传统社会工作理论之比较与反思》,《华东大学学报》(社会科学版)2008 年第 8 期,第 285—288 页。
[4] Gutierrez L M. "Understanding the Empowerment Process: Does Consciousness Make a Difference?", *Social Work Research*, Vol. 19, No. 4, 1995, pp. 229—237.
[5] 习得性无助:也称习得性自暴自弃,由 Seligman 提出,是指认为自己的行为不能影响自己命运的信念。

性改变不利于自己的生活现状；从行动层面来说，社会工作者应鼓励老年人与机构管理者协商，表达合理需求，并争取获得机构内其他具有相似问题老年人的支持，通过集体行动的力量推动机构环境的积极改变。

在个案 B 中，情况则有所不同。案主 W 具有主动反映问题的意识，但是她缺少外部力量的推动和促进。在遇到机构管理层面的适应不良问题时，W 主动提出想向机构反映，但是她希望社工能够陪伴在她身边，其实这也是她希望获得外部支持的一种表现。因此，在用增权理论介入不同案主机构生活适应不良问题的时候，应根据案主的不同情况采取有针对性的介入策略。

4. 优势视角

优势视角产生于20世纪80年代，其成立的基本假设是"人人都有优势"。陈友华等指出：优势视角的本质是关注服务对象的资源与优势，以寻找解决问题的办法并探索未来的可能性，放弃对问题和病理的深究，具有一定的解放与赋权色彩；此外，他还认为优势视角融合了灵性因素，树立了全人观念，认为评估个人至少需要关注生理、心理、社会和灵性四个方面，肯定了灵性的重要作用。[1] 在对于老年人的研究上，徐琼认为人们长期以来对老年人存在刻板印象，即老年人是弱者、失能、多病的代名词。但优势视角则认为，高龄、残障或疾病只是老年人的一部分，我们更应关注和重视老年人的经验、才能及个性。[2] 孟德花等也提出了老年人的三大优势，分别是希望、能力、

---

[1] 陈友华、祝西冰：《中国社会工作实践中的理论视角的选择——基于问题视角与优势视角的比较分析》，《山东社会科学》2016年第11期，第73—79页。

[2] 徐琼：《优势视角理念下的日本老年照护案例评析》，《中国老年学杂志》2014年第12期，第7134—7136页。

自信。[1]

在个案 A 中，社工通过发掘案主的优势，得知 L 喜欢看电视和唱歌，因此推荐 L 前往影音室观看电影以及去唱歌班参加唱歌。参加集体活动让 L 产生了积极的改变，她在兴趣爱好得到满足的同时，也结识了新的朋友，从而建立了新的社会支持网络，这说明优势的发掘对于案主来说具有很大的积极作用。而在个案 B 中，案主 W 经常表现出自卑的情绪，认为自己不如别人，充满了各种缺点，并没有意识到自身也存在着很多优点，甚至会一味否认自己的优势。在进行个案工作介入时，社会工作者将关注焦点放在发掘案主自身的优势资源上，陪伴案主去探索、发现自身的内在资源，并协助案主将优势发挥出来，从而解决了案主面临的精神生活层面适应不良问题，最终能够以自信、积极的心态直面生活。

综上所述，本研究中的实务介入以理性情绪疗法、社会支持理论、增权理论和优势视角作为理论工具，从老年人的生理、心理、社会支持、精神生活及机构管理五个维度出发，为改善案主机构生活适应不良的状况制订具有差异性和针对性的介入方案。

---

[1] 孟德花、张菡：《社会工作优势视角理论及其对积极老龄化发展的实践启示》，《法制与社会》2014 年第 2 期，第 172—173 页。

五、个案介入过程与效果

（一）个案 A 的介入过程与效果

1. 个案 A 实施介入

（1）个案 A 实施介入过程见表 15。

表 15　个案 A 实施介入过程

面谈次数	服务目标	工作内容	服务对象的表现与变化	目标实现情况
第一阶段目标：建立信任关系，了解问题状况，评估需求与资源				
第一次	通过面谈了解老人生理层面不适应的状况、原因并建立信任关系	在访谈过程中了解案主生理层面不适应的具体情况，评估其需求。注意信任关系的建立	有些拘谨，有时候欲言又止，但是表现出了与社工沟通的高度热情，有问必答。明确表示自己存在对机构饮食、环境不适应的问题，但是不知道该如何解决	目标达成
第二阶段目标：运用介入策略推动改善案主生理层面的不适应情况				

续表

面谈次数	服务目标	工作内容	服务对象的表现与变化	目标实现情况
第二次	协助案主对生理层面不适应状况进行初步改善	对案主生理层面不适应中的饮食和居住环境层面的适应不良问题进行介入。在饮食不适应层面，社工激发其权能意识，鼓励其发挥自主性反映、解决问题。在居住环境不适应层面，社工协助案主寻找相关资料以链接资源，以期更换环境	案主对社工提出的由自己向机构反映问题的建议表现出了一定的兴趣，但是她认为这对自己也是个挑战，需要经过思考才能做出决定，所以她并没有很快答复社工，而是表示将在下一次的服务中告诉社工自己的考虑结果	表示会思考自己反映问题的可能性

续表

面谈次数	服务目标	工作内容	服务对象的表现与变化	目标实现情况
第三次	进一步协助案主对生理层面不适应状况进行改善	社工通过帮助案主整理药柜，进一步巩固与案主间的信任关系。在饮食层面不适应问题上以增权理论为指导，采取鼓励、引导、支持等相关社会工作技巧进行介入，最终案主表示愿意向机构负责人反映自己饮食层面不适应的问题，社工也通过布置家庭作业的方式请案主完成问题的反映。在居住环境层面，社工向案主展示了收集到的相关资料，使案主了解到更多信息，案主表示会与子女商量，考虑通过转院来更换居住环境的可能性	案主在同意向机构负责人反映问题之前，思想情绪经历了担忧—怀疑自己的能力—信念坚定这三个过程。社工的介入帮助其顺利完成了以上转变	目标达成，案主同意向机构反映自己饮食层面不适应的问题，对于改善居住环境状况，也承诺会开展相关行动

续表

面谈次数	服务目标	工作内容	服务对象的表现与变化	目标实现情况
第四次	完成对案主生理层面适应不良的社会工作介入。了解案主心理、社会支持层面适应不良的状况	社工询问案主上周家庭作业的完成情况，案主详细地向社工讲述了过程，并表示机构已经承诺会改善现状。案主对机构的答复表示满意。但在居住环境层面不适应的问题上，案主表示儿女拒绝为她转院，社工在同情理解她失望情绪的基础上，表示会帮助其留意合适的房间，如果有相关信息会及时告知。案主向社工倾诉自己对居住环境的不适应只是一方面，更大部分的不适应是在机构内缺乏社会支持所导致的心情压抑。社工进一步了解其心理层面与社会支持层面适应不良的现状、原因，鉴于两者间的相互影响，对其同时进行介入。在本次服务中，社工通过链接资源的方式告知案主机构内影音室的活动信息，以协助案主认识更多的同辈群体，完善自己的社会支持网络	案主为改善生理层面中饮食层面不适应所取得的成果感到欣喜，但是也为不能改变现有居住环境而感到失落。在本次服务后期，案主将心底的抑郁和想法向社工全盘托出，说明案主对社工的高度信任	目标基本达成，案主饮食层面的适应不良问题已经进行反映，机构也承诺会做出相应改善。但鉴于居住环境的改变并未得到案主子女的同意，所以社工只能等待空余的合适房间出现并将其链接给老人。此外，社工完成了对案主心理、社会支持层面适应不良状况的了解

续表

面谈次数	服务目标	工作内容	服务对象的表现与变化	目标实现情况
第三阶段目标：协助案主重新整合社会支持网络，改善心理层面与社会支持层面的适应不良				
第五次	对案主心理、社会支持层面的适应不良进行初次介入	本次面访社工首先向案主了解了机构内对于老年人饮食层面所做出的改善，通过鼓励等技巧加强案主的增权意识，进一步巩固介入成效。接着，通过与案主的访谈，社工发现上次服务的资源链接虽然帮助案主找到了新的娱乐方式，缓解了案主压抑、无趣的心情，但是并未在案主社会支持网络的完善上起到较大的作用。因此，社工从兴趣爱好的角度出发，了解到案主对于唱歌的喜爱，并通过链接资源的方式为案主寻找到加入唱歌班的机会	案主对机构内饮食层面的改善非常满意。此外，案主利用影音室看电视这一资源，缓解了在房间内不能看电视的郁闷、不满的心情，但是案主仍然因为无法获得良好的人际关系而感到苦恼。当得知自己可以通过加入唱歌班寻找朋友时，案主表现得非常期待，积极性非常高	目标达成，虽然在社工的介入过程中遇到了一定困难，现实状况和社工的预计并不能统一，并不能够通过去影音室看电视的方式为案主获得更多的社会支持。但是社工通过了解案主的兴趣爱好，发现了其他可以链接的资源，从而成功完成了对案主社会支持层面的初次介入

续表

面谈次数	服务目标	工作内容	服务对象的表现与变化	目标实现情况
第六次	进一步改善案主在心理、社会支持层面的适应状况	社工向案主询问参加唱歌班活动的感受，案主表示大家对她很好，她很高兴。但是因为有的人在自己唱歌时清嗓子的举动导致案主认为这个人不喜欢自己，有些不开心。对于案主的非理性信念，社工采用理性情绪疗法与案主讨论，最终使案主认识到自己的想法过于绝对化，心情也有所好转。最后，案主向社工表达了对女儿的思念之情，希望能够和女儿多一些见面机会。在案主的授意下，社工与案主的女儿取得联系，表示社工希望可以参与下周母女二人的会面，以促进双方相互理解，增进案主和女儿的关系。案主的女儿同意会面	案主表示加入唱歌班使自己获得了来自同辈群体的关怀，感到很开心，心情也没那么压抑了。但是说其女儿很忙，有时候不能来探望自己，案主又表现很失落	目标达成，在本次服务中社工采用理性情绪治疗的方法对案主的非理性信念进行干预，重建了案主的理性认知。而拥有正向积极的情绪、理性的信念，将有利于案主解决在心理、社会支持层面的适应不良问题

续表

面谈次数	服务目标	工作内容	服务对象的表现与变化	目标实现情况
第七次	完成对案主心理、社会层面不适应的社会工作介入	在案主女儿到来之前，社工向案主了解目前与唱歌班同学的相处情况，得知案主的状态非常好，和同学之间关系很好，心情也得到了很大程度的改善。在案主女儿到来后，社工鼓励案主自我表达，向女儿倾诉自己的思念和想法，并适时地进行补充。在三方沟通的同时，以鼓励、支持、引导技巧的运用令家人能够给予老人更多的关注和照顾。最后案主女儿表达了对案主的爱，并表示自己以后会经常来看望案主，减少她的孤独和寂寞感	在之前的对话中，案主时常会叹气，抱怨自己心情不好。但是在本次会谈中，案主的状态很好，表示唱歌班给自己带来了很大的快乐。在与女儿见面之前，案主有些紧张，担心女儿会责怪自己多事，但是本次面谈结束后，案主表示其实是自己多虑了，女儿心中还是有自己的	目标达成，社工通过与案主、案主女儿的面谈，引导案主女儿给予案主更多的关注和照顾，从家庭层面增强案主所获得的社会支持，案主女儿表示以后会更多地关怀母亲，而案主的心情也得到了很大的改善，表现得较为愉悦

第四阶段目标：协助案主改善机构管理层面的适应不良，巩固社工对案主其他层面适应不良的介入效果，实现案主对机构生活的全面适应

续表

面谈次数	服务目标	工作内容	服务对象的表现与变化	目标实现情况
第八次	了解案主对于机构管理层面适应不良的具体状况，与案主共同协商解决办法并采取改善现状的相关行动	通过案主的叙述，了解其机构管理层面适应不良问题的多个方面，与案主共同协商解决办法。但在某些问题上，案主不愿意主动反映，认为这样会对自己不利。社工采用理性情绪疗法对案主认为"反映某些问题必然会被穿小鞋"的介入并没有成功，但是最终通过双方协商，采用以案主反映问题，社工进行补充反映的方式来向机构管理层面反映适应不良的问题。此外，社工告知案主服务即将结束，请案主做好准备	案主表示自己对于机构管理一直有诸多的不满，但是之前怯于向机构负责人表达出来。现在因为觉得自己的安全受到了威胁，所以必须要反映问题来维护自己的权利	目标基本达成，社工了解到案主在机构管理层面不适应的多个方面。但案主不愿意反映某些问题，认为会对自己不利。在维护案主利益最大化、尊重案主自决原则的基础上，社工采用了折中的方式，仍较好地完成了对问题的介入

续表

面谈次数	服务目标	工作内容	服务对象的表现与变化	目标实现情况
第九次	完成了对案主生理、心理、社会支持、机构管理共四个层面适应不良问题的介入并结案	完成对案主机构管理层面的介入。倾听案主讲述自己接受服务后的积极改变，探讨成功的经验并总结。询问案主的感受，评估服务成效。说明以后还会来看望案主，案主有问题也依旧可以获得社工的支持，请她放心	案主在总结自己改善机构生活适应不良问题时，显得非常自信，这与一开始案主无助、低落的状态相比有了非常大的改变。服务结束后，案主询问社工是否还会再来探望自己，表现出依依不舍	目标达成，社工完成对案主不同层面适应不良的社会工作介入。对社工服务进行评估，强化案主已取得的成效，鼓励其将获得的正向经验运用到以后的生活当中，顺利结案

第一次个案服务：

地点：B 老年公寓福寿区 2 楼 202 室

成员：社工、案主 L

个案过程：第一次社会工作的介入，社工的目标是与案主拉近距离，建立信任关系，在此基础上向案主了解其生理层面适应不良的具体情况。L 表现得较为热情，说自己非常希望能够和社工聊聊天，很需要社工的陪伴，对于社工的工作也会尽力配合。

社工："奶奶，您好，我是来自云南大学的学生，未来的一段时间内都会在老年公寓进行实习。我的实习内容就是协助您改善您目前遇到的一些不适应问题，让您在老年公寓能够拥有更高质量的生活。"

L："哦，是了，我知道你呢。之前你有在机构内开一些活动嘛，我就看到了，想着哪里的学生过来做志愿者呢。没想到你还会上门来探访我，谢谢呢。"

社工："奶奶，这都是应该的，希望我未来的工作能够帮助到您。奶奶，您今年多大岁数了呢？"

L："我现在是75岁，一个月之后就是76岁了。"

社工："嗯。奶奶，您住在这里多久了呀？"

L："哎哟，我算算……怕是要满一年了，差不多10个月吧。也不是很久。"

社工："奶奶，看到您的床头好像放了很多的药，平时需要每天服用吗？"

L："是呢，我的身体不太好，有好多种病。什么高血压啊、糖尿病啊、胃病啊、心脏病、头痛，说得上来的就有五六种，还有风湿病，你看我的手指（向社工展示自己的手），都变形了。"（L说到这里，深深地叹了口气，表情也变得凝重起来。）

社工："奶奶，您也是受苦了啊，这些病一定很折磨您，让您觉得很不好受。"

L听到社工的话，显得很赞同，不断地点头。

L："是了，天天吃药，日子也是不好过。"

社工："奶奶，那像您有风湿的话，对于居住环境是不是也有一定要求呢？我听到机构内其他患风湿的老年人说，不能住在潮湿的地方，不然就会发病，疼起来还是很难受的。"

L:"是呢,就是不能在阴湿的环境下,不然就不好。天气阴了都会不舒服呢。"

社工:"那您觉得现在的居住环境能够满足您的需求吗?"

L:"不太好。你看我的屋子里面连扇窗户都没有,不能换气,空气特别不好。还有这个房子,你看这个屋顶,听说是用什么板材搭的,我也不知道。但是冬天很冷、夏天很热。我的风湿本来就很严重,是以前当兵的时候总是睡地上落下的毛病。现在睡在这种潮冷的房间里,很不好过。"

社工:"是的,奶奶,居住环境还是很重要的,环境的好坏也很容易影响一个人的心情。"

L:"是了,我也觉得是这样。就像是这里嘛,居住环境不太好,还有就是饭菜也很不怎么样,我吃不惯。"

社工:"奶奶,您能具体说说是为什么吃不惯吗?"

L:"哎哟,就是不好吃。你说说,每天就是做些洋芋、豆腐、白菜给我们吃。天天吃,谁能受得了啊?我们可是一个月交了750元的伙食费啊,也不知道钱是花在哪里去了。想想就来气,我回家一个月都吃不了这么多钱。根本就不想在这里住啊,要不是孩子们不让我回去,说家里没人照顾我,谁会愿意在这里住?"

社工:"是的。听您的描述,交了那么多的伙食费,却只给你们吃一些廉价的蔬菜,确实是不太好呢。不过现在都提倡科学饮食,少肉多菜,老年公寓多做菜可能也是出于对你们健康的考虑。"

L:"这个说得倒是,老人嘛,还是要多吃菜。我呢,自己身体不太好,很多东西都吃不得,尤其是猪肉啊那些的,不敢碰。吃菜也没有办法。可是这个菜做得太清淡了,一滴滴盐都不给放,吃起来没得味道,就是清水煮菜,吃不进去。有时候端上来看着就没胃口,我就不吃菜了,拿米饭拌点酱吃,凑合着吃一顿。"

社工："您岁数这么大了，每天只吃点米饭怎么行呢？营养根本跟不上啊，奶奶，哪怕再不好吃，您也要吃点菜啊。"

L："我也是毛病多啊，我这个胃本来就不好，现在又是冬天，菜送过来都是冷的，吃到胃里冰冰的，我怕胃痛。米饭上面凉了，但是下面还是热的，我就把下面的米翻上来吃，能吃一些些。"

社工："奶奶，看来住在老年公寓里，您也是遇到了很多问题呢。"

L："是了，没得办法，所以我还是得过且过，尽量让自己开心一点，做点其他事情分散自己的注意力。"

之后 L 向社工请教如何使用手机下载歌曲。她说老年公寓里有个好处就是能连接 Wi-Fi，这样自己想听什么歌就都能下载了，之前都是让护工帮忙下载，现在自己很想学一学。于是社工开始教授 L 如何用手机下载歌曲，L 学习得非常认真。教授完毕后，社工请 L 自己操作一次，L 顺利地完成了操作，社工表扬 L 学习速度很快。L 开心地笑了，说很久都没人这么耐心地教自己了。接着 L 开始讲述自己在老年公寓的生活，觉得很无聊、很孤独，特别希望有人能够陪伴自己。说到难过的地方，L 流出了眼泪，她认为自己不被人理解，即使是子女也不知道自己目前的处境，只以为住到老年公寓就万事大吉了，可是她心里的难受却根本没人知道。社工适时地安慰了 L，表示理解她目前的情绪，并承诺以后会经常来看她，多陪陪她。L 听到这些才开心了一点，说欢迎社工以后常来。

反思：在本次服务中，当案主因对居住环境、机构饭菜不满，一个人孤单而流泪时，社工及时给予同理，使案主感受到关怀，从而较快地平复了自己的不良情绪。社工还采用了澄清、重复等技术来核实案主的真实需求。但由于是初次服务，社工并未对老年人存在的问题进行干预,以避免影响到与案主刚建立的较为脆弱的信任关系。在后期信任关系完全建立后,社工会采取相关理论对案主生理层面适应不良进行有针对性的介入。

介入评估:目标达成。本次介入的主要目标是通过会谈了解服务对象在生理层面的不适应问题,通过与案主的交谈,社工了解到案主在饮食、机构居住环境上的不适应状况,并适当对其不满情绪进行同理,使案主得到一定的情绪慰藉和精神支持。

第一阶段目标评估:在本阶段,社工与案主建立了服务关系和基本的信任关系,案主表示愿意配合社工的工作。在后续的服务中,社工应继续巩固、加深两者的信任关系,推动服务的进一步开展。

第二次个案服务:
地点:B 老年公寓福寿区 2 楼 202 室
成员:社工、案主 L
个案过程:社工在上次的个案服务中与 L 有过接触,对她的基本状况有一定的了解。本次服务社工计划从 L 生理层面的不适应入手,协助其改善状况。

社工:"奶奶,上次我们说到您在生理层面的一些不适应问题,比如说您觉得机构内的饮食太清淡,您吃得很少,长期这么下去对身体也不好。那么现在我想问下您有跟机构负责人反映过这些情况吗?"

L:"这个倒是没有……不好说啊。你说我老都老了,还去找他们反映,他们肯定想着这个老不死的,事情这么多。表面上跟我笑眯眯的,其实心里烦死我了。我可不想招人讨厌。"

说到这里,L 直摇头,表情也显得很无奈,似乎虽然心有不满,但觉得自己也无力解决。

　　社工："奶奶，您住到老年公寓里交了不少钱吧？之前您跟我说您住的这个方面每个月要3500元呢，加上伙食费，也是比较贵了。但是您在这里吃得不满意，甚至有时候还吃不饱，交的钱不都白花了？再者说，您是老年公寓的住户，有权利向机构反映自己的问题，您是消费者，他们是服务者。"

　　L："你说的也是对呢，我以前没这么想过，现在想想也是很有道理。交了那么多钱，都浪费了。"

　　社工："奶奶，那您愿意跟机构负责人反映下饮食不适应的问题吗？"

　　L："我再好好想想。"

　　社工："好的，奶奶。那下次我再来看您的时候您告诉我您的决定。"

　　L："好的。"

在完成本次服务中对案主饮食层面不适应的介入后，社工询问案主关于改善居住环境层面不适应方面的打算。

　　社工："奶奶，您上次还有提起过自己是不太喜欢现在的房间环境的，那么您有考虑过换到其他好一些的房间居住吗？"

　　L："有啊，早就想着换房间了。我最想住的是13排的房间，一楼的那种，房间很大，有窗户，摆着花花草草，看着很漂亮。我孩子们也找机构负责人问过，说能不能搬。但是负责人说没有空房间了，想要换的话只能排队，等住在那里面的人搬走才行。"

　　社工："那就是需要等很久的意思吗？"

　　L："是啊，都是进来长住的。没什么人会搬走。"

社工："奶奶，您知道老年公寓在大观建了一个分院的事情吗？听说那里环境也很不错。"

L："哎哟，有分院了？我不知道的，那里环境不错吗？我都没听人说过。要是那里环境好，我想跟子女商量下，看能不能换地方居住，这边的房间条件实在不好。"

社工："奶奶，那我下次来的时候可以给您带一些分院的资料，给您介绍下。这样您可以先了解一下，再考虑是不是要换新的地方住。"

L："好的，好的。太好了，谢谢你。"

反思：在本次服务中，社工对案主的生理层面适应不良问题进行初步介入。在饮食层面上，社工使用了增能理论，使案主能够认识到自己的合理权益，并鼓励她发挥主动性去争取合法权益。而在居住环境层面上，社工采用链接资源的方式，通过帮助案主收集有价值的信息来满足她希望更换居住环境的需求。但是在介入过程中，社工要注意到社工的角色是启发案主行使自决权，不能一味地向案主提建议，在以后的介入中，也要始终践行本原则。

介入评估：目标达成。本次介入的主要目标是协助案主对生理层面适应不良的问题进行初步改善。虽然案主并未给出明确答复，但是能够考虑新的解决办法而不是消极对待，这对于案主来说已经是一种进步。

第三次个案服务：
地点：B老年公寓福寿区2楼202室
成员：社工、案主L
个案过程：本次面谈将进一步加深与案主间的信任关系，了解老人对于改善饮食适应不良的想法及采取行动的意愿。此外，社工扮演资源链接者与协调者的角色，帮助老人获得更多有关机构环境的资料与信息，使其拥有更多的选择。

当社工来到L的房间与老人寒暄之后，L向社工提出了一个请求，希望社工能够帮助自己整理药柜，把不用的药物扔掉。L表现得非常不好意思，说护工太忙了，加上不识字，对于药物也不了解，不能帮到自己，只能拜托社工来帮忙。

社工认为这是一个与L进一步建立信任关系的好机会，答应了L的请求，并告知L不要不好意思，把社工当成自己的孙女一样就好。L听到这句话显得非常开心，说好的，以后社工就是自己孙女，不要拿彼此当外人。于是本次面谈在社工整理药柜时进行。

社工："奶奶，您这周的饭菜质量怎么样，吃得顺口吗？"

L："哎哟，不行啊，还是老样子。今天早上吃了一碗米线，一点味道都没得，不知道中午吃哪样。"

看到L对于机构内饮食依然不满意的现状，社工认为这是推动L增能、维护自己正当权益的最佳时机。

社工："奶奶，听您的描述，目前机构内的饮食状况依然比较糟糕，如果没有人反映的话可能会一直这么持续下去。上次您有说过会考虑和机构负责人反映饮食不适应的问题，那么您愿不愿意迈出这一步呢？"

L："对了，是的，我心里还是很想反映的。但是你说我这样是不是不太好呢？我还是担心人家会说我。"

通过L的话语可看出L其实具有反映问题的强烈意愿，但是她仍然具有一定的顾虑，担心自己说出来之后会受到负责人的顶撞或是埋怨。因此对于她提出的问题，社工没有直接回答好还是不好，而是从引导 L 认识到"反映问题是正当的传递信息的途径"入手，使 L 从认知上不再把反映问题当作一种负担。

社工："奶奶，您之前是在企业当领导的吧？"

L："是的，我负责思想方面的管理。"

社工："那么会有人跟奶奶提建议吗？比如说觉得您的领导方式、办事方法等方面可以改善？"

L："有的嘛，这肯定是有很多的。"

社工："那您听到这些建议的时候是怎么想的呢？"

L："我觉得有则改之、无则加勉嘛，他们给我提建议是为了我能够更好地工作，所以我都会听进去，然后考虑是否确实是这样，是的话我也肯定会改正的。谁不想工作做得好一些呢，是吧？"

社工："那么奶奶您会不会觉得这些人提建议是为了为难您，给您添麻烦啊？"

L："没那么想过。大家都是为了建设祖国才走到一起的，哪有那么多自私的想法。我可不是那样的人。"

社工："那么奶奶您再想想您向机构提建议的事情，您觉得和别人当初给您提建议有没有相似的地方呢？"

L："嗯……（停顿了一下）是咯，还是有些类似的。都是为了组织能够取得更好的发展……提出的意见都是对事不对人的，是出于好意。这么说的话，其实反映问题也是应该的。"

社工："是的，奶奶，您说得很对。您对机构内饮食不适应，并不是您一个个体的问题，也是其他老年人的共同问题。我平时去探访的爷爷奶奶也跟我说过类似的问题。您向机构负责人反映出来，如果能够得到改善，受益的不只是您一个人，还有其他的老人，机构的服务质量也会上升，其实对大家都是有好处的。"

L:"嗯。是呢,是呢。人多的话我底气也足一些。我下次找小万(机构负责人之一)说说看。"

于是社工为L布置了家庭作业,请她在本周内向负责人反映自己遇到的饮食不适应的问题,并询问机构能否做出改善。L爽快地答应了,并承诺下周向社工汇报作业完成情况。之后社工拿出向机构负责人借阅的关于老年公寓分院的图片、文字资料请L观看,L非常高兴,说终于有机会换一个地方居住了。由于L看不清宣传册上的小字,因此全程主要由社工为L阅读材料。阅读完毕后,社工与L分享了自己收集到的一些去过分院的老人对于那里的体验和感受,并强调这些感受具有主观性,不能作为判断分院环境质量的唯一指标。L表现得非常激动,说从图片以及描述来看,分院的环境应该很好,她拿出手机给子女拨打了电话,讲述了自己得到的信息。挂断电话后,L告诉社工,子女说本周会去分院转转,如果环境确实不错,会考虑为她办理转院。

反思:社工帮助案主整理药柜这件事可以作为和案主建立亲密关系的一个契机,进一步加深两者之间的关系。在服务过程中,社工没有过多地干预案主的想法,而是引导她一步步地认识到自己的想法有不合理的成分,从而愿意做出改变,通过自己的努力去改善。此部分运用了一些理性情绪治疗的方法,虽然没有直接对案主的想法进行驳斥,但仍然起到了一定的作用。此外,社工作为资源整合者与链接者,为案主提供了潜在的信息,使其获得了关系到改善机构居住环境的资料。但是在后续的介入过程中应注意引导L主动去发掘、利用资源,避免完全依赖社工来获得信息。

介入评估:目标达成。本次介入旨在进一步改善L生理层面的不适应,从认知行为疗法来看,L愿意主动向机构反映饮食不适应的问题,就是将改善饮食不适应由潜在的感觉性需求转化为表达性需求,将认知层面的想法转化为为自己争取合理权益的行动,说明社工的介入起到了一定的成效。

第四次个案服务:
地点:B 老年公寓福寿区 2 楼 202 室
成员:社工、案主 L
个案过程:在上次的面谈中,社工为 L 布置了家庭作业,本次面谈将了解家庭作业的完成情况,并与 L 共同讨论、总结相关经验,完成对生理层面不适应的介入并对其他不适应问题进行了解。

社工:"奶奶,上次布置的任务您完成得怎么样呢?"

L:"哎哟,早就完成了。我答应你的事情肯定要做的嘛。"

社工:"奶奶,您做事很有效率啊,真棒!"

L:"莫夸我,我都不好意思咯。"L 很开心,眼睛显得很有神。

社工:"奶奶,那您可以讲讲您是怎么跟机构负责人反映问题的吗?"

L:"好呢。我上周,周三的时候吧,出去逛了下。正好看到小万(机构负责人之一),我就想着跟她说说嘛。就把她叫过来,说我想反映个事情,接着就说我在这里吃不惯啊,饭菜总是素菜,饭又冷这些问题,都跟她说了一遍。"

社工:"奶奶,那您当时是什么感觉呀?会觉得紧张吗?"

L:"我说之前还是有一点紧张呢,害怕她不高兴。说出来之后心里就没有想那么多了。小万态度也还是好呢,人家笑眯眯的,我也就敢说了。"

社工:"嗯,奶奶,您做得很好。那关于您反映的问题,机构负责人是怎么答复的呀?"

L:"她们说是有这个问题,说也有一部分老人反映过这个问题了。让我不要着急,说机构这边已经派人去台湾学习人家先进的管理方法了,回来以后就会弄一个什么'自选餐',让我们自己选择想吃什么。我听了这个感觉还是很好呢。大家想吃什么就选什么,很自由。"

社工:"是的,奶奶。如果可以自选的话,您就能吃一些自己喜欢吃的东西了,还是很好的。"

L:"是的嘛。我现在觉得自己的脑筋有点死板,有些问题自己动动嘴就是可以解决的,但是自己却没做。所以很感谢你启发我,让我有这个想法。"

社工:"奶奶,您过奖了。其实以后不只是对饭菜不适应这一件事,遇到其他事情如果您觉得有反映问题的必要,都是可以反映的。这件事情其实就证明了您自己就有改善不适应现状的能力,但是您一直没有发现。我能做到的就是协助您去发现自己的能力。"

L:"嗯,是呢。"

在完成对饮食不适应层面的介入后,社工向 L 了解是否会转院。

社工:"奶奶,上周您跟子女打电话,他们说会去分院看一下,不知道感觉怎么样呢?"

L:"唉,也是很不好呢。"

社工:"为什么这么说呢,奶奶?"

L:"他们去那个分院看过了,说是里面有湖。有水的地方不就是蚊子多吗?这是一个。还有一个就是潮湿。我患有风湿,是最受不了潮的了。所以他们说去不了,让我安心在这里住着。"

社工:"这样啊。那看来只能等着老年公寓内有房间空出来了。奶奶我也会帮您留意一下的,如果看到有老人搬走,会告知您的。"

L:"好的,谢谢。"

正在这时,L的情绪突然有些失控,她的眼里泛起了泪花。

L:"我是真的不喜欢住在这里,想要搬走,可是就是搬不走。我心里难受。"

社工把凳子推到老人身边,拍着老人的后背安抚老人,等老人擦干了眼泪,情绪较为平和一些后,社工向老人了解她不喜欢老年公寓的原因。

社工:"奶奶,能跟我说说您为什么这么不喜欢住这里吗?"

L:"饭菜不好吃,难以下咽,其实忍忍也能过去。以前我当兵的时候什么艰难的条件都有过,晚上直接在地上铺层床单就睡了。可是住在这里我真的太孤独了。没有人可以说说话,有时候一天就呆坐在房间里面,难过啊。晚上也睡不着,想到这些事情就心里特别堵,哭很久。再看看表,3点了还是没有睡。心脏也难受,本来我的心脏就有问题,这么总是不能睡觉更难受。"

社工:"那您有和周围的舍友聊聊天吗?"

L:"说到聊天了,哎哟,聊不起来啊。这个楼层就没几个可以聊天的,都是一些脑子不清楚的,还有些装疯卖傻的人。你看,外面有个疯婆娘一直嘴里念念的,我就觉得她没疯,就是装疯想让人们同情她。还有几个脑子清楚的,可是也不一定聊得到一起去,说几句话说不到一块也就不说了,就见面打个招呼。我房间里的舍友是3个男的,你说说这机构怎么安排的,女的和男的混住。他们也都不怎么理人，能走路的就一大早自己出去了，不能出去就在房间里。我隔壁房间的那个舍友最恶劣了，就是坐在那里看电视的那个老头。很霸道，哎哟，自私得不得了。整个房间里就这么一台电视，他都不让我看电视，人家要自己掌着遥控器坐在那里，睡着了也不给别人看。声音又调得特别高，吵死人了。我很讨厌他。"

社工："您有跟这个爷爷说过不喜欢他这么做吗？"

L："说过，说过好多次了。人家不听，依然想怎么做就怎么做。"

社工："哎哟，那确实是挺影响您的。本来没有人聊天就已经很烦闷了，可是想看电视都看不了，还要听噪音。"

L："是的嘛。"

社工："奶奶，如果您想看电视的话，可以去楼下的影音室。最近有志愿者每天下午3点在影音室放一些影片。您有什么想看的内容也可以告诉她们，让她们给您播放。另外呢，就是去影音室看电影的还有其他老人，您也可以和一些神志清楚的老人接触下，聊聊天，可能能够缓解您觉得孤独的状况。"

L："好好，我记下了。每天下午3点是吧？我会去看看的。"

反思：对于案主为改善饮食不适应情况做出的努力，社工采用了表扬、鼓励的技术，增强了案主的自信。当案主因为不能搬离老年公寓而出现情绪失控时，社工没有立刻说话，而是选择默默陪伴，这样有利于案主平复心情并整理自己的思绪。同时社工对介入方向进行调整：既然老人无法离开机构，不能改善其对机构环境的不适应，那么就从老人的其他不适应层面入手，通过改善其他不适应层面来使老人提升对机构生活的满意度。通过对老人的评估，可以发现老人在心理层面的不适应（孤独、情绪低落、烦闷）主要是由于居住空间闭塞，没有文娱途径和缺少人际沟通，社会支持层面不适应导致的。老人也表达了自己看电视的需求，以及与他人交往的强烈意愿与需求。此外，社工观察到案主对自己的舍友具有非常强烈的排斥情绪，且其舍友的神志清醒程度难以判断。社工认为，改善两人关系的难度较大且介入成效难以评估，而去构建案主新的社会支持网络可能是较好的介入方法。因此，社工在处理案主社会关系不适应情况的介入不应该仅仅局限于去改善案主与舍友的关系上，而应该放眼于去协助案主建立新的社会关系，寻找新的社会支持上。在此基础上，社工为老人链接资源，提出影音室可以观看电视，希望借此机会满足老人观看电视需求的同时，增加与其他老人结识的机会，从而为老人重构社会支持网络。

介入评估：目标达成。本次介入按预定计划完成了对案主生理层面适应不良的介入，案主目前能够采取行为，为自己的失权现状去争取权益，而在案主的争取下，机构已经做出了改善饮食的承诺。此外，社工对老人心理层面、社会支持层面的不适应现状进行了初步了解，将根据其不适应情况制订进一步的介入计划。

第二阶段过程评估：第一阶段目标达成，社工在为案主提供心理支持与慰藉时，也完成了对案主生理层面不适应问题的介入。通过本阶段的社会工作服务，社工与案主已建立了较好的信任关系。案主多次向社工表示"和我不要客气，你帮了我这么多忙，在我心里就是和我的孙女一样""来我这里想吃就吃，想休息就休息，不要拘束"，甚至当L得知社工中午没有地方午休时，主动提出"你来睡我的床，我中午也不睡觉，就在轮椅上闭眼休息一下就可以"。当遇到问题时，案主能够在社工面前袒露自己的真实情绪，而不是加以隐藏，愿意向社工讲一些没跟护工说过的心里话，这都证明了案主对社工的信任。在未来的服务中，社工应继续维持与L的信任关系，并对L机构生活不适应的其他层面进行后续介入。

第五次个案服务：

地点：B 老年公寓福寿区 2 楼 202 室

成员：社工、案主 L

个案过程：本次面谈社工首先了解关于案主生理层面不适应问题的解决成效，对介入效果进行巩固。

  社工："奶奶，我听机构负责人说本周就给老人们发放自选餐了，您知道吗？"

  L："是呢，我也是上周周末的时候听人说的。小蒋（机构负责人之一）拿着小本子挨个串门，问我们要吃什么。说是这周四的时候就吃我们自己选的食物。"

  社工："奶奶，那就是说每周只有一天可以吃自选餐，平时的时候还是吃以前的饭菜，是吗？"

  L："是了。不过已经挺好的了，像以前我想吃也吃不上，现在机构能够给我们提供这个机会，我心里已经很满意了。"

  社工："嗯，那就好。相信机构也会不断进步，为老人们做出更可口的饭菜的。奶奶，您的自选餐选择的是什么呢？"

  L："我选了小馄饨。"说到这里 L 露出了满意的笑容。"我就是爱吃这一口，好久没吃了，能吃到太幸福了！现在我觉得心里高兴很多！"

从 L 的表现可以看出，她的要求其实并不高，只要能够吃到较为满意的饭菜对她来说就是一件值得高兴的事情。社工也希望借此机会，进一步强化 L 的成功经验，鼓励她将勇于自我表达运用到以后的生活当中去。

  社工："奶奶，以后如果饮食上您还有什么觉得不适应的地方,可以再向机构负责人反映。您看您这次反映的结果就很好,您吃的东西好了,心情也变好了,对您来说是有很多好处的。"

L:"好的,我记住了。以后我就学会了,有话就要说。不想那么多没用的。"

接着社工向 L 了解她是否去影音室观看电影。

社工:"奶奶,您这周有去影音室看电影吗?"

L:"看了!这周我在屋里待着无聊,就想到你跟我说的,楼下有放电影。就让护工推我过去,说是去看看。"

社工:"那您觉得怎么样呢?"

L:"还是很好呢。那里的屏幕那么大,看着很清楚。不像这个房间里的电视,太小了。而且那些志愿者把声音调节得很好,正好能够听到。不像我屋里这个老东西,声音吵死人。"

社工:"那这样的话,您以后想看电视的时候就可以下楼去看了,那里条件还更好一些。"

L:"是了。就是那里也是自己看自己的,找不到什么人说话。"

社工:"我看到很多老人都会去看的,奶奶您没有跟他们搭话吗?"

L:"哎哟,不好说。你说大家都是过去看电视的嘛,他们看电视,我找人说话不太好,容易影响别人。我就考虑着还是不要说话了。还有就是很多去的老人都是神志不清楚的,护工嫌伺候麻烦,一到下午就把他们推过去,这些人去了就是低着头睡觉,哪能说上什么话?"

社工在之前设计介入方案时,希望能够通过看电视这一集体活动来帮助 L 寻找可以交流的伙伴,从而构建新的社会支持,但是通过 L 的描述看来,看电视只能作为一种休闲娱乐的个体活动,是难以结交到新朋友的。社工只能考虑通过了解 L 的兴趣爱好,从而协助她参加其他活动并寻找结交新朋友的机会。

社工:"奶奶,您除了看电视,平时还有什么兴趣爱好呀?"

L:"我喜欢打麻将,还喜欢唱歌。两样都很喜欢。"

社工:"我认识您这么久了,也没看到您去麻将室打麻将呀?"

L:"我年轻的时候很喜欢打,也经常打。现在风湿病严重了,打牌什么的都很困难,就打不了了。人家看到你出牌慢还是要说你的。"

社工:"那您没有去麻将室看他们打,顺便和他们聊聊天吗?"

L:"没得。打不成了以后就干脆不去了,看着还是很想打的,眼馋。"

L 无奈地笑了笑,能够感觉到她虽然喜欢打麻将,但身体原因的限制使她放弃了这项活动,她觉得有些难过。于是社工提及了 L 的另一个爱好:唱歌。

社工:"奶奶,您不是还喜欢唱歌吗,有参加机构内的唱歌班吗?"

L:"没得。我听说这个唱歌班就是很多神志不清楚的老年人坐在一起,每天唱一样的歌。有次护工推我下去,我路过,看到他们都死气沉沉的,就不想参加了。而且他们唱的都是一些老歌,上不了台面，我不喜欢唱那种歌。"

社工："奶奶，其实老年公寓里是有两个唱歌班的。您看到的那个应该是为一些失智老人开设的唱歌班。"

L："哦？我不知道啊。"

L显得很惊讶，原本一直靠在轮椅背上的腰也挺了起来，她往前探了下身子，表现出非常感兴趣的样子，询问社工："那另一个唱歌班是唱一些什么呢？"

社工："另一个唱歌班是机构内的吴奶奶组织并且开办的，这位奶奶是新中国的第一批英语教师，很厉害的。她还会弹钢琴，每次上课都是边弹边唱地教学员们唱歌。大家都很喜欢她上课。"

L："哎哟，这个倒是很好呢。我也是一直想着坐在房间里没有什么事情，想去参加一些活动。可是那些活动都不太适合我。你说的这个唱歌班挺好的，就是不知道她们还收不收人了？"

社工："应该是收的，上次我看到上课的时候都没有坐满人。如果奶奶您想参加的话，我可以帮您问问吴奶奶。"

L："太好了，你帮我问一下吧。我一直都很喜欢唱歌，这个班肯定是要参加的。能够学一些新歌也是很好的。"

L看起来非常兴奋，看来她对于加入唱歌班充满了期待。

面谈结束后，社工去询问吴奶奶唱歌班是否还能接收新的成员，吴奶奶表示非常欢迎有新人加入。社工向L转达了这个好消息，并告知她本周上课的时间，提醒她按时参加。L非常高兴，说一定会准时去的。

反思：在本次服务中，社工一开始的计划是通过为L提供"影音室可以看电视"这个信息来帮助L获得与其他同辈群体接触的机会，从而重建自己的社会支持网络,但是现实条件却并不能达到这个目的。在这样的情况下,社工转而去寻找L的其他兴趣爱好,发现唱歌这个爱好可以使L获得与其他老人接触的机会,于是社工为L链接资源,并最终为L争取到了加入唱歌班的机会。此外,社工在进行介入时使用了活动理论,帮助案主参加社会活动将有利于案主提高对生活的满意度,提升对机构生活的适应能力。

介入评估:目标达成。虽然在社工的介入过程中遇到了一定困难,现实状况和社工的预计并不能统一,但是社工及时发现了解决问题的其他途径,从而成功完成了对L社会支持层面的初步介入,完成了信息的传递与资源的链接。

第六次个案服务:

地点:B老年公寓凉亭

成员:社工、案主L

个案过程:上次面谈结束后,在社工的协助下,L成功地加入了唱歌班。本次面谈社工首先了解L对于加入唱歌班的感受,以及唱歌班是否符合L的期待。

社工:"奶奶,您上周去唱歌班学唱歌了吧,感觉怎么样呢?"

L:"很好呢(她露出了灿烂的微笑。)我觉得特别好,吴老师教得很好,同学们也很热情。我刚去的时候不知道要带歌谱,大家唱歌的时候就不知道歌词。赵班长把自己的歌谱给了我,我觉得很温暖。"

社工:"看来大家都很欢迎你的加入。"

L:"是咯。不过也有的人好像不怎么喜欢我。"

社工:"为什么这么说呢?"

L:"我上第一节课的时候,吴老师说我是新来的,让我给大家唱一首歌。我就唱了一首《美酒加咖啡》,这首歌我唱得比较好。唱到一半的时候,有个人就咳咳地清嗓子,我觉得是不是这个人觉得我唱得不好听,所以故意发出声音让我不要唱了。我感觉心里很不舒服,毕竟我唱歌大家一直都是很认可的,没人说不好听过。我很不喜欢这个人。"

通过L的描述,社工认为事实并没有L描述的那么糟糕,但是L绝对化、灾难化的思维导致她产生了非理性的认知,从而影响了自己的情绪,针对这个情况可以采用理性情绪疗法进行介入。因为已经和L建立了良好的信任关系,所以社工决定与L的非理性信念进行辩论。

社工:"奶奶,根据您刚才的描述,是不是可以这样认为,就是您唱歌的时候所有人都不能清嗓子或者发出声音,不然就是觉得您唱歌难听,故意让您感到难堪?"

L:"不完全是。可是他恰好在我唱歌的时候发出声音,谁知道是什么意思呢。不早不晚的。"

社工:"那么当您听别人唱歌或者讲话的时候,是不是会一直保持安静,不会发出任何声音?"

L:"(不好意思地笑了)做不到。我岁数也是大了,难免清清嗓子,动动身体,不发出声音不太可能。"

社工:"奶奶,那您看,您听别人唱歌的时候会控制不住自己发出声音,但是现在却要求别人听您唱歌的时候保持绝对安静,不能发出声音,这似乎有些矛盾。您能解释一下吗?"

L:"嗯……(短暂地沉默)也许他和我一样,只是控制不了自己才会发出声音,但是并没有恶意。看来可能是我多虑了。"

社工:"是的,奶奶。您现在觉得您的心情因为这件事而发生变化是有必要的吗?"

L:"嗯,我有点冲动了。其实没有必要因为这件事不高兴的。"

在用理性情绪疗法为L进行辅导后,L的心情变好了很多,不再因为之前有人清嗓子的事情而不开心了。她告诉社工,自从上次小女儿告诉自己不能搬离老年公寓后,就有两周没有来看望自己了。她很想念女儿,但同时又有点担心女儿是因为生自己的气才不来看望自己。看到L如此想念女儿,社工建议L给女儿打个电话,询问下她什么时候有时间来看自己。L采纳了社工的建议,给女儿打电话后得知,女儿在上班,承诺L会在下周四来探望她。社工在征得L及其女儿的同意后,将下次面谈的时间定在周四,希望能够促进双方相互理解,增进L和女儿的关系。

反思:在本次服务中,社工的介入主要集中在用理性情绪疗法对老人的非理性认知进行驳斥,并最终为老人建立理性认知上。L具有敏感的性格,因此在与他人交往的过程中总会过度揣测他人的做法,从而影响到自己的情绪,给自己带来很多不良的影响。采用理性情绪疗法进行介入,能够缓解L的不良情绪,改善非理性信念,促进L与他人的正向交往。

介入评估:目标达成。社工采用理性情绪治疗的方法对L的非理性信念进行干预,重建了L的理性认知。拥有正向积极的情绪、理性的信念,将有利于L解决在心理、社会支持层面的适应不良问题。

第七次个案服务:
地点:B老年公寓休息区
成员:社工、案主L、案主L的小女儿
个案过程:上次面谈时,社工已经和L及其女儿约定在今天进行三方会谈。但由于 L 的女儿还没有来，因此社工首先向 L 了解目前她在唱歌班的社会支持情况。

社工："奶奶，您这周去唱歌班了吗？感觉怎么样？"

L："去了，我都是按时去上课的。这周学了两首歌，一首是藏族歌曲，另一首是歌颂国家的歌曲，都很好。"

社工："嗯，听起来很不错。能够学习的歌曲还是很多的呢。奶奶，您在唱歌班有没有认识一些可以聊得来的伙伴呢？"

L："认识了一些。我住在二楼，怕上课迟到就要护工早点推我下来，那时候老师还没有来嘛。我就跟同学聊聊天，说说家常，也是有很多能聊到一起的人呢。像是坐在我旁边的同桌，人就很好，每次会给我带笔，说记不住节拍可以自己画出来。和他们相处还是很愉快的。"

社工："奶奶，那您现在的心情怎么样呢？"

L："哎哟，好很多了。你看我以前在房间坐着多没有意思，现在呢，还可以和其他人说说话，晚上睡觉脑袋里也不会总是乱想了。心情还是愉快了不少。要不说呢，人嘛，就是要和其他人交流才会过得开心，一个人自己待着就是容易难过，会生病。"

社工："嗯，奶奶，您说得很对。您现在有了聊得来的同伴，心情也变好了，确实都是值得开心的事情。"

过了几分钟，L 的小女儿过来了。她跟 L 打了招呼后，告诉社工自己也听大姐说过社工在为母亲开展服务，想让母亲在这里过得舒服些。她很感谢社工能够关怀老人，表示愿意支持社工的工作。社工告知 L 的女儿今天之所以需要叫她来面谈就是希望她能够和 L 消除误会，并且协助社工共同改善 L 的机构生活不适应问题。L 的女儿表示同意，会配合社工开展工作。

社工:"阿姨,奶奶最近一直跟我说很想念您,所以才给您打了电话。"

L的女儿:"我明白,都是做父母的,理解。我在医院工作,最近手头的工作太多了,没时间过来看老人。以前都是每周来一次的,这两周都是大姐来看我妈,她肯定有些不习惯。"

L:"你能来就很好了。我最近一直在想,是不是上次我说要搬走,你不高兴了,所以才不过来看我。害怕是得罪了你。"

L的女儿:"妈,你乱说什么啊。我工作一直很忙你又不是不知道,有时间的时候我哪次没过来看你。"

社工:"阿姨,奶奶其实也是心里记挂您。她经常跟我说,她的这几个孩子里您最有出息,在医院当医生,很厉害,就是工作忙一些。"

L的女儿:"唉,我妈哪点都好,就是固执。你说家里又没人照顾,雇不到保姆,根本不能在家住啊,她偏不听,就是不愿意住老年公寓。我们排了好久的队,找了关系,才弄到这样一个还算不错的单间,但是她就是不领情。总是隔一段时间就吵着要回去,说不行以后就不高兴,我们也是没办法。"

社工:"阿姨,您说的这些我也都理解,住这所老年公寓确实不容易,到现在有很多人想住都住不进来呢。这里环境虽然不错,但奶奶其实更希望能够得到些家人的支持和陪伴。她跟我说自己总是一个人在房里,没人理她,奶奶自己也不能走路,只能靠护工推轮椅,她有时候也不愿意麻烦别人,自己受了委屈也不说。其实她也很不容易。"

L的女儿:"唉。"

L的女儿似乎有些动容,说话不像一开始那么咄咄逼人了。

社工:"奶奶还跟我说,为了能够给子女省些钱,她现在尽量少喝水,这样就能少换几张尿片。其实她不愿意住在这里,一个是因为住得不习惯,另一个原因就是舍不得家里花钱。你们挣钱也不容易,奶奶她就算自己有退休金,也是想攒着留给你们花的。"

L的女儿依然保持沉默,但是能够看出她也在思考自己之前的行为是否有不妥的地方。

L:"老二,我现在在这里面住得还可以,也逐渐适应了一些。你呢,也不要跟我生气,我不搬走就是了。"

L的女儿:"妈,我是真的工作忙,不是跟你生气才不过来看你。我也知道,老年公寓肯定没有家里舒服,你老在房间里憋着也难受。要不这样,以后咱们过段时间就接你回趟家,住一两天。这样你也能住得舒服些。"

L:"好,好。我怎么都好,一家人高高兴兴的就好了。"

L的女儿伸出手揽住了L的肩头。其实从L和女儿之间的互动可以看出,L的女儿还是很在意母亲的感受的,但是工作、家庭等很多外界因素的影响导致她忽略了L的感受,为此她也感到愧疚,希望能够多补偿L。看到母女双方有自己的话要说,社工提出告辞,L的女儿将社工送到楼门口,途中社工告知L的女儿老人在机构不适应的情况以及目前为改善不适应所做出的努力和取得的一些进步,并强调L的改变需要家人提供尽可能多的支持,希望L的女儿以后能够经常联系L,哪怕不能来探望也打个电话,使L感受到来自家庭的关怀和照顾。L的女儿接受了社工的建议,保证以后会经常联系L,减少其处于孤独状态的时间。

反思：根据社会支持理论，人的社会支持不仅包括来自同事、朋友等外界的社会支持，也包括来自家人、亲属的社会支持。在 L 社会支持层面适应不良的社会工作介入中，社工不仅要关注来自同辈群体、护工、机构负责人这样的机构内部社会支持，更要去为案主寻求来自家庭的社会支持。只有内外兼修，才能帮助 L 构建完整的社会支持网络，促使其适应现有的机构生活。

介入评估：目标基本达成。在本次面谈中，社工作为面谈的主导方向 L 的女儿转达了一些 L 的心里话，使家人能够增强对 L 的关注度，增加对 L 情绪上的关怀和照顾，提升了 L 心情的愉悦度和社会支持网络的完整度，进而完成了对于 L 心理、社会支持层面不适应的社会工作介入。

第三阶段过程评估：通过本阶段的个案服务，L 心理、社会支持层面适应不良的问题在社工、案主家人协助，案主自主增能等多方面的配合下得到了很大的改善，案主表示"我现在心里好受很多，晚上也不怎么哭了"。此外，L 也构建了较为完善的新社会支持网络，结交到了新的朋友，与家人的关系也得到了改善。社工询问案主目前的生活是否达到她的标准，案主回答"差不多了，日子好过很多了"。在结束本阶段的工作后，下阶段社工的工作重点是帮助 L 改善机构管理层面适应不良的问题，并进一步巩固目前取得的工作成效。

第八次个案服务：

地点：B 老年公寓影音室

成员：社工、案主 L

个案过程：本次面谈开始时，L 迫不及待地向社工讲述了自己遇到的一件事情，并借此表达出自己对机构管理问题的诸多不满。

L："哎哟，你终于来了。我一直盼着和你说话呢。太生气了，这周我过得真是太不顺心了。"

社工："奶奶，发生什么事情了？"

L："就是这周，我吃了饭准备坐在这里歇歇，睡一会儿。就中午这么一点点时间，我也不想上床了，就让护工把我轮椅推到这里闭着眼睛休息。还没有一会儿，突然有只手从窗子外伸出来打我的脑袋，吓坏我了。我一看就是隔壁脑子不清楚的那个女的，她抓住我的头发不放，用手拍我的头。我叫了护工才把她拉开。之后我的心脏就不舒服，头也发昏。让医生给我量了血压才知道血压又高了，吃了药才好一些。本来血压已经降下去了，出了这个事情又升上来。唉，你说说，这是什么事啊。"

L提起这件事显得非常生气，不断用手拍打着轮椅的扶手。

社工："确实是太危险了，奶奶。您就坐在那里睡觉，突然被人抓头发、拍脑袋确实是很吓人啊。尤其您的心脏不好，受这种惊吓肯定会很难受的。她拍您的力度大不大？头没有受伤吧？"

L："没什么大事情，拍得倒是不很重。她脑子不清楚了，可能是觉得揪着人好玩，就过来抓我的头发打我。这也是我没有睡，睁眼看到她了，要是睡得沉了，被这么折腾一下子，吓出病来怎么办。哎哟，真是弄得我很不好受。"

社工："奶奶，没出大问题就好。只不过以后要多多注意呢，尽量离这种神志不清楚的人远一些，小心受到伤害。"

L："就是说。这个公寓里面的管理也是不好，这种脑子不清楚的就应该在家里养着，不要送到外面来。万一出了问题怎么办，我们都是些老年人，经不起吓，做这种举动真是不好。"

说到这里，L似乎更生气了，显得非常不满，她说今天要把攒了好久的问题都说出来。社工也鼓励她将心中的想法都说出来。

L：“第一点，就是刚才说的，做好公寓管理，不要让神志不清的人到处乱走，吓唬人。嗯，第二点，这阵子天气不是冷吗？好多人都感冒了。哎哟，像我这个房间里，住的4个人，有两个人都感冒了，还有发烧咳嗽的。去唱歌的时候，有的感冒的人嘴对着那个麦克风喊，多么不卫生，细菌全都进去了。作为管理者，应该想办法消消毒，杜绝一下传染源，保护一下没生病的老年人吧。可是他们什么都不做。每天过来就是打打招呼，和和稀泥，该做事情的时候什么都不干，这些应该都是他们能够想到的吧。”

社工：“嗯，是的。奶奶，您说的确实是非常好的建议。”

L：“是嘛。他们又不管我们，我只能自己消消毒了。我专门让我孩子买了白醋拿到房间里煮煮，消消毒，不然容易感冒。我住这里交了那么多费用，最后也不知道用到哪里去了。买点醋消消毒又不贵，他们也舍不得买。”

社工：“嗯，这个也有可能是机构负责人没有像您一样考虑得这么周到。”

L：“晓不得他们怎么想的。我的第三点建议，还有就是希望公寓能够给护工定个规矩，打完饭以后再询问下老人需不需要添饭了。你看我不能吃的东西那么多，除了青菜这些其他也吃不下什么，就靠着一点点饭来填饱肚子。每次护工打的饭就这么一小碗，吃完了就没有了，护工再过来也就是收个盘子，也不问我要不要添饭，我又说不出口让他们加，不然护工就是有脾气了，嫌我吃得多，她还要跑去食堂打饭。”

社工：“嗯，吃不饱这个确实是一个大问题，这个应该跟领导好好反映一下。您还有其他建议吗？”

L：“哦……对了。还有就是有一些老人的家属过来了，说是看望老人，其实就是过来用这里的水电。像上次隔壁的那个女的，子女过来看她，还拿着手机过来充电，把家里的衣服拿过来用公寓里面的水来洗。这种行为就是贪小便宜，为了省那一些水电费，就过来用公家的水电。我估计他们就是想着自己交了老人住公寓的钱，不用白不用嘛。这种人就不应该让他们随便用水电。"

社工："嗯，好的。您刚才提的这些建议其实都非常好。您有考虑过跟领导反映吗？"

L："也考虑过。可是觉得有的事情好说，有的事情就不好说。像是让护工盛饭这个问题，我就觉得不好说。护工平时照顾我，要是我跟领导说了，他们认为这是打小报告，说不定就会给我穿小鞋，对我不好。我得罪不起。"

根据L这样的信念，社工尝试用理性情绪疗法进行介入，但是L的信念非常坚定，她认为护工的问题自己无法反映。于是在与L协商之后，社工将代替L向机构负责人反映有关护工打饭少的问题，由L自己向负责人反映其他建议。社工与L约定在下次的面谈中向对方汇报自己反映的结果。最后，社工告知L下次将是社工的最后一次个案服务，请L做好准备。L表现得有些失落，询问社工是否个案服务结束后就再也不会来看自己了，社工告知她依然会来看望她的，请她不要担心。

反思：在本次服务中，L已经能够较为自如地表达自己的看法，自主性得到了一定的增强。在介入中，社工尝试用理性情绪疗法对案主的某些非理性信念进行批驳，但是却没有成功，这与案主的思维定式有一定关系。但最后双方通过协商，寻找到解决问题的最佳方法，使本次介入取得了一定成效。此外，社工遵循社会工作的伦理守则，对案主的离别情绪进行了处理。

介入评估：目标基本达成。虽然采用理性情绪疗法对案主不愿反映某些问题的介入并没有成功，但是通过社工与案主协商，采用折中方式去反映问题，在维护案主利益最大化、尊重案主自决原则的基础上，仍较好地完成了对问题的介入。

第九次个案服务：
地点：B老年公寓福寿区2楼202室
成员：社工、案主L
个案过程：在本次面谈中，社工打算首先完成对案主机构管理层面适应不良问题的介入。

  社工："奶奶，上周给您布置的向领导反映问题的任务完成了吗？"
  L："嗯，都说了。负责人也都反馈了，说确实是自己经验少，有些问题考虑得不是很周到。以后会慢慢把服务质量这些的都提升上去，让我给他们时间来安排和改进。"
  社工："嗯，看来奶奶您的建议还是很实用的，负责人也愿意付出努力去整改。我这边呢，也有跟负责人反馈护工打饭少的问题，负责人说会加强对于护工的培训。但是他们也说如果对护工有不满的地方，最好当面指出，这样他们也能及时了解到自己的不足。"
  L："好的，这我就知道了。看看未来他们会怎么做吧。"

之后L向社工讲述了自己成为机构内护工歌唱比赛评委的事情，L表示非常开心和激动，认为自己的唱歌实力得到了大家的认可。她以后也一定会好好表现，不会辜负大家对自己的期望。社工对L的表现进行了赞赏和鼓励。接着社工与L对社工介入效果进行评估，共同总结了改善机构生活适应不良的积极经验。最后社工鼓励L将这些正向的积极经验运用到未来的生活当中。

社工:"奶奶,我们这次谈话嘛,就是想问问您觉得对现在的生活满意吗?之前您也遇到一些问题,我们共同努力,一起去寻找解决方法,您觉得生活有没有一些改变呢?"

L:"哦,还是有呢。现在还是满意呢。你看我以前也是住得不开心,总是觉得这样不好、那样不好,现在呢觉得开心很多。以前总是想着赶紧搬走,想要回家住,现在嘛就安定一些些了,不是总想着回去呢。"

社工:"那就是您现在觉得住在这里还是比之前适应一些了,是吧?"

L:"是咯。"

社工:"奶奶,之前我们共同努力,改善了好几个方面的问题,现在我还有些后续的问题想询问下您,可以吗?"

L:"可以呢,问嘛。"

社工:"奶奶,因为您之前对这个老年公寓内的生活有些不适应,我就分别针对您出现不适应情况的层面进行介入,想帮助您改善不适应的状况。您出现不适应的层面分别是生理上的不适应,就是对饮食啊、居住环境这些不适应,还有是心理上的不适应,就是觉得孤单寂寞,觉得难过,还有这个社会关系上的不适应,比如和舍友关系不好,没有聊得来的伙伴,最后就是机构管理上的不适应,比如护工服务态度差啊这些的。您对我刚才说的有什么补充吗?或者您觉得有没有需要修改的地方呢?"

L:"没得,就是你说的那些,差不多。"

社工:"好的,奶奶,这几个星期我们也一直针对这些问题做出努力,去改善这些,让您住得更舒服、更适应。您觉得目前效果怎么样呢?"

L:"有效果呢。你看我吃饭这个事情，也是好久都没有解决的问题。现在嘛能吃上一些自己喜欢吃的了，已经感觉很不错了。就是有的问题反映了现在也是没有改变，不过也没什么大事情，能有一些改变我就已经觉得很好了。人嘛，也是要知足，知足常乐，不可以太贪心。"

社工："是的。但是对于自己的正当权利也是要去争取的。像您说有些问题还没有改善，那么可以以后继续去争取改善。其实有些需要改善的问题也并不只是您一个人的需求，很多老年人也有相似的需求，比如对饮食不满意。如果您觉得自己的力量太微薄，说的话没有引起负责人的关注，那么也可以和其他老人一起去反映，这样的效果可能也会更好。"

L:"是了，也是。我们也可以闹闹罢工，哈哈。"

社工："哈哈，奶奶您太幽默了。您觉得对于问题改善的过程，有没有想分享的呢？"

L:"这个我该怎么说呢，是要讲讲怎么去适应吗？"

社工："就是您可以分享一下您现在对老年公寓里生活变得更适应的经验，这样其他有相同问题的老人也能有个参考。"

L:"嗯，这么说呢，就是我个人感觉，一个是遇到问题要及时反映。有什么事情不能憋着，憋着的话就越憋越堵，心里也会觉得非常不舒服，说出去的话呢就是感觉心里轻松很多，没有事情藏着了。"

社工："嗯，就是不跟领导说的话，跟周围的人说一下心里也会舒服一些，是吧？"

L:"是的。还是要倾诉出去。还有一点，我认为就是要重视集体的力量。有什么活动还是要积极参与，不能总是一个人。我年轻的时候就喜欢参加各种活动，觉得可以多跟人接触，有意思。现在呢，也是这样，我进了唱歌班以后就觉得有活力了，这个过得很精彩。"

社工:"是的,多和别人沟通交流其实也是一件快乐的事情。"

L:"是了。"

社工:"奶奶,那您如果再出现类似的问题,比如在老年公寓里对某一方面不太适应或者是不太喜欢,那么您会怎么做呢?"

L:"嗯,还是会自己先适应一下,如果解决不了肯定是要想办法解决的,找找自己的家人啊,找找小蒋、小万(均为机构负责人),肯定不会再什么也不说了。"

社工:"嗯,您的这个处理问题的方法还是很好的。看来我们这几个星期的努力还是有很大成效的,奶奶您之前都是不愿意和领导说这些事的,现在进步很大,愿意说了。"

L:"哈哈,人还是要向好的方向改进的,有时候改变也是对自己有好处的。像你们年轻人在学习上、工作上也是一样的道理,有不好的地方就要及时改正,这样才能让领导更器重你,同事也会觉得你好相处。"

社工:"是的,奶奶,您说得很对,我会向您学习的。奶奶,刚才您也总结得非常好,相信您以后会把目前的一些经验运用到未来的生活当中。如果有什么问题的话,也欢迎您再联系我,我会协助您共同解决。"

L:"好的。谢谢你。"

面谈结束后,L在与社工告别时显得非常依依不舍,她也多次请求社工能够经常来探望自己,社工答应了她的请求,并请L保重身体。

反思:在本次服务中,社工将发言权交到案主手里,主要由案主分享自己的感受和获得的经验,进一步强化了案主对于改善机构生活适应不良问题的认知,并鼓励案主将获得的经验运用到以后的生活当中。

介入评估：目标达成。社工完成对服务对象机构管理层面适应不良的社会工作介入，并与案主共同对社工服务成效进行评估，强化了案主已取得的成效，顺利结案。

第四阶段过程评估：在第四阶段的社会工作介入中，虽然社工在对于案主机构管理层面适应不良问题的介入上遇到了一定挫折，但还是寻找到了合适的问题解决方法，完成了对该问题的介入。最终完成了对案主 L 生理、心理、社会支持、机构管理层面共四个层面适应不良问题的介入，取得了较好的成效。

(2) 个案实施结果及跟进

个案服务结束后，L 的状况有了很大改善，不再时常抱怨饭不好吃、环境不好，不想住在老年公寓了。根据她的护工描述，L 现在不再天天闹着要回家了，不折腾家里，和子女的关系就更好一些，孩子们也会经常打电话给她。而且以前她经常在自己的房间里一坐一整天，和舍友怄气，现在她会经常让护工推着自己去外面散心，有一次还在家人的允许下让护工推自己去周围的市场转了一圈。此外，L 在公寓内认识了很多新的朋友，当社工去看望 L 时，发现原本不想让别的老人进自己房间的 L，竟主动邀请唱歌班的同学来她的房间一起排练歌唱节目，这些对于 L 来说都是非常大的进步。

2. 个案 A 介入效果

(1) 社工评估

①生活满意度评估

从心理维度上，笔者采用希尔克（Sheikh）和约斯维格（Yesavage）设计的包含 15 个项目的简版老年抑郁量表（GDS‒15）进行前测和后测。在前测中，L 的量表测试分数为 10 分，表明案主 L 具有轻度抑郁，且其程度已经接近重度抑郁的阈值。而在后测中案主 L 的分数为4分，处于正常值，表明L的心理状态较为平稳。因此，通过量表的前后测试结果可以看出，案主L的心理状态在社会工作介入后得到了一定改善。在社会关系维度上，笔者采用肖水源设计的社会支持评定量表进行前测和后测。在前测中，L的量表测试分数为26分，表明案主L具有一般社会支持度。在后测中，案主L的量表测试分数为35分，表明L具有较满意的社会支持度。因此，通过量表的前后测试结果可以看出，案主L的社会支持程度在社会工作介入后得到了一定改善。

笔者采用生活满意度量表（LSR）对机构住养老人的生活满意度进行前测和后测。在前测中，L的量表测试分数为15分，处于中等水平，说明案主L对生活的满意度为中度满意。在后测中，案主L的量表测试分数为20分，处于较高水平，说明L对于机构生活的满意度已经有所上升，社工的介入具有一定效果。

②社工对案主的评估

在交谈内容方面，社工发现L在社工介入初期的谈话内容中充满了对机构生活的各种抱怨和不满，但是对于这种现状却并没有主动改变的意识；而在社工介入后，L的谈话内容变得较为积极，即使遇到问题也会主动向社工倾诉自己的想法和解决方式。在行为表现上，社工介入之前，L表现得较为自闭，经常一个人在房间，甚至排斥别的老年人进入自己的房间，而在社工介入后，L愿意接触外界并主动邀请老人来房间做客。

③社工自我评估

在开展个案服务时，社工能够始终采用支持性的技巧，如同理、鼓励、反馈等方法对老人的话进行认同与支持，引导老人表达自己，倾诉自己心底的想法。此外，社工通过细致入微的观察，从老人的肢体语言中了解老人潜在的一些想法和未表达的信念，并协助其进行表达。在服务初期社工与案主建立了良好的信任关系，从而保证服务能够顺利进行并按时完成。服务期间，社工遵守社会工作伦理守则，始终以尊重、接纳的专业态度对待案主。经过9次个案辅导，案主的机构生活不适应问题得到有效解决，完成了预期目标。

（2）案主自我评估

在社工初次与案主L进行面谈时，L表现出较为消极的情绪，她经常说"我在这里住不惯，我想要回家，每天坐在这里我就是个废物，混吃等死"，有时候提到这些事情L就非常烦躁，经常唉声叹气。在行为表现上，L说"我晚上一个人的时候就会偷偷哭，有时候哭几个小时，睡不着觉，越想心里越难过"。在服务进行到中期时，L的消极情绪逐渐减少，她坦言"以前我的想法有些过激，其实生活还是有美好的地方，但是我关注的就是不好的那些。我也是很感谢你来启发我，让我想明白一些事情"，此外她也认识到通过自己的努力去反映机构生活不适应的重要性："确实遇到事情不能憋在心里。你看我现在讲出来了，跟负责人说过了，我就觉得心里舒服多了，不堵着了。现在也会笑了"。在社工结束服务进行后期评估时，L表示"我已经知道遇到不适应的问题该怎么做了，我相信自己有能力做好的"。在行为表现上，L也坦言"晚上不会再哭了，虽然睡眠有时候还是不太好，但是不会一直想着这样那样的事情折腾自己了"。以上内容说明社工的介入对案主的情绪状态、行为表现都产生了一定的效果，而且这是一个循序渐进的过程。

（3）社会支持网络对案主状态的评估

服务结束后，社工向L的护工了解L的近况，护工表示："L以前就是喜欢在房间坐着，也不跟周围的邻居什么的讲话。现在挺喜欢出去转转，天气好了就叫我把她推到外面去晒晒太阳，说是找自己的朋友吹吹牛。看她现在的性格比起以前还是开朗了不少，还是好呢。"社工还向L的家人了解L的状态，家人表示"L现在不会总是抱怨子女不来看她了，比之前更能理解家人的难处"。

（二）个案 B 的介入过程与效果

1. 个案 B 实施介入
（1）个案 B 实施介入过程

表 16　个案 B 实施介入过程

面谈次数	服务目标	工作内容	服务对象的表现与变化	目标实现情况
第一次	通过会谈初步了解案主目前在老年公寓内的不适应情况，为后续介入做准备	社工采用倾听和同理的社会工作介入技巧，向案主了解其在精神生活层面的不适应情况	案主愿意接受社工的访谈，较坦诚地回答问题，但是情绪状态较为消极，有轻微的厌世倾向	目标达成
第二次	对案主在心理维度和精神生活维度的适应不良进行初次介入，尝试消除案主的部分自卑情绪，提升自信	经过上次的面谈，社工了解到案主具有增加佛堂庄严性的需求。因此本次服务社工首先询问案主对于给机构内佛堂开光的看法，希望通过开光来增强机构内佛堂的庄严性，进而提高案主对机构生活的认可度和适应度。但是案主表示并不需要。因此社工从寻找来自教友的社会支持入手，想为案主链接资源。但是案主的自卑心理使她不愿结识来自城里的教友，认为她们会瞧不起自己	案主一开始比较自卑，认为自己没文化，所以和来自城市的有文化的教友交流有难度。在社工介入之后，案主认为城市教友一定看不起自己的非理性认知有所动摇，表示愿意考虑与城里教友交流的可能性	目标基本达成，案主的自卑情绪得到一定缓解，自信心有所提升

续表

面谈次数	服务目标	工作内容	服务对象的表现与变化	目标实现情况
第二次		基于优势视角，社工发现和运用案主的优势与资源，提升其自信，帮助她消除心理障碍，以达到和教友正常沟通的目的。案主表示自己会考虑一下。下次服务前告知社工自己的决定		
第三次	帮助案主改善非理性信念，从而进一步消除心理阻碍，推动其与城市教友的沟通交流	社工询问案主对于接触教友的相关事宜，案主表示自己虽然不再受自卑情绪的困扰，但是担心教友会像之前自己帮助的一个老人一样不会领会自己的善意。社工及时同理，鼓励她迈出这一步。并采用理性情绪疗法对案主持有的非理性信念进行讨论，帮助其构建理性信念，从而促进她与教友见面	案主担心教友会像之前自己主动帮忙却不理会自己的老人一样，表现出较深的担忧情绪，在社工介入后，案主的情绪有所好转	目标达成，案主在下一次的个案服务中与教友会面

续表

面谈次数	服务目标	工作内容	服务对象的表现与变化	目标实现情况
第四次	促使案主与佛教教友实现第一次会面,实现社会工作资源链接的作用	社工向案主介绍一名佛教教友C奶奶,两人经过了解之后,C奶奶邀请案主参与机构内教友自行组织的佛教活动。案主同意参加活动。当两人的谈话结束后,案主向社工分享了自己喜悦的感受	在与教友会面时,案主一开始表现得有些拘束,但是随着二人的逐渐熟悉,案主的拘束逐渐消除了。面谈结束后,案主表示自己非常开心,终于有了可以交流的教友,而且教友为自己提供了进行宗教生活的平台,以后可以和其他教友一起进行宗教生活	目标达成,通过为案主链接资源——寻找、介绍教友来使其获得学习佛教的氛围和社会支持
第五次	在向案主了解其机构管理层面适应不良的状况后,协助案主共同解决此问题	社工通过与案主的面谈,发现其在精神生活层面的未解决问题以及机构管理层面适应不良的现状。在案主的请求下,社工陪伴其完成了对以上两个层面适应不良现状的改善	案主对机构佛堂内功德箱的钱款去向一直非常在意,但是碍于面子问题,她不敢向机构负责人直接询问,为此她非常矛盾。而在社工协助下,她向机构负责人询问并获得满意答复后,她表现得非常轻松,认为解决了一个困扰自己很久的问题	目标达成,案主如自己所愿地向机构负责人反映了相关问题并得到了较为满意的答复

续表

面谈次数	服务目标	工作内容	服务对象的表现与变化	目标实现情况
第六次	完成对案主精神生活、机构管理两个层面适应不良问题的介入并结案	询问案主的感受，倾听案主讲述自己接受服务后的积极改变，探讨成功的经验并总结。评估服务成效。妥善处理案主的离别情绪	案主的情绪状态和社工初次介入时相比，有了很大的改善，显得非常积极、乐观和开心。此外，服务结束后案主主动向社工索要联系方式，表示要和社工保持联系	目标完成，与案主共同对社工服务进行评估，强化案主已取得的成效，鼓励其将获得的正向经验运用到以后的生活当中，顺利结案

第一次个案服务：

地点：B 老年公寓福寿区 1 楼 103 室

成员：社工、案主 W

个案过程：因为之前在进行问卷调查和深度访谈时，社工与 W 进行过多次接触，在机构内的各种文娱活动中也总是碰面，所以双方并不陌生。打过招呼之后，社工向 W 了解她目前在机构生活不适应的情况。

W："姑娘啊，不是我说，这里就是不好住。"

社工："奶奶，您为什么说这里不好住呢？是因为环境不好吗？"

W："不是。我老都老了，住哪里不一样？就是这里再豪华，我也享受不了。我就是觉得这里不好念佛。"

社工点头示意 W 继续说下去。

W："信佛嘛，首先地方就要庄重。你看这里的佛堂这么小，怎么比得上我之前住的大佛堂呢？"

W 在与社工说话的同时，手上仍快速地捻着佛珠，说到这里，W 停下了手上的动作，摇了摇头，脸上出现了不屑的表情。

"我之前住的大佛堂，佛像都是开过光的，都是大德高僧给开的，非常的庄严。你看这里的这个佛像，都没有开过光。"

社工："是的。机构之前是没有佛堂的，后来老人们说想要拜佛，机构才设立了这个佛堂。但是可能还是没考虑到有些老人希望佛像能够开光的心情。"

W："这个就不晓得了，我就是觉得这里的佛像没开光，不如佛堂的好。W 的情绪突然变得非常消极。姑娘，听我说，人老了活着没意思，不如早点死。你说我活得也不小了，有什么用。唉！"

社工："奶奶，那您还觉得有哪些不适应的地方吗？"

W："我没什么别的爱好，就是信佛，只想着怎么把佛信好了。现在在这里呢，我都没有可以说得上话的佛教教友，不知道自己现在学得到底怎么样，想跟别人交流一下都找不到人。"

社工："奶奶，机构里也有一些信佛的老人，比如住在您楼上的楚奶奶。"

W："是了，信佛的人倒是多呢。那个姓楚的是个城里的吧？这些城里人总是觉得自己特别了不起，瞧不起我们这些乡下人。我又不识字，说得不如她们好肯定要笑话我，我才不和她们这些城里人说话。"

W说到这里直拍大腿，似乎对城里人具有很大的意见。

社工："奶奶，您怎么知道城里人就一定看不起乡下人呢？"

W："就是住那个走廊头上的，姓陈的，人家就是城里的。眼睛长在头顶上了，看她走路困难，我去跟她说话，问要不要牵牵她，人家不理我。我做了手术刀口还没有长好，就想帮助她。可是人家不领情。还不是觉得我是乡下人，不识字，不想和我来往嘛。"

社工："嗯，奶奶，她的做法确实是很让人生气。您也是好心帮助她的，她不感谢您反而还不理您，实在是不太对。"

W："是了，姑娘，还是明眼人看得清楚。"

之后W向社工讲述了一些佛教的教义，说自己一直是与人为善的，也讲述了自己在信佛之后的一些改变，比如脾气变得好了，子孙们都很好，事业有成的同时还非常孝顺。社工以倾听为主，必要时予以回应。

反思：因为这是社工与W的初次面谈，所以社工并没有过多介入，而是以倾听、同理、问题澄清为主，收集W在机构生活适应不良的资料并为后续的介入做准备。但在交谈中，社工发现W具有一定的自卑心理，她总认为别人会瞧不起自己，总觉得不识字就是自己不如别人的根本原因，这种自卑阻碍了她与教友的正常沟通，使她与教友交流的需求得不到满足。因此，在后续的服务中，社工将采取相应理论对W进行介入。

介入评估：目标基本达成。在本次服务中，社工发现案主在机构生活的适应不良主要体现在精神生活的宗教信仰层面，在收集案主相关资料后，社工将在下一节的服务中对其适应不良问题进行初步介入。

第二次个案服务：

地点：B老年公寓凉亭

成员：社工、案主W

个案过程：由于在上次面谈中，W提及机构内的佛像没有开光，庄严性不足，所以社工希望通过链接资源的方式——在老年公寓的支持下，寻找法师为佛像开光，来解决W对于机构内礼佛的不适应情况。因此，社工首先询问W是否需要为佛像开光。

社工："奶奶，您上次说觉得机构内的佛像没有开光，庄严性不足。我询问了一下身边的人，我的老师说认识大普济佛堂内的师父，如果您需要的话，可以请师父来给佛堂开一下光，满足您的需要。"

W："谢谢你了，我这里不需要这么麻烦。机构内呢，一个是佛堂太小了，即使有师父来开光的话，地方这么小也不方便进行仪式。另外就是我们佛教里的开光呢，场面都是很大呢。我之前参加的开光都是几百个信徒一起参加，很热闹，在这个公寓里肯定做不到这么热闹了。所以还是不需要麻烦师父了。"

虽然W拒绝了社工的建议，但是她似乎很感动。

W："感谢你还想着我。我之前也就是说说，也没想着能改变什么，没想到你还给我找师父来帮助我。太谢谢你了。我住在机构这么久，这里的人都不管这些的，还是你理解我的想法。"

通过W的表述，社工认为经过开光这件事，W感受到了社工对帮助她改善精神生活不适应状况的诚意，从而增强了对社工的信任感。接下来，社工准备与W探讨如何认识更多佛教教友并与之交流沟通，从而满足 W 与教友建立社会支持网络的需求。

  社工："奶奶，您上次说希望能够认识更多的佛教教友，和他们交流下学佛的经验，是吗？"
  W："是呢，是呢。"
  社工："我认识一个住在 11 排的 C 奶奶，信佛也是很虔诚的，经常拿着佛珠在念，和您一样。要不我介绍你们认识一下？"
  W："她是知识分子吗？文化人的话就算了。我又没有知识，又没有文化，这些城里的知识分子瞧不起我哦，我岁数大了，不想受气。"

  通过与 W 的这段对话，社工认为下一步的工作方向是采用优势视角对 W 进行介入，帮助她发现自己身上存在的优势与资源，从而正确认识自己，改变目前这种因为自己没有文化而产生的极度自卑的心理。

  社工："奶奶，您似乎觉得不识字、没有文化是自己很大的一个缺点，对吗？"
  W："娃娃，你莫要笑话我。我 16 岁就嫁人了，苦啊，18 岁就生了孩子。自己还是一个孩子呢，就要带小孩，哪有时间学什么文化。后来政府开办扫盲班，我也没有机会参加，带孩子怎么走得开啊？唉。我这辈子最大的遗憾就是不识字。我唯一认识的几个字就是自己的名字，说来真是惭愧。"
  社工："嗯，虽然奶奶您不识字，但是之前听您描述，您在火车站的工作也做得很好，在后勤部门给人家做登记的工作，对吧？"
  W："是呢，我自己的工作还是做得很好，年年被评为优秀。"

W说起来这件事显得非常自豪,脸上也露出了笑容。

  社工:"奶奶,您不识字的话,是怎么做好登记工作呢?"
  W:"这个倒是不影响。我虽然不认识字,但是我靠脑子背住,记住那个字的形状。这样的话就不会错了。"
  社工:"这么说的话,不识字其实并没有影响到您在工作中的突出表现。"
  W:"是了。"
  社工:"这么说的话,不识字似乎也没有您说的那么糟糕。那么您为什么认为不识字会影响到您与别人的交往,让您觉得会被人瞧不起呢?"
  W:"我也没啥优点,家里又是农村的,再加上没文化。唉,人家怎么可能瞧得起我啊。"
  社工:"嗯,奶奶,您说自己没有优点。那我们现在做个游戏啊。我们一起想想,写出来您身上的优点,好吗?"
  W:"哈哈(W露出了笑容),哎哟,那我可要好好想一想。"

经过一段时间的思考,W在社工的协助下,总结了如下优点:热情、乐于助人、好客、受欢迎、善良、开朗、勤劳。

  社工:"奶奶,您看,您的优点还是很多的,还可能有的优点是我们暂时没想到的。"
  W:"哎哟,我还没有想到这么一算起来的话,我还是有些好处的。不过我信佛嘛,对别人都很好,这个机构里的老年人没有说我不好的。我做了手术之后,看到有的老人需要人扶着,需要人推,都会主动去帮忙。小蒋(机构负责人之一)还说'奶奶,你莫要帮忙了,别把伤口扯开'。我都说没得事情,我可以呢,还是要多帮助人的,多做好事才有福报。所以那些老奶都是喜欢我呢,见了面都会和我打招呼。"

社工:"奶奶,您看,您目前的缺点是不识字,但是您的优点有那么多,很多老人都很喜欢您。换作您自己的话,您愿意和优点这么多的人相处吗?"

W:"我肯定是愿意的,哈哈。"

社工:"那么您现在再想想和佛教教友交流的事情,还会觉得她们会瞧不起您吗?"

W:"嗯,这么说的话是不会的。"

经过与社工的面谈,W 的自信得到了一定程度的提升,她发现自己其实没有自己想的那么糟糕。她表示自己会再好好想一下,下周面谈的时候告知社工是否要见社工为她推荐的那名教友。

反思:在本次服务过程中,社工首先通过链接资源,加深了与 W 的信任关系,为后续的介入奠定了较好的基础。此外,结合优势视角与人生回顾对 W 出现的自卑心理进行介入,帮助她意识到,不识字虽然是一种缺憾,但是她的身上依然存在很多闪光点,这些优势与资源是值得被人欣赏和发现的,不能只停留在过去的遗憾上。介入产生了一定的效果,一开始不愿意接触教友的 W 表示自己会考虑一下。在下次介入中,社工应该进一步跟进,促进 W 与教友建立联系。

介入评估:目标基本达成。本次介入从心理层面入手,消除了 W 部分自卑心理与信念,但是社工仍然要根据案主自决原则,给予 W 一定的时间去反思,直到做出最终决定。

第三次个案服务:
地点:B 老年公寓福寿区 1 楼 103 室
成员:社工,案主 W

个案过程：在上次的面谈中，W表示自己会好好考虑是否要接受社工的引见，与教友见面。社工本次的工作将继续围绕这个主题进行。

社工："奶奶，上次我给您推荐C奶奶，说她学佛学得很好，可以和您交流。您说要考虑一下。所以现在有做出决定吗？"

W："嗯，见见也是可以呢。但是我心里面总觉得有点担心，觉得不太好。"

社工："奶奶，您有什么顾虑呢？可以跟我说说。"

W："你说，上次我想帮那个姓陈的老奶，就是城里的高级知识分子，人家不搭理我。这次这个姓C的也是城里的，我就觉得这些她们是不是都是一样的，都是不太喜欢搭理人。"

通过W的表述，社工认为W持有概括化的非理性信念，她认为城里的人都是像之前的陈奶奶一样不接受她的好意，由此她产生了担心、焦虑的情绪，害怕自己的好意会被拒绝。社工应采用理性情绪疗法帮助W重建理性信念，改善目前的不良情绪，进而推动W和教友顺利会面。

社工："奶奶，通过您刚才的话，您似乎认为只要是城里的人，就不太喜欢搭理人，对别人的好意也不会接受？"

W："也不完全是这样，可是我觉得有点担心。"

社工："嗯，奶奶，我明白，毕竟之前您也是好心想帮助陈奶奶，没想到她会不领情，您可能也觉得心里很不舒服。"

W："是呢，我心里确实是有点不好过。"

社工："那么奶奶，您刚才的想法是通过陈奶奶一个人的行为得到的，是吗？"

W："嗯，是的。也就是她这么一个人才这样，别人都没有这么对待我。"

社工："奶奶，用她一个人的行为来概括所有的城里人都是这样，您觉得是否合理呢？我就是城里人，可是您看我们之间就交流得很愉快，小万、小蒋他们也是城里人，可是对您也非常照顾，还会经常来看您呢。还有其他和您玩得好的爷爷奶奶，他们中间也有城里人呢，可是依然对您很好呀。"

W："哦，也是。我就是总想着姓陈的这一件事了，其他都没有想到。我也是钻了牛角尖了。"

社工："奶奶，那您现在有没有觉得好受一些呢？"

W："嗯，好了，我就是一时没有想清楚。其实大家不都还是一样呢。那个姓陈的自己性格不好，不理人，是自己的问题。就是农村嘛，不照样有她这种性格不好的。这与城里人和乡下人没什么关系。"

社工："是的，奶奶。您说得很对。"

W 解开心结后，她主动提出下周由社工引见去认识 C 奶奶，社工在与 W 约定好见面时间后，结束了本次面谈。

反思：在本次服务中，社工发现 W 具有概括化、绝对化的非理性信念，她仅仅通过陈奶奶的个人行为就对城市人这一个群体产生了较大的成见，进而不愿意与城市人交往。在了解上述情况后，社工通过调节 W "城市人都难以相处"的非理性信念，改善了 W 担忧、焦虑的心情，促进其在行为上做出改变，表示愿意与教友蔡奶奶接触。

介入评估：目标达成。通过理性情绪疗法的介入，社工改善了 W 的非理性认知，推动 W 在精神生活层面的适应不良问题得到进一步解决。

第四次个案服务：
地点：B 老年公寓凉亭
成员：社工、案主 W、C 奶奶

个案过程：在上次的个案服务中，社工与 W 约定为其介绍佛教教友 C 奶奶，本次面谈社工带来了 C 奶奶。

  社工："奶奶，这就是我跟您说过的 C 奶奶，她信佛也已经快 20 年了。你们可以好好交流一下。"

两位老人打过招呼后，开始询问彼此年龄、家乡、入住公寓时间、身体状况、信佛时间等信息，因为谈话比较投缘，原本坐在社工两侧的奶奶坐到了一起。交谈了一段时间后，C 奶奶主动邀请 W 参加机构内老人自己组织的佛教活动，说这个活动可以让 W 结识更多的师兄，大家能够在一起共同精进。W 非常开心，爽快地接受了 C 奶奶的邀请。于是二人约定了参加宗教活动的时间，之后 C 奶奶因为还要去学习唱歌，就结束了本次谈话。

  社工："奶奶，您刚才和 C 奶奶交流得怎么样呢？"
  W："非常好。这个师兄拜佛真的是非常虔诚啊。人家信佛都 18 年了，自从信佛之后就开始吃素，很有诚心，这都是我要学习的。"
  社工："嗯，都说跟优秀的人在一起，自己进步也会非常快。相信奶奶在佛教上面一定会有更大的进步的。"
  W："我还感到开心的一点就是我说我不识字，不会念经文，学佛肯定没有你们学得好，不如你们可不要笑话。但是 C 奶她说没关系的，说还有很多老人都是不识字的，说我只要诚心念佛就好。这样我就不担心了。之前我还一直想着自己不会念经文是不是会比别人差，现在看来没关系。"
  社工："那奶奶您现在的心情是不是好一些了？"
  W："我现在真的是很高兴了。很感谢你。现在我住在这里感觉好很多,又有了一起学佛的教友。我很满意。"

反思:在本次服务中,社工的介入较少,主要以 W 和 C 奶奶的沟通交流为主。社工观察到,W 一开始表现得较为拘束,这可能与 W 的性格有关,也有可能和之前她认为"城里人会瞧不起自己"的非理性信念有关系。但是在中后期,W 就表现得较为活跃,能够积极发言,提出问题。从社工与 W 的对话中也能看出,W 对于自己精神生活层面的变化是非常满意的,她认为社工的介入对自己的精神生活层面不适应状况起到了一定的作用。

介入评估:目标达成。社工通过鼓励、支持、引导的技术促成了 W 与教友的交流,推动 W 改善精神生活层面不适应的进程。

第五次个案服务:
地点:B 老年公寓佛堂外
成员:社工、案主 W
个案过程:本次服务开展前,W 正在佛堂上香。看到社工到来后,W 拉着社工进入佛堂,跟社工讲述自己对于机构管理的不适应之处。

W:"姑娘,你过来看,这个功德箱,看着空空的,是不是很缺少人气。"

社工:"嗯,这个功德箱一般是用来放捐款的,是不是机构内的老人不怎么放钱,所以看着很空。"

W:"哎哟,你可说错了"(W 的脸上露出不满的神情)。我们这些信佛的人很多,怎么可能不捐钱。其实捐钱放很多呢,满了以后都被机构用了!"

根据 W 的描述，机构内的功德箱每隔一段时间就会堆满老人的捐款，但是机构会派人把钱都收走。在 W 的认知里，功德箱内的钱款只能用于修缮与佛堂有关的设施或是补充相应的佛教用品，现在却被机构拿走了，还很有可能被挪用了，为此 W 非常不满，认为这里和之前她住的佛堂差距太大，她不能接受机构这样的做法。社工准备询问 W 会如何采取相应的措施来解决这件事。

社工："奶奶，您准备怎么做呢？"

W："我呢，是看不下去了。他们这种做法是非常的不好。可是我不知道自己应不应该说，够不够得上资格。"

社工认为这里可以给予 W 相应的鼓励并使用增权理论来激发 W 的个人权能，促使她为自己争取合理的权益。

社工："奶奶，您能有主动反映问题的想法是非常好的。作为老年公寓的一员，您有权利去提出自己的意见和建议，帮助老年公寓建设得更完善。更何况您是一名消费者，老年公寓是给您提供服务的，如果您觉得有服务不周到的地方，提下意见也是应该的。"

W："这倒也是。就是我一个人说还是有点不好意思。你能不能陪着我一起去找他们反映一下？"

社工："可以的，奶奶。不过我只是负责陪伴您，具体的反映意见还是由您来表述。您作为消费者去反映是非常合理的，我就不像您这样有资格了。"

W："好呢。其实我还有一个事情想一起说说。我本来就不喜欢参加机构里面的那些活动，我觉得没意思，总是重复那么几个。可是领导啊总是叫我去看看、去听听，我也不好意思拒绝。现在我要跟着教友学佛，就更没有时间了。我就想着问问领导以后可不可以少去些，自己也多一点时间学学佛。"

社工："嗯，可以。我支持您。"

在社工的陪伴下，W找机构负责人反映了如上两个问题，负责人也分别给予了答复。W对于机构负责人的答复结果非常满意，她很开心自己能够为自己的事情做主，也惊讶地发现自己其实也可以通过自己的努力去争取到合理的权益，可是以前却一直没有尝试。她希望以后能够多发挥自主性，通过自己的能力去解决问题。社工对其进行了鼓励、引导，在面谈结束前，告知她服务即将结束。

反思：在本次服务中，社工主要采取了增权理论开展相应的服务。根据增权理论，社会工作视角下的增权就是通过外界干预来增强个人的能力和对权利的意识。W并没有意识到自己所拥有的消费者的权利，在社工的启发和引导下，她才发现自己其实是可以行使权利反映问题，从而提高自己的机构生活质量的。而通过这次实践，她也坚定了以后自主行使权利的信心。

介入评估：目标达成。本次服务完成了对W精神生活、机构管理两个层面的适应不良介入，社工可以进行总结，为下次服务的结案做准备。

第六次个案服务：

地点：B老年公寓福寿区1楼103室

成员：社工、案主W

个案过程：本次个案服务的内容包括回顾之前的社会工作介入，由案主分享感受、总结相关经验、评估工作内容和结案。社工首先请W回顾了之前自己遇到的精神生活、机构管理层面两方面的适应不良问题，接着请W分享自己的感受。

社工："奶奶，我们这次谈话，就是想问问您觉得对现在的生活满意吗？"

W："非常满意，很好！"

社工："您觉得生活有没有一些改变呢？"

W："有很大的改变！我觉得现在我过得很开心，不像之前那么难过了。"

社工："那就是您现在觉得住在这里还是比之前适应一些了，是吧？"

W："是的。"

社工："奶奶，因为您之前对这个老年公寓内的生活有些不适应，我就分别针对您出现不适应情况的层面进行介入，包括宗教生活上的啊、机构管理上的这些，想帮助您改善不适应的状况。您觉得目前效果怎么样呢？"

W："很好，有效果。你看我之前就觉得没人可以交流佛教，现在有了。之前我觉得不好意思不参加乱七八糟的活动，现在跟领导反映了，就也觉得没什么了。现在过得还是好很多。"

社工："是的。那么您觉得对于问题改善的过程，有没有想分享的呢？"

W："我就是觉得人还是要自信一些！像我之前就是把自己放得太低了，总觉得不如别人，什么事情也做不好。但是最后和大家交流之后吧，就发现其实有的人和我一样，有的人还不如我。还有呢，就是要做自己想做的事情。你看我唯一的爱好就是信佛，为了信佛我就愿意去努力做改变，就觉得活着很有动力。"

社工："嗯，那么我总结一下呢，您说的就是首先要有自信心。其次就是要发掘自己的潜能，找到自己的动力，只要有了动力，就能推动自己去做出新的改变。是吗？"

W："是的。是的。就是这个意思。"

社工："好的,谢谢奶奶,感谢您这么久以来对我的支持。刚才您也总结得非常好,希望您以后能够把获得的经验运用到生活当中去,活学活用嘛。如果有什么问题的话,也欢迎您再联系我,我会协助您共同解决。"

L："好的。谢谢你。"

结案后 W 向社工表达了谢意,并向社工索要了电话号码,说以后一定要保持联系,她会一直想念社工的。社工也告知 W 会持续跟进,以后还会再见面的。社工走的时候 W 一直将社工送到公寓门口,一再嘱咐社工自己不识字,打电话会记不住号码,要社工有时间的时候一定记得给自己打电话报平安。

反思:在本次服务中,社工引导 W 对问题进行回顾,总结自己解决问题的过程,接着由 W 分享经验、感受,进一步完善对经验的总结。在这个过程中,社工主要起到了引导、协助的作用,而案主 W 始终作为主导者来总结自己的成功经验,达到了较好的效果。

介入评估:目标达成。在社工的引导下,W 完整地回顾了自己解决机构生活适应不良问题的感受,并承诺会将学到的经验运用于实践当中。

(2) 个案实施结果及跟进

个案服务结束后,社工去探望 W 时发现 W 的精神状态相较服务前有了很大的改善,她不再说"不想活得太久""盼着赶紧死掉"类似的话了。W 还跟社工说自己和教友已经形成了固定的习惯,每天早上一起去上早课,和在佛堂的时候一模一样,她很高兴自己又能过上这种有规律的日子。有的教友还会跟她借佛机来观看佛教的碟片或者是直接在她房间内观看,她觉得自己现在很有价值,被人重视。在社工探望期间,W 的一名教友来串门,带来了很多水果要送给 W 吃,还告诉社工说和 W 相处得非常愉快,都是朋友就要互相多来往。W 非常高兴，说教友都对她很好，她觉得现在的生活很幸福，已经能够适应老年机构内的生活了。

2. 个案 B 的介入效果

（1）社工评估

①量表评估

从心理维度上，笔者采用 Sheikh 和 Yesavage 设计的包含 15 个项目的简版老年抑郁量表（GDS–15）进行前测和后测。在前测中，W 的量表测试分数为 6 分，位于正常和轻度抑郁之间，说明 W 的心理状态并不是很好，如果不进行及时干预，可能会转变为轻度抑郁。而在后测中案主 W 的分数则回归正常状态的基础值 3 分，表明 W 目前心理状态较为平稳。因此，通过量表的前后测试结果可以看出，案主 W 的心理状态在社会工作介入后得到了一定改善。

在社会关系维度上，笔者采用肖水源设计的社会支持评定量表进行前测和后测。在前测中，W 的量表测试分数为 30 分，表明案主 W 具有一般社会支持度。在后测中，案主 W 的量表测试分数为 36 分，表明 W 目前具有较高的社会支持度。因此，通过量表的前后测试结果可以看出，案主 W 的社会支持程度在社会工作介入后得到了一定改善。

笔者采用生活满意度量表（LSR）对机构住养老人的生活满意度进行前测和后测。在前测中，W 的量表测试分数为 12 分，属于中等满意度中的偏低状态，说明案主 W 对生活的满意度并不是很高，虽然目前位于中等水平，但与不满意之间的差距较小，很可能会降低至对生活满意度低的状态。在后测中，案主 W 的量表测试分数为 22 分，较之前的分数有了大幅提高，说明 W 对机构生活满意度增强，同时也证明了社工的介入具有明显成效。

②社工对案主的评估

在介入初期，社工发现 W 一直表现得较为自卑，对自我价值感的认知较低。

而在社工运用优势视角帮助 W 发现自己的优势与资源后，W 表现自信多了，甚至愿意主动向机构领导反映情况，通过自己的努力解决了小佛堂功德箱的钱款使用问题，并且能够较好地进行自我表达，向机构反映自己不愿意参加一些重复性较高的机构活动。这都说明 W 直接表达自己需求的能力得到了提高。

③社工自我评估

在开展个案服务时，社工能够始终采用支持性的技巧，如同理、鼓励、反馈等方法对老人的话进行认同与支持，引导老人表达自己，倾诉自己心底的想法。但是在服务期间，社工也遇到了一些问题，如采用理性情绪疗法介入时具有操作不熟练、导向性较强等问题。社工需要在未来的服务中不断磨炼自己的专业技能。除上述问题之外，在服务期间，社工遵守社会工作伦理守则，始终以尊重、接纳的专业态度对待案主。经过 6 次个案辅导，案主的机构生活不适应问题得到有效解决，完成了预期目标。

(2) 案主自我评估

在社工介入初期，案主 W 具有强烈的悲观情绪，经常说"希望佛祖能够赶紧带走我，这样我就不用在这里受苦了"。此外，她表现得非常自卑，认为"我是个农村人，大字不识一个，你们这些读书人都会看不起我"。在行为表现上，W 非常排斥和一些城里居住的老年人接触，认为"他们都是清高得不得了，眼珠子都是向上看呢，我们这种粗人入不了他们的眼"。在社工进行介入后，W 的悲观情绪得到了很大的改善，她表示"活着好是好呢，能够多学学佛，多积累一些功德，死后也会得到好报的"。此外，在社工的鼓励下，W 突破自己的自卑情绪，主动找负责人反映问题，并且能够和城里的老年人共同讨论学佛事宜，虽然 W 有时还是会觉得自己不如别人，但是她现在也认为"即使我不识字，我用心学佛也是可以学得很好的。不一定只有识字的人才能学好佛"。

(3) 社会支持网络对案主状态的评估

服务结束后,社工首先向 W 的护工了解 W 的情况,她表示:"W 现在比以前更用心学佛了,以前就是自己在屋里念念佛、磕磕头什么的,现在有朋友了,有时候一起过来看那个影碟。人还挺多的。W 看着也是挺开心的,起码比以前自己一个人的时候好。"社工还向机构负责人了解了 W 的情况,负责人表示"W 现在看到我们这些工作人员热情很多,可能是跟我们反映过问题以后,我们解决得让她很满意吧""她现在状态看着是很好的,比刚来机构的时候好很多,气色啊、心情啊看着都很好"。由此可见,社工介入后,W 的情绪状态有了很大的改观,与机构负责人的关系也有所缓解。

六、住养老人不同维度机构生活适应不良问题社会工作介入的对比分析

（一）两例个案面临问题与介入角度的对比分析

在个案 A 中，案主 L 面临的不适应问题是多方面的，有来自生理层面的不适应，也有来自心理、社会支持和机构管理层面的不适应。不同层面的不适应相互作用下，最终导致 L 的机构生活适应不良。根据社会支持理论，人们不仅需要来自内部的社会支持，包括子女、亲属等，还需要来自外部的社会支持，包括同事、同辈群体等。在对于案主 L 的介入上，社工经过评估，发现对 L 影响最大的是社会支持网络的缺失：L 在缺乏家人关怀、照顾的同时，也缺少与同辈群体、护工的交流与沟通。而这种社会支持的适应不良直接影响到 L 心理层面的适应，她因为缺少社会支持而感到孤独、心情低落、郁郁寡欢。与此同时，社工通过观察发现，L 身边具有很多潜在的资源，如邻居、护工、唱歌班的同学等，但是 L 并没有意识到这些可以利用的资源，只是一味沉浸在自己孤独、无助的感受里。因此，强化 L 的社会支持网络迫在眉睫。而为了达到此目的，社工以增权理论为支撑，鼓励 L 积极地参加各种机构内文娱活动，通过增加社会活动来结识新的朋友，以此为自己建立新的外部社会支持；在 L 与子女间的关系上，社工作

为关系促进者，促进双方的沟通交流，消除误会，加深感情，从而为 L 增强来自家庭的社会支持。当社会支持网络得到完善后，L 心理层面的适应不良问题也就迎刃而解。

在个案 B 中，虽然案主 W 缺乏可以沟通交流的教友似乎看上去是和个案 A 一样的社会支持缺失问题，但社工经过评估后认为，W 并不缺乏社会支持。通过调查与访谈笔者看到，案主 W 的子女非常孝顺，每周都会定时探望，W 因为乐于助人在机构内也有很多玩得好的朋友，受人欢迎，机构负责人也给予她高度的关注，会定时探访。但是 W 仍然认为自己缺乏可以沟通交流的教友。这说明 W 需要的并不是普通的社会支持，她需要的是满足自己精神生活中对于宗教信仰的需求，而她想和教友沟通交流的也正是这个部分。因此，在个案 B 的介入中，社工始终将重点集中在满足 W 精神生活的需求上，这点与在个案 A 中以构建社会支持网络为中心的目标完全不一样。如果社工将介入点放在为案主寻找社会支持上，就会与案主的需求背道而驰，介入效果也会大打折扣。

综上所述，每一个服务对象面临的问题都是独特的，社工需要进行深入具体的问题分析和评估需求，选择恰当的介入角度并采取行动。这意味着通过社会工作介入改善住养老人的机构生活适应不良问题，没有完全统一的模式可遵循，应强调服务对象问题的独特性与服务的差异化相匹配。

（二）两案例介入优势与困境的对比分析

本研究之所以选择 A、B 两例个案，是因为两者所面临的养老机构生活适应不良问题具有一定代表性，反映了目前机构内老年人生活适应不良的普遍现状。同时，通过与老年公寓负责人、老年人家属和老年人个体的沟通，社工发现两例个案均具有进行介入的迫切性。因此，社工最终选择个案 A 与个案 B 两例个案展开服务，是建立在对其典型性与代表性的考量之上的。但是这两例个案在社工开展服务时也具有一定的差异性，具体表现在其介入优势与介入困境上。

1. 个案 A 介入反思

（1）介入优势

在个案 A 介入过程中，介入优势主要体现在案主自身的动机优势。案主的性格较为开朗，热心于参加一切机构内的集体活动，希望能够通过参加活动认识到更多的新朋友，从而构建自己的社会支持网络。而案主这样的性格和强烈的求助与改变动机对于社工介入来说就是可以利用的优势与资源。有了这样的优势与资源，社工在进行介入时，就可以首先在增权理论的指导下鼓励案主将改变的动机转化为行动，为满足自己的需求做出努力。因此，案主外向的性格与较强的改变动机有利于社工介入服务的开展，并能起到一定程度的推动作用。

此外，社工的介入优势还体现在对案主非理性信念的把握上。在个案介入过程中，社工能够通过案主的表述及时发现案主存在的非理性信念，并在后续的干预中通过理性情绪疗法进行介入，减少了案主非理性信念对于社工服务的干扰，从而提高了介入效率。

（2）介入困境

在个案 A 中，社工的介入困境主要表现在社工与案主的护工相互间的关系方面。案主的护工缺乏对社会工作的了解和理解，刚开始社工去房间探望 L 时，护工会说你们来做什么，对社工的到来保持警惕，甚至有些不满，认为社工影响了她为老人洗头、伺候老人排便等日常工作。有一次护工以老人正在上厕所为由让社工离开，改天再过来。

护工的排斥对社会工作者的个案介入造成了不利影响。其一，护工在老人与社工约定好面谈的时间为老人洗澡或是推老人出去锻炼，使社工在约定好的服务时间内无法看望老人，从而导致服务时间的混乱；其二，护工对社工的不满也影响到老人在机构内的生活质量，每当社工与案主面谈结束后，护工都会埋怨老人把外人领进屋，影响自己工作，而老人会因为忌惮护工，害怕她不好好伺候自己而选择忍气吞声，这无形之中增加了案主的心理负担，造成一定的压力。

笔者认为护工之所以会有这种表现，主要有两方面的原因：首先，护工对于社工的职能范围与角色定义缺乏相关了解。根据社工与 3 名护工的访谈内容可以得知，护工认为社工就是领导派来监视自己工作情况的，用他们的话来说就是"打小报告"的人，因此他们并不希望在自己工作的时候有社工在场。其次，护工认为社工的存在会占用一些本来属于自己的资源。例如机构负责人给社工在机构内部提供了餐食福利，社工可以与正式员工共同用餐，但是有的护工担心饭菜不够吃，因此认为社工不应该与他们一同吃饭，产生了较强的排斥心理；还有一些护工认为社工中午在影音室布置活动场地会占用他们的休息空间等。

2. 个案 B 介入反思

（1）介入优势

在个案 B 中，社工的介入优势首先体现为关系优势。因为 W 之前参与过机构内的多种活动，所以与社工有较多的接触机会。此外，W 为人非常热情，经常邀请社工去她的房间做客，因此两者间的信任关系建立得较为迅速。较好的信任关系使案主能够敞开心扉向社工倾诉自己的需求，也有利于社工开展进一步的社会工作服务。其次，社工的介入优势还体现在资源优势上。养老机构对老年人信仰宗教的需求给予了尊重、理解与支持。虽然案主 W 在机构内的宗教信仰不能得到充分满足，但老年公寓为其提供了小佛堂，W 日常参拜都是可以前往的，其基本的宗教信仰需求还是能够得到满足。在这样的资源优势下，社会工作者对于 W 的精神生活不适应的介入也有所依靠，可以通过改善佛堂的环境、设施来提高 W 的满意度，不至于只是纸上谈兵。

(2) 介入困境

在对个案 B 的介入中，社工所面对的主要是技术困境。例如，在改善案主"城里人都是瞧不起自己"的非理性信念时，社工虽明确认识到应该采用理性情绪疗法进行介入，但由于自身社会工作介入经验和临场应对经验的不足，社工在运用该理论对案主非理性信念进行驳斥时并没有完全做到有理有据，反而拘泥于普通的劝说和建议，社工也对自己的表现并不满意。这样的技术困境会影响到社会工作者的介入效果，从而最终影响到社工的服务质量。

七、结论与思考

（一）研究结论

针对老年人在养老机构生活适应不良的现象，本研究选取了两个具有典型性的老年人机构生活适应不良案例进行个案工作介入。在个案 A 中，笔者首先通过与案主 L 建立信任关系，为服务的后续开展奠定了良好的基础。接着依次从案主生理、心理、社会支持、机构管理层面入手，以增权理论为指导来激发老人自身的权能意识，鼓励其争取自身的合理权益；还运用了理性情绪疗法来改善老年人的非理性认知，缓解其不良情绪，重建理性认知；最后采用社会支持理论对老年人社会支持层面的适应不良进行介入，帮助案主增加与他人的沟通与联系，强化现有的社会支持网络。在个案 B 中，笔者首先聚焦于和案主建立良好的信任关系，接着依次从案主心理维度、精神生活维度和机构管理维度入手，运用理性情绪疗法调适案主不合理认知，减少其负向情绪，帮助其建立积极正向的认知；还基于优势视角协助老人发现自身的优势与外部资源，增强自信心，提升自我价值感。前后测显示，改善老年人机构生活适应不良的个案服务，有效地提升了两位机构住养老人的机构生活适应能力，增强了他们对生活的满意度，提升了他们晚年生活质量。

通过本研究，笔者认为在为养老机构生活适应不良的老人开展社会工作个案服务时，应采用"六步法"。其具体过程如下：第一步是社工主动探访案主，将被动服务变成主动关心，从而和案主建立良好的信任关系。第二步是社工耐心倾听案主的讲述，适时进行同理，保证案主的负面情绪得到较好的宣泄。第三步是社工与案主共同探讨不同层面的机构生活适应不良问题产生的表现、产生的原因及造成的不良后果，然后启发案主发现内部优势和外部资源，共同寻找可能的解决方法。在此过程中始终以案主为中心，维护案主利益的最大化。第四步是社工针对案主所面临的"关键性问题"，即因为这个问题的解决会带来其他问题的相应解决，采用恰当的理论工具和方法策略来协助案主加以应对和解决。第五步是检视是否不同层面的机构生活适应不良问题都得到解决，如果尚有某个层面的适应不良未能解决，再有针对性地进行介入，陪伴、协助案主在提升机构适应能力的同时找到解决机构生活适应不良问题的办法。第六步是通过多个方面的评估来检验社会工作介入老年人在机构生活适应不良问题的成效。

（二）研究局限

本研究也存在一定局限：首先，社工只选取了两例个案进行介入，对于解决老年人在机构生活适应不良问题的实践策略与服务效果的解释力较为有限。因此对于通过社会工作解决老年人在机构生活适应不良问题的研究仍需引入更多的案例进行实践和论证。其次，本研究仅采用个案工作的方式为两位老人提供相应的辅导，但是在老年公寓中仍有很多老年人面临机构生活适应不良的问题。个案辅导虽然具有针对性但是效率较低，周期较长，因此在未来的介入中可以考虑通过更有效的策略来介绍、宣传小组工作的优势与功能，想办法创造条件开展小组工作，或是将个案工作与小组社会工作相结合来改善老年人的机构生活适应不良问题。

（三）思考与讨论

通过本研究，笔者对于采用社会工作专业方法解决老年人在机构生活适应不良问题的介入视角、介入策略、介入原则与相关机制进行了思考，希望能够以此来丰富老年社会工作的知识体系。

1. 老年人在机构生活适应中的增能

在解决老年人在机构生活适应不良问题时，提升老年人自身对机构生活的适应能力是关键。首先，增能视角要求社工尝试协助老年人发现并看到自身存在的优势、外部环境存在的资源，然后协助其发挥特长，将其转变为形成机构生活适应能力的积极因素。其次，增能视角要求社工鼓励老人发挥自主能动性，为自己争取合理权益。老人们时常怯于反映自己遇到的问题，怕给他人添麻烦，怕会被嘲笑，怕即使自己说了也没什么作用，反而留下一个多事的骂名。各种担忧使得老人缺乏为自己谋求权益的能力，只能在一次次权利盘剥中放弃抗争，导致自己的不适应状况加剧，进而陷入埋怨—失权—再埋怨的恶性循环当中。因此，在解决老年人机构生活适应不良问题时，社工应协助老人厘清各种关系，使老人能够了解自己目前所扮演的角色及所具有的权利与义务，并鼓励老人行使正当权利，履行相应义务。只有这样才能使老人通过发挥自主能动性来改善其在机构生活中的不适应状况，提高机构生活适应能力，而不再被动地等待"英雄"来解救自己。

2. 改善老年人在机构生活适应中的精神信仰与归属

在改善老年人在机构生活不适应状况的现有实务和研究中，广大学者往往将目光聚焦于对案主行为、认知层面不适应的调适上，认为只要做到生活无忧、心理状态舒适就完成了社会工作介入，但却忽视了对于其精神层面,尤其是灵性状态的关注。这就导致一些案主在社会工作介入结束后因为依然无法获得人生的意义感,无法寻找到心灵归宿而出现退行现象,使之前的介入成效大打折扣。

那么究竟何为灵性视角呢?马斯洛早年提出的需求层次理论将人的需求分为五个层次[1],而当他晚年进行重新回顾时,发现最后一个层次——"自我实现",不能作为一个人的最终目标,否则个人就会被带入极端的个人主义的境地。之后马斯洛在实践中逐渐证明,应把个人的自我超越、灵性需求放在自我实现需求之上,最终于1969年提出了超个人心理学。马斯洛晚年对需求层次的补充和超个人心理学的提出直接推动了社会工作走向关于个体灵性层面的探讨。灵性作为人基本的需要之一,同时也作为人的最高层次的需要,应该受到重视。钟耀林认为灵性分为四个层面,其中宗教信仰是最直接、最常为人们所接触的并觉察到灵性存在的层面。[2] 由此可见,关注宗教生活的质量对于个人的自我超越有着积极的意义。

灵性视角对于改善老年人在机构生活适应不良问题不可或缺。老年是人生的最后一个阶段,老年人在这个阶段往往会开始对人生终极意义的探索并担心死亡的到来。在这种背景下,老年人信仰宗教的概率会提高,他们倾向于通过信仰宗教来解释未来的生活并获得心灵的慰藉与安宁,而宗教信仰又是灵性生活的重要组成部分之一。因此,关注老年人宗教信仰层面的需求,从灵性视角分析老年人在机构生活适应不良问题、发现需求和提供社会工作介入,可因更高层次的精神生活的满足而使老年人在养老机构中的生活质量得到改善,令改善机构生活适应不良问题的社会工作介入更加完善和效果持久。

---

[1] 亚拉伯罕·马斯洛:《人类动机的理论》,许金声等译,中国人民大学出版社,2007年。

[2] 钟耀林:《灵性社会工作服务的发展脉络及思考》,《岭南师范学院学报》2015年第36期,第62—65页。

因此，笔者认为，社会工作介入改善住养老人机构生活适应不良问题时，不能忽视服务对象灵性层面的需求——应对服务对象的宗教信仰进行了解，并以合理的途径协助有宗教生活的老年人满足其信仰需求。

3. 改善老年人在机构生活适应的"差异化"介入原则

社会工作的"差异化"介入原则是指社会工作认为，个体具有充分发展个性的权利与自由，社会工作者在开展服务时应充分注意案主性别、年龄、性格等多方面的特质，而不能以统一的服务方法来满足不同案主的需求。遵循"差异化"的介入原则，能够充分尊重人类作为独特个体的价值，有利于维护社会工作服务的多样性，促进社会工作理论与技术的不断发展。如果按照统一的介入框架来介入，会导致瞄不准服务的"靶心"，社工、案主都消耗了大量精力却收效甚微。在社会工作介入解决老年人机构生活适应不良的问题时，遵循"差异化"的社会工作介入原则，社工应在开展服务前充分收集老年人的个体资料，包括与老人及其家人、朋友、护工、邻居等联系较为密切的个人或群体进行多次深度访谈，澄清并消除可能出现的刻板印象，只有获得真实而全面的资料，贴近老人的日常生活，才能量体裁衣地为老人制订出更完善、更符合实际、更有针对性的介入计划，体现出社会工作的"差异化"原则。

4. 改善老年人在机构生活适应不良的多方合作机制

改善老年人在机构生活适应不良的现状，笔者认为建立多方合作机制是保障。根据笔者的介入经验，只依赖社工对案主的不适应问题进行介入，其效率远远不如多方的共同努力，这点在两例个案中均有所体现。例如在个案 A 中，在管理人员的协助下，案主 L 解决了饮食不适应的问题；个案 B 中，在管理人员的协助下，案主 W 提高了对佛堂的满意度，生活质量也有所提升。此外，虽然社工在与案主护工的相处上遇到了一些困难，但社工认为这也是"化隔阂为合作"的重要契机。如果能够通过宣传社会工作者的角色定位，使护工乃至机构内的医生、护士、工作员以及其他管理人员更加了解社工的职业内涵与工作内容，从而增加对社工的接纳度，愿意配合并协助社工开展相关介入，那么在预防老年人机构生活适应不良问题的同时，也会有利于该问题的改善。

通过本研究，笔者提出了为养老机构生活适应不良的老人开展社会工作个案服务应采用"六步法"。在未来开展社会工作专业服务的过程中，笔者认为应在实践中不断以"六步法"作为工作程序并对其进行进一步的完善和细化，在为具有机构生活适应不良问题的老年人增进晚年福祉的同时也提高社会工作的专业性与专业价值。

社会目标模式小组工作在老年志愿者培训中的运用研究

作　　者：郭　杰（云南大学公关管理学院社会工作专业硕士研究生）
指导教师：高万红　李艳华

2012年，我国老龄人口占总人口的比重已经达到14.3%，这标志着我国的老龄化程度又进一步加深。在这样的背景下，开发老年志愿服务资源、提高老年志愿服务质量、开展老年志愿者培训不仅符合我国当前对老年志愿服务的需求，更是应对老龄化挑战的重要内容之一。与日益严峻的老龄化程度与发展速度相比，我国在老年志愿者管理，尤其是老年志愿者培训方面的研究仍旧显得比较薄弱。积极老龄化强调健康、参与和保障的视角与社会目标模式主张社会责任意识和个体影响团体行动的方法，不仅为开展老年志愿者培训提供了视角与方法指导，也是对老年小组工作与志愿服务相关理论与实务研究的一次尝试。

本文在积极老龄化理论及社会目标模式实务理论的指导下，以昆明市A养老中心为例，对开展社会目标模式老年志愿者培训小组这一培训活动进行个案研究。培训内容共分为志愿服务价值与动机、老年志愿者具有的优势与资源、志愿者价值观与伦理守则、志愿服务方法技能四个方面。本文对小组工作成效的影响因素进行了分析并就改进建议提出了探讨，认为老年志愿培训小组工作成效的影响因素包括活动内容与形式设计、组员需求、组员的认同与归属感、小组带领者素质与经验等。通过分析与探讨，我们发现社会目标模式小组工作在一定实施条件下对于提升老年志愿者培训品质具有积极意义，而实施条件包括规范的志愿者管理制度及机构对小组工作方法的认可、四对关系条件、组员对小组工作方法的接纳与适应、小组带领者的素质与经验等。同时通过此研究笔者认为，将老年志愿者培训与社会目标模式相结合是积极老龄化理论本土化的一条实践路径。

一、关于老年志愿服务研究评述

随着人口老龄化和志愿服务的发展,老年志愿者及志愿服务研究引起了学术界的关注,下面笔者就对这些成果进行回顾和梳理。

(一) 关于老年志愿者的研究

关于老年志愿者的研究主要分为老年志愿者现状研究和老年志愿者服务研究,并且主要集中于老年志愿者开展志愿服务的研究上。总的来说,研究老年志愿者的相关著作和期刊文献数量都比较少。段世江通过对2000年中国城乡老年人口状况一次性抽样调查、2006年中国城乡老年人口状况追踪调查、2004年和2007年厦门市老年人参加志愿者活动状况及参与意识调查等指出,老年志愿者的数量呈逐渐上升趋势,老年志愿者来自不同的背景,有着不同的文化程度,志愿服务提供的内容、频率等存在性别差异。他通过对老年志愿者网上资料的分析,依据组织方式和参与程度将老年志愿者分为自由志愿者、定向志愿者、有组织的志愿者三类,并对每类志愿者做出了解释。[1] 潘露、曾慧等学者综述了国内和国外老年志愿者数量的差异,相对于中

---

[1] 段世江:《我国城市老年志愿者活动的一般状况》,《中国老年学杂志》2012年第32期,第3119—3121页。

国庞大的老年人口基数而言,中国的老年志愿者数量是比较少的。[1] 李芹通过对济南市城区中 382 名老年志愿者进行调查,发现城市社区中的老年志愿者除了具有自愿性、公益性、无偿性和组织性等志愿者普遍特征外,还表现出自身的一系列特征,即持续服务的热情与愿望、老有所为与老有所乐有机融合、多元性的参与动机、注重荣誉性激励、更愿帮助老年孤寡群体、倾向与同龄人合作等。[2] 老年志愿者具有的这些特征对于本研究具有重要启示意义。老年志愿者具有其他年龄群体志愿者的共同特征,如志愿性、公益性、无偿性,也具有本年龄群体的特殊性,如志愿者动机各样、追求的志愿价值不一样等。因此,在研究和实务中需要将老年志愿者与一般志愿者区别对待。在 A 中心,老年志愿者具有不同的家庭和社会背景,每一位志愿者又具有自身独特的特点。找出老年志愿者的共同特点及存在的独特性,可以有针对性地开展培训,为培训小组活动的设计和开展提供重要的依据。

在老年志愿服务的研究方面,代表性著作有香港学者关锐煊主编的《长者义工服务论丛》,该书论述了香港长者义工服务的相关理论、实务、技巧等。[3] 在中国内地,老年志愿服务的研究成果主要是学术论文,学者们从老年志愿者参与志愿服务的动机及理论、老年志愿者服务的内容及领域、参与志愿服务对老年人的意义、老年志愿者服务存在的问题及对策等方面进行阐述。

首先,关于老年人参与志愿服务的动机理论,包括活动理论[4]、

---

1 潘露、曾慧等:《老年志愿者的研究进展》,《中国全科医学》2014 年第 22 期,第 1 页。
2 李芹:《城市社区老年志愿服务研究——以济南为例》,《社会科学》2010 年第 6 期,第 72—79 页。
3 关锐煊:《长者义工服务论丛》,香港基督教服务出版社,2004 年。
4 N. R. 霍曼等著:《社会老年学——多学科展望》,冯韵文等译,社会科学出版社,1992 年。

内在动力理论[1]、完善自我理论[2]、角色理论、持续理论、人格发展理论等。许多海外文献和研究认为老年人参与志愿服务的动机是复杂的。黄希尔（Fischer）和谢弗（Schaffer）从不同的研究中总结出了老年志愿者与其他志愿者的不同，如老年志愿者不太注重个人家庭的回报而注重个人的发展，多以宗教为由开展志愿服务等。[3] 综观各位学者的研究，老年志愿者参与志愿服务的动机主要分为两类：利己动机和利他动机。杨珂、刘典文指出，老年人参与志愿服务是为了追求精神富足、社会认同、社会联系。[4] 而段世江、王凤湘则指出，老年人参与志愿服务是为了实现角色转变，实现自我价值，建立人际网络，履行社会责任。[5] 总体说来，老年人参与志愿服务的利己动机较强一点。通过老年人参与志愿服务的动机研究我们可以发现，老年志愿者参与志愿服务的动机是多样的、复杂的，其对本研究的主要启示在于老年志愿者参与志愿服务动机与青年志愿者参与志愿服务的动机在侧重点有所不同。因此我们不能将老年志愿者笼统化为一般志愿者，需要具体地了解老年人参与志愿服务的动机，以此为基础方能设计合理的培训方案，满足老年志愿者的心理需求，更好地推动小组工作进程。

其次，关于老年志愿服务内容及领域的研究。老年志愿服务的内容主要包括基础性的志愿服务和技术性的志愿服务。由于老年人的生理、心理及技能状况，该群体参与的志愿服务内容以基础性的志愿服务为主。曹前通过对上海市老年志愿活动的调查，指出老年志愿服务

1　Deci E L. *Intrinsic Motivation*, Plenum, 1975.
2　Story D C. "Volunteerism: The Self-regarding and Other – regarding Aspects of the Human Spirit", *Nonprofit and Voluntary Sector Quarterly*, Vol. 21, 1992, pp. 3—18.
3　Fischer L & Schaffer K. *Older Volunteers: A Guide to Research and Practice*, California: SAGE, 1993.
4　杨珂、刘典文：《老年人参与社会组织志愿服务问题探微》，《山东行政学院·山东省经济管理干部学院学报》2010年第1期，第83—85页。
5　段世江、王凤湘：《中国老年志愿者参与动机的质性分析》，《河北大学学报》（哲学社会科学版）2012年第2期，第121—125页。

的主要领域在于教育、卫生、环保、咨询、交通治安、防火救灾等公益领域。[1] 从相关研究成果我们可以看出，尽管老年人从原来的工作岗位中退了下来，但是这并不意味着老年人只能消极被动地度过晚年生活，他们依然在社会中发挥着自己的作用，这是老年人自身主动践行积极老龄化的体现。老年志愿服务研究对本研究的启示在于，我们需要从积极的角度来看待老年人自身具有的资源，老年志愿者作为重要的社会力量，我们应该鼓励老年人参与到志愿服务中，为他们提供理念支持、服务的知识技能和参与机会，这不仅符合积极老龄化的要求，也是在践行积极老龄化。采取恰当的方法对老年志愿者进行培训，就是一种为老年志愿者提供支持和机会的有效途径。

再次，关于老年志愿服务的意义研究。老年人参与志愿服务对个人、社会都具有重要的意义：第一，志愿服务活动能够提升老年人的幸福感和自信心；[2] 第二，参与志愿服务对于老年人完成人生最后一次社会化具有重要的作用[3、4]；第三，对社会而言，老年志愿服务可以充分利用人力资源，减轻社会养老压力。[5] 通过学界关于老年志愿服务意义的研究，我们可以知道，老年志愿服务对个人和社会都具有重要的意义，尤其是在人口迅速老龄化的现在，家庭规模和结构都在迅速地发生变化，家庭功能减弱，老年人参与志愿服务不仅可以发挥自身力量，还可以减轻社会养老压力，将老年人角色从传统的"被照顾者"转变为"劳动者"，对于社会改变对老年人的负面观点也具有

1　曹前：《上海市老年人参与志愿者活动现状及趋势探析》，《湖州职业技术学院学报》2013年第3期，第46页。
2　胡晓雯、潘白玉、魏少华：《城市社区老年人参与志愿服务活动的研究——以武汉、长沙等中部城市为例》，《现代商业》2012年第24期，第282—283页。
3　曾鹏：《老年志愿服务的香港样板》，《中国社会导刊》2007年第18期，第14—15页。
4　叶鉴：《老年志愿服务对老年人继续社会化的功能研究》，[D]，华东理工大学硕士论文，2011年。
5　王放：《人口老龄化背景下的中国老年志愿者服务》，《中国青年政治学院学报》2008年第4期，第127—131页。

重要的作用，这也是积极老龄化在认识层面的具体实践，更是积极老龄化的重要产物。

最后，关于老年志愿服务存在的问题研究。尽管我国老年志愿服务处于快速发展期，但是也存在许多问题，从老年志愿者个体层面来看，与国外的老年志愿者相比，我国老年志愿者存在参与程度低、志愿服务热情不高等问题；从老年志愿服务的总体发展情况来看，我国老年志愿服务的志愿服务领域狭窄[1]、老年志愿服务地区分布不平衡、城市与农村老年志愿服务差异较大等。[2] 学者们针对这些问题，纷纷提出建议，如树立积极养老观念、建立并完善相关规章制度、建立老年志愿服务团体、加大资金投入、对老年志愿者进行培训等，对于促进我国老年志愿服务的发展具有重要的借鉴意义。

总体而言，目前关于老年志愿者及志愿服务的研究内容比较单一和集中。笔者期望通过对老年志愿者培训问题进行研究，突破以往老年志愿者及志愿服务在研究内容方面的局限，并弥补老年志愿者培训无现成的具体操作性的成果不足。

（二）关于志愿者管理及志愿者培训的研究

志愿者管理最主要的对象是志愿者，老年志愿者是志愿者群体中的一个子群体。

志愿者是非常重要的社会资源，志愿者管理是非营利组织管理中一个重要方面。关于志愿者管理，目前相关文献主要是放在非营利组织人力资源管理中进行介绍，志愿者管理方面比较有代表性的著作包

---

[1] 杨珂、刘典文：《老年人参与社会组织志愿服务问题探微》，《山东行政学院·山东省经济管理干部学院学报》2010 年第 1 期，第 83—85 页。

[2] 王放：《人口老龄化背景下的中国老年志愿者服务》，《中国青年政治学院学报》2008 年第 4 期，第 127—131 页。

括王名的《非营利组织管理概论》[1],吴东明、董希明的《非营利组织管理》[2] 以及中国台湾学者林胜义的志愿者管理专著《志愿服务与志工管理》[3]。与专著相比,研究志愿者管理的学术论文相对较多。关于志愿者管理,学者们主要从志愿者管理的必要性、志愿者管理理论及模式、志愿者管理内容以及志愿者管理中的问题进行研究。

学者对志愿者管理理论的阐述主要是从社会学、社会工作、心理学、组织管理、政治学等方面进行,代表性理论包括社会资本理论[4]、社会生态系统理论、心理契约理论[5]、激励理论[6]以及公民社会理论等。[7] 在此理论基础上建立了志愿者管理的相关模式,王名总结了四个模式,分别是自主管理模式、定期报告模式、监督工作模式、指令工作模式。每一个模式都有自身的优缺点,需要根据具体环境选择合适的模式。[8] 国外学者对于志愿者管理的模式探索更具多元化和丰富性,如学者卢卡斯·格杰斯(Lucas Meijs)提出人本管理模式(或志愿者为中心管理模式),他认为,每个志愿者都有自己不同的特点和不同的文化背景,所有志愿者的这些不同特点需要考虑人性化的管理模式,而人本管理模式(或者是志愿者为中心的管理模式)正是组织以人为本,重视志愿者资源的体现。[9] 莱斯利·霍斯廷(Lesley Hustinx)和弗兰斯·拉姆特(Frans Lammertyn)提出合作和反思志愿者管理模式,在这个模式中,志愿者可以相互合作和交流,并通过志愿

---

1 王名:《非营利组织管理概论》,中国人民大学出版社,2002 年。
2 吴东明、董希明:《非营利组织管理》,中国人民大学出版社,2003 年。
3 林胜义:《志愿服务与志工管理》,台湾五南出版社,2006 年。
4 胡蓉:《非营利组织志愿者管理研究——以春晖行动为例》,贵州大学硕士论文,2008 年。
5 叶莎莎:《从心理契约角度对我国非营利组织志愿者管理研究》,[D],西北大学硕士论文,2010 年。
6 余凯成:《组织行为学》,大连理工大学出版社,2002 年。
7 甘绍平等:《从臣民、居民、村民走向公民》,《北京日报》2005 年 2 月 7 日第 17 版。
8 王名:《非营利组织管理概论》,中国人民大学出版社,2002 年。
9 Lucas Meijs. *International Encyclopedia of Civil Society*. Springer, 2010, pp. 1615—1620.

服务的反思来改进志愿服务，对于志愿者工作的开展具有积极意义。[1]

关于志愿者管理的内容，中国台湾学者林胜义的志愿者管理专著《志愿服务与志工管理》有详细的论述。林胜义指出，志愿者管理内容主要包括志工的招募及选择、志工的教育与训练、志工团队的经营、志工的督导和激励。该书对每一板块内容中需要的技巧、目标、内容以及注意事项进行了描述。由于国内志愿者管理起步晚，发展较慢，因此尚未形成系统和规范化的管理模式，而海外志愿服务管理正在朝向规范化、系统化、科学化发展。[2]

志愿者管理已经引起了学术界和实务界的关注，相关研究成果对本研究也具有重要启示。志愿者管理是组织管理中的一个重要组成部分，由于志愿者不是组织的正式员工，因此志愿者管理不同于组织一般的人力资源管理，志愿者管理方式更具灵活性。本研究正是从这里得到启示而采用社会目标模式小组工作的方法对老年志愿者进行培训，从而区别于一般的集体性培训，更能适应老年志愿者的特性。

当然目前的志愿者管理研究也存在局限：首先，与志愿服务发展的速度相比较，志愿者管理的相关研究仍然比较滞后，志愿者管理方面的文献和著作仍然较少。其次，在研究内容方面，学界对于志愿者管理的研究比较笼统，内容缺乏系统性，研究成果比较零散，研究主要以理论研究为主，缺乏志愿者管理实务的研究。最后，学界所开展的志愿者管理的研究，对于志愿者管理中每一个环节的方法、技术的运用研究较少，也不够深入，缺乏对志愿者管理实践的检验和对志愿者管理创新的思考。因此，笔者通过对社会目标模式小组工作运用于老年志愿者培训这一志愿者管理中的重要环节进行研究，对志愿者培

---

[1] Lesley Hustinx, Frans Lammertyn. "Collective and Reflexive Styles of Volunteering: A Sociological Modernization Perspective", *International Journal of Voluntary and Nonprofit Organizations*, Vol. 14, No. 2, 2003, pp. 167—188.

[2] 张燕玲、张晓红：《国外志愿服务发展趋势》，《北京城市学院学报》2012年第6期，第25—31页。

训所用的方法和技术的恰当性与效果进行详尽和深入的描述，以期突破志愿者管理研究内容笼统化、简单化、理论与实务断裂、研究缺乏深度的局限，丰富、发展志愿者管理研究。

志愿者培训是志愿者管理中的一个重要环节，目前笔者还没有看到针对志愿者培训的专门著作，相关学术论文也比较少。学者们对于志愿者培训的研究主要从志愿者培训的重要性和目的、志愿者培训的方法、志愿者培训的内容、志愿者培训的策略等方面进行。

关于志愿者培训的重要性，王妮丽、崔紫君指出，许多志愿者满怀热诚到组织中提供服务，但不一定能够胜任组织安排的工作，因此对志愿者进行培训就显得相当重要。[1] 缪建红、俞安平认为，经验得以扩展的主要形式是志愿者培训，通过训练可以激发志愿者的潜能，帮助志愿者获得志愿服务所必备的技巧和知识，从而提升志愿服务的能力，发挥志愿服务的效果。更重要的是，志愿者培训可以使志愿者的行为规范化、标准化。[2] 张晓红、苏超莉提出，对志愿者进行培训，有利于提高志愿服务的质量，也有利于提升志愿者个体素质，促进志愿服务的发展。[3]

关于志愿者的培训方法，王名和林胜义的著述都显示，志愿者培训方法和人力资源培训方式相似，包括讲座、阅读、研讨、实地参观、观看录像、专题讨论、分组讨论、案例、角色扮演等。[4、5] 也有学者指

---

[1] 王妮丽、崔紫君：《非营利组织中的志愿者及其管理》，《云南社会科学》2003年第6期，第70—72页。
[2] 缪建红、俞安平：《非营利性组织中对志愿工作者的管理》，《科学管理研究》2002年第1期，第59—61页。
[3] 张晓红、苏超莉：《大型活动志愿者培训研究》，《中国青年政治学院学报》2013年第4期，第38—42页。
[4] 王名：《非营利组织管理概论》，中国人民大学出版社，2002年。
[5] 林胜义：《志愿服务与志工管理》，台湾五南出版社，2006年。

出志愿者培训方式包括个别指导、团体培训、集体活动等。[1] 本研究中所开展的实务即属于团体培训。

关于志愿者培训的内容，吴东明、董希明所著的《非营利组织管理》认为，志愿者培训主要包括两个方面的内容：基础理论和技巧训练。基础理论主要包括志愿服务工作概念与价值、岗位工作内容、服务对象相关知识；需要培训的技巧包括志愿服务所需要的沟通技巧、处理问题的技巧、管理技巧等。[2] 台湾地区的志愿者培训内容很值得大陆地区借鉴。台湾规定志工的培训课程分为基础训练和特殊训练两类。基础性课程与大陆的基础理论的训练内容相似，而在特殊训练方面，则比大陆的技巧训练方面更为详尽。台湾志愿者特殊训练的内容由业务主管机关进行设计，主要内容包括社会福利概述、社会资源与志愿服务、人际关系、说话艺术、团康活动等。[3] 此外，学者还指出，在志愿者培训的内容中，应将服务和组织理念融入志愿者培训中。学者王珩认为，志愿培训应该更加注重服务理念、服务态度和专业技巧的培训，注重志愿者的综合素质。[4] 谭建光也指出，志愿者常规培训的关键是现代服务理念的培养，并提出"助人自助"和"开发性扶助"的重要的理念，强调志愿服务的收益是双向的。[5]

通过上述文献，我们可以发现，志愿者培训的重要性已经得到学术界的高度认可，志愿者培训的实务与研究进展也显现出来，志愿者培训方式日益多样化，培训内容不断丰富且重点明确。

1　卢勤：《心理援助志愿者培训模式探讨》，《人民论坛》2010 年第 17 期，第 214—215 页。
2　吴东明、董希明：《非营利组织管理》，中国人民大学出版社，2003 年。
3　朱希峰：《"遍地是志工"——台湾社会福利服务中的志愿服务》，《社会福利》2007 年第 2 期，第 51—53 页。
4　王珩：《"服务学习"视域中的高校青年志愿服务》，《浙江师范大学学报》2008 年第 5 期，第 115—117 页。
5　谭建光：《全球化与中国青年志愿服务的发展》，《北京青年政治学院学报》2004 年第 3 期，第 19 页。

然而与我国日益增加的志愿者数量以及社会对志愿者需求的发展速度相比,志愿者培训的实务及相关研究仍然比较滞后。在志愿者培训的实务中,社会组织提供的志愿者培训不充分甚至无暇顾及,志愿者培训的开展缺乏常态化和系统化安排,随意性较大,培训内容不全面,未能把握住重点等问题都很突出。而对以上问题的研究,则更显稀少。此外,目前的志愿者培训研究主要集中于青年志愿者,或者将各个年龄群体的志愿者视为一个没有差别的整体,进行统一化的论述,忽视了老年志愿者这一志愿者群体中的子群体其特殊的生理、心理、社会特征及老年亚文化群体的特点,因而影响了志愿者培训的有效性和针对性。老年志愿者培训问题尚未引起学界重视或者说重视程度不够,笔者通过输入关键字"老年志愿者培训"和"志愿者培训"在中国CNKI期刊网和万方数据库进行搜索,竟无一篇文献是探讨老年志愿者培训的。鉴于老年志愿者培训实务滞后、研究缺乏的现状,笔者拟对老年志愿者培训开展研究,以期弥补老年志愿者培训实务及研究的不足,为丰富老年志愿者实务及研究做出贡献。

(三) 老年小组工作的研究

老年志愿者培训的方式可以灵活多样,老年小组工作是其中值得探索的一种。对于老年小组工作的研究,学者们主要从老年小组工作的意义、类型、步骤、模式、技巧几个方面来论述。

关于老年小组工作的意义,刘军玲在研究空巢老人时指出,老年小组工作的开展,满足了空巢老人精神生活的需要,同时丰富了社会工作介入空巢老人的实践经验。[1] 鲁静章指出老年小组工作帮助退休老人适应退休生活,克服因退休带来的失落感与孤独感方面做出了重

---

[1] 刘军玲:《城市空巢老年人精神慰藉的小组工作介入研究》,[D],华中科技大学硕士论文,2013年。

要贡献。[1] 孙淑芬将小组工作运用于老年人增权之中，实务表明小组工作对于老年人自我效能感的提升起到了重要的作用，极大地缓解了老年人的孤独感和无力感。[2] 付晓萍对老年小组工作的意义做出了全面的总结，她指出，在老年服务中，通过开展不同类型的小组，可以帮助老年人解决他们因退休等所导致的社会关系缩减、社交机会减少、角色丧失等问题，增加老年人的归属感和认同感，树立生活信心，学习新的行为技巧，更好地度过晚年生活。[3]

关于老年小组工作的类型，学者丁振明、何少颖根据老年人不同的问题和需求总结出了老年小组的类型，包括兴趣小组、学习小组、治疗小组以及支持小组，并对每个小组类型进行了详细的解释。[4] 付晓萍根据小组的不同目标总结出了常见的老年小组工作类型，包括社交、康乐及教育小组，支援小组，服务倡导小组，治疗小组等类型。每种类型的小组工作具有不同的目标和工作内容。[5] 周献德、沈新坤指出老年小组工作的类型需要根据解决问题的侧重点建立不同的小组类型。[6]

关于老年小组工作实施的具体步骤，综合各位学者的论述，老年小组工作实施具体包括准备阶段、开始阶段、中间阶段和结束阶段。许晓晖、曲玉萍通过互惠模式小组工作对在自然灾害中失去亲人的老

---

1 鲁静章：《老年小组工作在老年人退休生活适应性问题中的应用研究》，[D]，西北师范大学硕士论文，2012 年。
2 孙淑芬：《社区老年增权小组工作的设计与实施》，《黑河学刊》2013 年第 10 期，第 183—186 页。
3 付晓萍：《小组工作方法在老年服务中的应用》，《济南职业学院学报》2008 年第 6 期，第 36—38 页。
4 丁振明、何少颖：《探索小组工作方法在老年公寓开展社工服务的具体应用》，《福建医科大学学报》（社会科学版）2009 年第 2 期，第 54—58 页。
5 付晓萍：《小组工作方法在老年服务中的应用》，《济南职业学院学报》2008 年第 6 期，第 36—38 页。
6 周献德、沈新坤：《老年人社会适应的社会工作介入方法操作技巧》，《社会工作》（社工方法）2009 年第 9 期，第 29 页。

年人进行介入，分析了老年小组工作从准备到结束阶段的主要内容，在老年小组开始阶段，主要是对老年人进行了需求评估，在小组工作开始到结束阶段中详细描述了活动开展的过程及注意事项，并对小组活动结束过程中组员情绪的处理进行了单独的说明。[1] 于筱莹对小组组员的招募以及小组开展每一次的服务活动细节进行了详细阐述。[2] 鲁静章将小组工作运用于退休老人的生活适应性问题，对小组活动从开始阶段到评估阶段进行了详尽的阐述。[3] 孙唐水、潘金洪、周长青对安徽省 S 自然村进行了实证研究，将自助小组工作运用于农村留守老人困境问题的解决，并对自助小组的工作内容和从开始到结束的工作过程进行了详细的描述。[4]

关于小组工作模式的研究，各位学者具有不同的意见，小组工作模式也多种多样。付再学指出小组工作模式包括社会目标模式、互动模式和治疗模式，三种模式具有不同的目标，提出要根据老年人的需要和特点选择合适的小组工作模式并对开展老年小组工作的注意事项进行了理论探索。[5] 周献德、沈新坤也指出，小组方法的工作模式包括治疗模式、互动模式、成长模式等，总而言之，采用哪种小组工作模式需要根据小组的类型和小组目标而定，社会工作者可以灵活综合地运用小组工作模式来解决问题，同时，社会工作者需要全程对小组

---

[1] 许晓晖、曲玉萍：《互惠模式的小组工作介入自然灾害失去亲人老年群体的适用性、方法和技巧》，《中国老年学杂志》2009 年第 29 期，第 1410—1412 页。

[2] 于筱莹：《回顾以往欣喜前行"感念园丁情"老年小组工作》，《中国社会工作》2012 年第 34 期，第 48—50 页。

[3] 鲁静章：《老年小组工作在老年人退休生活适应性问题中的应用研究》，西北师范大学硕士论文，2012 年。

[4] 孙唐水、潘金洪、周长青：《农村留守老人困境的社会工作干预实验——基于安徽省 X 县 G 乡 S 自然村的实证研究》，《南京人口管理干部学院学报》2011 年第 3 期，第 10—14 页。

[5] 付再学：《小组工作方法在老年社会工作中的应用》，《北京科技大学学报》（社会科学版）2007 年第 3 期，第 13—15 页。

工作进行支持和必要的引导。[1]

杨丽琼从实务教学方面，对排除老人心理障碍、防止组员构成差别过大以及锁定初、中、后期小组活动目标等老年小组工作不同阶段的技巧进行了理论性的分析。[2] 付晓萍通过对小组工作方法在老年服务中的应用指出，社会工作者在开展老年小组活动的时候，由于老年人的不同特性，除了要掌握一般的小组工作技巧外，如与组员面谈技巧、组员筛选技巧、肯定鼓励技巧等，还需要掌握特殊的技巧，如活动选择的技巧、说话的技巧等。[3] 丁振明、何少颖论述了老年小组工作过程中使用的技巧主要分为组前准备技巧和活动开展技巧，组前准备技巧包括需求评估技巧、与老年人接触的技巧、组员筛选技巧等，而具体的活动开展技巧包括同理心、时间控制技巧、沟通技巧、情绪处理技巧等。[4] 老年小组工作具有一般小组工作所具有的特点，也存在一些特殊性。由于老年小组工作面对的服务对象是老年人群体，因此小组工作的开展也必须考虑到老年人的特点，如老年人的生理特点、行动比较缓慢、心理特点、期望获得肯定、社会特点、期望交到更多朋友等，根据老年人的特点来开展服务。同时，需要考虑到一些安全、伦理等方面的特殊困境。

通过对老年小组工作研究的梳理和回顾，我们可以知道老年小组工作被广泛运用于解决老年人问题的社会服务当中，并且取得了良好的效果。老年小组工作的研究成果对本研究的启示在于老年人有自身的生理、心理、文化特点，在开展老年小组工作过程中需要与一般小

---

[1] 周献德、沈新坤：《老年人社会适应的社会工作介入方法操作技巧》，《社会工作》（社工方法）2009年第9期，第29页。

[2] 杨丽琼：《老年小组社会工作技巧——社会工作专业实务教学探微》，《社会工作（社工方法）》2006年第12期，第16—17页。

[3] 付晓萍：《小组工作方法在老年服务中的应用》，《济南职业学院学报》2008年第6期，第36—38页。

[4] 丁振明、何少颖：《探索小组工作方法在老年公寓开展社工服务的具体应用》，《福建医科大学学报》（社会科学版）2009年第2期，第54—57页。

组工作区别开来，需要根据老年人的特点来开展活动，同时除了掌握一般的小组工作技巧外，还需要掌握一些特别的技巧。小组工作的三大模式即社会目标模式、治疗模式、互动模式，各自具有不同的用途和功能，工作者可以根据实际情况交叉综合使用。三大模式中探讨较少的是社会目标模式，现有的研究成果中关于社会目标模式的描述主要在于社会目标模式理论基础、目的及功能，而对于如何运用社会目标模式来开展服务，则鲜有实务和研究涉及。但社会目标模式对于本研究具有重要的借鉴意义，以其理念为指导开展老年志愿者培训的实务和研究，能够有效地回应志愿者培训研究中学者提出的"志愿者培训的重点是理念的培训"这一核心问题，这也是笔者选择社会目标模式作为老年志愿者培训的实务理论基础的原因之一。

通过文献检索，笔者发现小组工作运用于志愿者培训的研究较少，只有"浅谈社工方法在志愿者培训中的应用——以一个志愿服务游戏工作坊为例"和"老年志愿服务中的社会工作介入——以低龄助高龄公益项目为例"两篇，但未曾发现小组工作运用于老年志愿者培训方面的著述。因此，笔者希望通过小组工作运用于老年志愿者培训的实务及研究，来探索老年志愿服务培训的有效途径，增强老年志愿者培训的针对性与增能取向，弥补现有老年志愿者培训实务与研究中的不足。

二、基本理论与研究方法

（一）概念界定

1. 老年人

学界对于年龄，主要从生理年龄、心理年龄、社会年龄三个维度进行界定，一般认为60岁以上的人就是老年人，因为在60岁时人的生理、心理、社会三个方面发生了重要的变化。[1] 另外，《中华人民共和国老年人权益保障法》第二条也规定："老年人是指六十周岁以上的公民。"本文的老年人也主要是指60周岁以上的人。

2. 老年志愿者

"志愿者"一词来源于拉丁文中的"voluntas"，意为"意愿"，德语中的"freewilliger"的意思更进一步，表达了"自由意愿"的含义。关于志愿者的定义，目前学术界还未达成统一。根据《中国注册志愿者管理办法》中对志愿者进行的说明："志愿者是指不以物质报酬为目的，利用自己的时间、技能等资源，自愿为社会和他人提供服务和帮助的

---

[1] 全国社会工作者职业水平考试教材编写组：《社会工作实务》，中国社会出版社，2012年。

人。"[1] 我国学者对志愿者的定义也大都与此相近。本研究的志愿者特指老年志愿者，即不以物质报酬为目的，利用自己的时间、技能等资源，自愿为社会和他人提供服务和帮助的 60 周岁以上的老人。

3. 志愿服务

国内关于志愿服务大都从志愿服务的自愿性、非获利性特征进行阐述，比较有代表性的是王妮丽、崔紫君、李维安等对志愿服务的定义，他们指出，志愿服务是个人不计报酬的前提下，自愿贡献时间和精力，以推动人类发展、社会进步和社会福利事业。[2,3] 本文的志愿服务采纳上述定义。

4. 老年小组工作

小组工作，也称团体工作，是社会工作的基本方法之一，它是一种以两个或以上的个人组成的小组为工作对象的社会工作方法，它主要由社会工作者通过有目的的小组活动和组员间的互动，帮助小组成员共同参与集体活动，从中获得小组经验，处理个人、人与人之间、人与环境之间的问题，行为改变，恢复与发展社会功能，开发个人潜能，从而获得个人成长。[4] 本文的小组工作主要是指老年小组工作，小组工作对象主要是 60 岁以上的老人。

1　周旭：《我国非营利组织志愿者激励问题研究》，《商品与质量》2012 年第 8 期，第 13 页。
2　王妮丽、崔紫君：《非营利组织中的志愿者及其管理》，《云南社会科学》2003 年第 6 期，第 70—72 页。
3　李维安：《非营利组织管理学》，高等教育出版社，2005 年，第 217 页。
4　王思斌：《社会工作导论》，高等教育出版社，2004 年，第 184—185 页。

(二)基本理论

本研究主要依托积极老龄化理论和社会目标模式实务理论两个理论为指导来开展研究,下面笔者就对两个基本理论分别进行阐述。

1. 积极老龄化理论

(1) 积极老龄化理论的提出

"积极老龄化"是 20 世纪 90 年代末世界卫生组织在"健康老龄化"基础之上提出的一种新型观念和老龄工作政策框架。[1] 世界卫生组织(WHO)在 1996 年《健康与老龄化宣言》中提出此工作目标,2002 年该宣言经 21 个国家 29 名代表讨论修订后,提交联合国第二届世界老龄大会,最终写进大会的《政治宣言》,成为响应 21 世纪个人和人口老龄化的机会和挑战的全球性政策框架,为老年工作提供了基本思路。[2]

(2) 积极老龄化的主要内容

关于积极老龄化的基本概念,众学者有比较相似的描述,李宗华、高功敬指出,积极老龄化是指在老龄化的过程中,人们应该最大限度地获得健康、参与和保障的机会,以提高年老时的生活质量。[3] 董之鹰指出,积极老龄化是指老年人要积极地面对老年阶段的生活,老年人不仅要保持身心健康,而且要积极融入和参与社会。[4] 积极老龄化

---

[1] 孙竞淞:《积极老龄化视角下我国城镇居民的社区保障措施研究》,[D],东北师范大学硕士论文,2011 年。
[2] 张莉:《积极老龄化视角下我国城镇居民的社区保障措施研究》,[D],华中师范大学硕士论文,2011 年。
[3] 李宗华、高功敬:《积极老龄化背景下城市老年人社会参与的实证研究》,《学习与实践》2009 年第 12 期,第 114 页。
[4] 董之鹰:《21 世纪的社会老年学学科走向》,《社会科学管理与评论》2004 年第 1 期,第 65—71 页。

以尊重老年人权利、独立、参与、照顾和自我实现为原则，它旨在为老年人提供充足的保障和照顾的同时，实现老年人的生理、精神和社会福祉，并让老年人能够根据自己需要、愿望和能力进行社会参与。[1] 黄彦萍指出，积极老龄化的内涵体现在个人、家庭和社会三个层面，每个层面都有自己的内容。首先是个人层面，积极老龄化指老年人应该享有健康安全的生活，可以根据自己的需要、能力和愿望参与社会活动，为社会做贡献；其次对家庭和社会来说，家庭和社会需要最大可能地满足老年人的健康生活和社会参与的需求，并且在老年人生活不能自理的时候提供全方位的照顾。

积极老龄化主要包括三个要素，也被称为积极老龄化的三大支柱或三大具体要求，包括健康、参与和保障。其中，健康是积极老龄化的基础。健康不仅仅意味着身体没有疾病，也包括精神、社会适应等方面的完好状态，即是说健康主要包括了身体、精神、社会适应方面的正常运作；参与是积极老龄化的前提条件和关键，参与主要是指老年人退休以后仍然可以根据自己的实际情况参与社会的政治、经济、文化活动，努力融入主流社会当中并发挥积极作用，维护社会稳定；保障是积极老龄化的根本保障，要求政府、社区、家庭等根据国家相关法律对于符合要求的老年人进行全方位的社会保障和社会救助，保障老年人的基本生活。[2、3]

（3）积极老龄化的元理论

郭爱妹、石盈等从社会建构论的视角对积极老龄化做出了阐述，作为积极老龄化的元理论，社会建构论对积极老龄化有着以下描述。

首先，老龄化并非人的内在本质，而是社会中人际互动的结果，

---

1 闫芳：《瑞典居家养老服务及其对中国的借鉴研究——基于积极老龄化的视角》，[D]，山东大学硕士论文，2013年。

2 徐昀、张昌英：《积极老龄化视角下养老机构的发展研究》，《内蒙古农业大学学报》（社会科学版）2012年第5期，第72页。

3 蒋子桓：《积极老龄化理论及政策研究》，西南财经大学硕士论文，2011年。

是话语建构的产物。社会建构论认为,老龄化在不同的文化情境下有着不同的理解和描述,老龄化的话语产生于特定时代的特定文化中的人与人之间的相互关系,老龄化是人际互动关系的产物。

其次,"老龄化"是社会的建构,消极的老龄观反映了特定文化与历史的要求。社会建构论认为知识是相对的,没有一个绝对的标准,对于老龄化的理解受到时代、风俗、历史等影响,老龄化是时代的产物,反映着时代的要求。

最后,积极老龄化的目的是要展现更多的"可能世界"。社会建构论认为,世界的描述方式有多种可能。老龄化的建构源于社会的变迁,随着社会的发展、老龄人口的增多,老龄人口正以一种积极的方式进行着自我建构,反映着老龄化发展的另外一种可能。[1]

(4) 积极老龄化理论对本研究的指导意义

积极老龄化要求我们积极地看待老年人,使老年人能够继续发挥余热,为社会做贡献。在积极老龄化这样政策框架和背景之下,中国政府于2006年出台了中国老龄事业"十一五"规划纲要,指出老龄工作的目标是要实现老有所养、老有所医、老有所教、老有所学、老有所乐、老有所为。我国6个"老有"目标是积极老龄化的具体体现和实践,积极老龄化指导着我国老龄事业的发展。

积极老龄化要求我们从一个积极的视角看待老年人,尊重老年人权利,创造条件促进老年人社会参与。积极老龄化改变了传统社会对老年人消极负面的认识,将老年人从一个"被照顾者"的角色转变为"劳动者";将老年人看作社会的负担压力转变成了老年人是社会发展的重要力量;将老年人看作被动等待死亡的群体转变成了老年人是有能力进行社会参与的人群,积极老龄化反映了时代和文化的要求。

积极老龄化理论对本研究具有重要的指导意义。

---

[1] 郭爱妹、石盈:《积极老龄化:一种社会建构论观点》,《江海期刊》2006年第5期,第125—126页。

首先是在认识层面上，运用小组工作对老年志愿者开展培训，符合积极老龄化理论对老年人的认识。开展小组工作时，需要我们积极地看待老年志愿者，尊重老年志愿者，并为老年志愿者提供支持，发掘老年志愿者的优势和潜能，增进老年人的能力，为他们提供条件、创造平台，让他们有能力、有机会去实现他们社会参与的意愿。

其次是操作层面上，积极老龄化强调老年人健康、参与和保障。老年人的健康不仅指身体方面没有疾病，也包括精神和社会适应处于完好状态，小组活动可以为老年人提供社交娱乐平台，使老年人保持精神愉悦和良好的社会适应能力。参与是积极老龄化的前提条件，小组活动也是社会活动的一部分，老年人通过参与小组活动，也可以发挥老年人的作用，培训丰富了老年志愿者的知识和技能，使老年志愿者具备更好地进行社会参与的生理、心理和社会适应功能。

2. 社会目标模式

（1）基本概念和主要观点

社会目标模式是小组工作模式之一，其起源于历史上社区睦邻中心和青年服务中心等团体工作与模式。社会目标模式的中心概念是社会意识、社会责任、社会参与、社会行动、民主过程与学习。社会目标模式认为，人类往往是通过团体力量达成社会行动，社会行动通过团体方案的发展有助于团体的增强，而个人的潜能来自集体的行动。[1] 社会目标模式主要目的是尝试在小组工作中处理与社会规范和社会价值有关的问题，启发社会良知、社会责任，促进社会转变。[2] 在社会目标模式小组工作中，工作者是一个能够影响他人并使他人积极行动起来的人。

由于团体的发展阶段不同，在不同的实务阶段工作者采取的技巧也就不同，社会目标模式实务过程包括团体开始阶段、团体形成阶段、

---

[1] 肖萍：《团体工作过程》，光明日报出版社，2010年，第36页。
[2] 王思斌：《社会工作导论》，高等教育出版社，2004年，第189页。

团体冲突阶段、团体维持阶段和团体结案阶段，每一阶段相对应的有其不同的技巧，如团体开始阶段，工作者需要运用的技巧包括评估与观察、模塑示范、催化联结等技巧；在团体形成阶段需要运用支持与鼓励参与、协助综合过程技巧；在冲突阶段需要运用稳定系统技巧、善于利用冲突技巧；等等。团体技巧的运用需要根据当时情境而定。[1]

在开展社会目标模式小组工作时，社会工作者需要遵循两个主要原则：一是要注重培养和增强组员的社会责任意识；二是通过小组领袖的培养，提升组员社会参与的能力。[2]

(2) 对本研究的指导意义

社会目标模式实务理论对本研究的开展在以下两方面具有重要的指导意义。

首先是认识目标层面，社会目标模式主要在于启发组员的社会责任和社会意识。本次小组工作主要在于对老年志愿者进行理念、知识和技能方面的培训，一个主要目标是强化老年志愿者的志愿服务理念，增强老年志愿者的志愿服务动力。因此本次小组活动需要社会目标模式的理论指导，完成小组目标。

其次是方法操作层面，本次小组活动需要进行具体的实务操作，因此需要社会目标模式的相关方法、技巧的指导，来有效地增强老年志愿服务意识和服务理念，启发老年志愿者的社会责任意识，提升其志愿服务能力，进而促进志愿服务的集体行动。

---

[1] 文军：《社会工作模式：理论与应用》，高等教育出版社，2010年，第254—256页。
[2] 全国社会工作者职业水平考试教材编写组：《社会工作实务》，中国社会出版社，2012年，第156页。

（三）研究思路与研究方法

1. 研究思路

首先，收集有关老年志愿者、志愿者管理及培训、老年小组工作等文献资料，在已有研究的基础上，对老年志愿者培训及小组工作在老年服务中的运用有一个初步的了解。

其次，针对 A 养老中心老年志愿者培训存在的问题和影响，探讨小组工作方法运用于老年志愿者培训的适应性。

再次，与社会目标模式小组工作实务的开展相结合，探讨小组工作在老年志愿者培训中的运用。老年志愿者培训的重点有两个方面：第一，强化志愿服务理念；第二，志愿服务知识和技能。结合积极老龄化理论以及社会目标模式小组工作理论，运用社会目标模式小组工作对老年志愿者进行培训，从优势的视角出发，发掘老年志愿者的优势和资源，重点启发老年志愿者社会责任和社会意识，以更有效地发掘老年志愿者自身的优势与资源，提高老年志愿者服务效能感，增强志愿服务动力和能力，推动机构志愿服务工作的规范化与可持续发展。在此基础上设计合理的具有针对性的小组活动，从老年志愿者志愿服务价值与动机、老年志愿者具有的优势与资源、志愿者价值观与伦理守则、志愿服务方法技能四个方面内容进行培训，帮助老年志愿者强化志愿服务理念，增强志愿服务的动力，丰富老年志愿者志愿知识和服务技能，提升老年志愿者的动力和能力，建立老年志愿者学习与情感支持活动的长效机制，促进老年志愿者志愿服务的发展，间接推动中心的发展。该环节的具体步骤为：设计访谈提纲，收集资料，评估老年志愿者的实际需求；根据老年志愿者的需求设计介入方案；招募小组组员；小组活动开展，详细记录和分析介入的具体过程并进行结果评估，探讨小组工作方法对于老年志愿者培训的实施效果和作用机制。

最后，分析此次小组工作开展的不足之处、影响培训效果的主要因素及改进建议。根据小组工作方法在实务工作中的运用总结与反思相关问题，包括小组工作方法对老年志愿者培训的积极意义、实施条件，并从小组工作方法在老年志愿者培训中的介入探索积极老龄化理论的本土化实践路径。

2. 研究方法

本研究采用的是个案研究法，即对一个个人、一件事件、一个社会集团，或者一个社区所进行的全面深入的研究。[1] 个案研究的对象通常是个人、家庭、小群体、小社区、小事件等。在本文中，笔者主要以社会目标模式老年志愿者培训小组这一培训活动为研究对象，研究社会目标模式小组工作运用于老年志愿者培训中的理论依据、现实基础、作用机制、实施效果和实施条件。

在开展研究的过程中，笔者采取以下方法收集资料。

第一，文献法。笔者的文献查阅范围主要包括期刊论文、学术专著、统计年鉴、报纸、网络新闻等。查阅的主要内容包括以下几个方面：老年志愿者相关研究、志愿者管理及志愿者培训相关研究、老年小组工作的相关研究、A 养老中心概况等。通过对这些资料的归类、整理和分析，在已有研究的基础上，对 A 养老中心老年志愿者培训现状、存在的问题及影响进行初步分析，并对小组工作方法运用于老年志愿者培训的理论与现实基础有一个初步的了解。

第二，参与观察法。参与观察法是指研究者深入所研究对象的生活情景中，在实际参与研究对象日常社会生活的过程中所进行的观察。[2] 笔者在 3 个月的实习期间参与到 A 养老中心的实际工作中，观

---

[1] 风笑天：《社会学研究方法》（第三版），中国人民大学出版社，2009 年，第 257 页。
[2] 风笑天：《社会学研究方法》（第三版），中国人民大学出版社，2009 年，第 267 页。

察中心老年志愿者培训情况，并将老年小组工作的方法运用到老年志愿者培训的实际工作中去，研究小组工作方法运用于 A 养老中心老年志愿者培训中的作用机制、实施效果和实施条件。

第三访谈法。访谈法是根据所要研究的内容和方向设计访谈提纲，以口头形式，根据被询问者的答复收集材料。首先，笔者设计访谈提纲，对中心负责人、志愿者管理部门的员工以及老年志愿者进行访谈，收集了该中心志愿者培训现状、经验及困境的相关资料，对该中心志愿者培训进行了详细、深入、全面的了解；其次在小组工作开始前的阶段，笔者设计了针对老年志愿者的访谈提纲，对老年志愿者进行了个别访谈和集体访谈，收集其相关资料，评估了老年志愿者的需求、意愿和资源。

第四问卷调查法。在活动过程中，笔者在小组活动的部分环节和小组活动结束时采用问卷的方式进行了活动评估，收集到了相关评估资料，并对问卷内容做了量化分析。

三、小组工作在应对 A 中心老年志愿者培训问题中的适应性

(一) 小组工作运用于老年志愿者培训的理论依据

小组工作,也称团体工作,是社会工作的基本方法之一,它是一种以两个或以上的个人组成的小组为工作对象的社会工作方法。小组工作主要由社会工作者通过有目的的小组活动和组员间的互动,帮助小组成员共同参与集体活动,从中获得小组经验,处理个人、人与人之间、人与环境之间的问题,促进行为改变,恢复与发展社会功能,开发个人潜能,从而获得个人成长。小组工作的类型划分具有多样性,依据目标可以分为教育小组、成长小组、支持小组、治疗小组、朋辈小组、互助小组等;依据小组组成可以分为自然小组和组成小组等;依据小组工作理论基础,小组工作又分为四种模式,即社会目标模式、治疗模式、互动模式、发展模式等。[1]

从目标来看,本研究拟开展的小组工作类型是教育小组。从理论基础来看,本研究中的小组工作模式是社会目标模式。教育小组的宗旨在于帮助组员学习新知识和新方法,或者补充相关知识不足,促使

---

[1] 王思斌:《社会工作导论》,高等教育出版社,2004 年,第 184—185 页。

组员改变对问题的不正确看法及解决方式,从而实现小组组员的发展目标[1]。本研究小组在于帮助 A 养老中心的老年志愿者增进对相关志愿知识和技能的了解和掌握,以此来提高志愿服务的质量和效率,强调组员获得新的知识和技能,因此采用教育小组。

社会目标模式源于社会工作的早期实践,该模式的理论基础来源于系统论和社会学的观点,强调社会系统与人和群体间相互作用与影响,强调人对社会的社会责任和社会意识,认为个人和群体出现功能失调或问题与社会系统的功能失常有关,而人和群体的行为又会影响社会系统的正常运转。[2] 因此,个人的问题的解决,必须通过社会变迁的途径来实现。社会目标模式的中心概念是社会责任和社会变迁。社会目标模式下的小组工作的总目标是培养组员的社会归属感,实现社会整合,在实践中它主要是透过一系列社会目标的实现,去培养组员的社会意识和社会责任感,推动社会的变迁。[3] 在 A 养老中心中,老年志愿者是中心整个大系统的一部分,老年志愿者出现的一系列志愿动力不足,志愿服务质量和效率不高等问题与中心大系统中培训功能的发挥不是有密切的关系,而老年志愿者出现的这些问题也会影响到中心大系统的发展。推动中心大系统改变,也可以促进系统内部的改变,系统内部的改变也会影响中心大系统的发展。而老年志愿者与中心大系统这两者之间的关键链接点在于培训,而培训的一大重点在于强化老年志愿者的志愿服务理念和志愿服务动力。社会目标模式强调人的社会责任和社会意识,因此通过培训可以启发老年志愿者的社会责任和意识,强化志愿服务理念,增强老年志愿者的服务动力,既可以促进老年志愿者自身服务的发展,也可以促进中心的发展,两者

1　全国社会工作者职业水平考试教材编写组:《社会工作综合能力》,中国社会出版社,2010 年,第 152 页。
2　王思斌:《社会工作导论》,高等教育出版社,2004 年,第 189 页。
3　王安永:《小组工作介入村民自治建设》,《邢台学院学报》2011 年第 2 期,第 12 页。

形成良性的系统循环。因此笔者以此为依据拟利用社会目标模式小组工作对老年志愿者进行培训，在此实务理论指导下设计合理的小组活动，促进老年志愿者志愿服务的发展，间接推动中心的发展；推动中心志愿者管理和培训的发展，反过来也能够促进老年志愿服务的可持续发展。

（二）小组工作运用于老年志愿者培训的现实基础

小组工作运用于老年志愿者培训，具有一定的现实基础。

第一，马斯洛认为，人的需求分为5个层次，从低到高依次为生理的需求、安全的需求、归属和爱的需求、尊重的需求和自我实现的需求，人的需求从低到高获得满足。A中心的老年志愿者许多是空巢老人，子女由于工作原因而不在老人身边或者无暇照顾老人，大多数老人都感觉到比较孤独，而老人与老人之间居住地也比较分散。因此首先在方法上，小组工作能够将老年志愿者集中起来，满足了老年志愿者的归属和爱的需求、社交的需求、尊重的需求。而面对这种群体性的需求，个案工作方法难以满足；其次，在老年志愿者培训的内容和形式方面，通过目标明确、理论基础扎实、形式多样，内容生动，参与性、互动性强小组工作方法开展老年志愿者培训，可以增强志愿者培训的效果，有效地帮助老人提高实现自我价值和"老有所为"的能力，满足老年志愿者高层次的需求。

第二，中心老年志愿者众多，但由于中心对老年志愿者培训重视程度不够，有时甚至长期没有培训，老年志愿者开展志愿服务随意性较大，因此就出现了志愿服务中老年志愿者责任目标不明确、服务内容不清楚、服务知识技能缺乏等问题。例如，A中心老年志愿者勐梭末代王子（网名）爷爷提到，自己虽然很愿意来到中心提供服务，但是只知道要来，却不知道自己来了需要做什么，也不知道怎么做，很茫然。同时中心在培训的时候将老年志愿者培训统一化为一般志愿者培训，没有照顾到老年志愿者自身具有的生理、心理及社会特点，如金锋（网名）爷爷提到，中心对于志愿者的培训一般都比较概括，有时候由于时间紧张，培训匆匆忙忙地就进行完了，而受培训的老年志愿者却还没有"消化"。这些都对老年志愿者志愿服务的动力、机构的凝聚力及志愿者对机构的认同感、志愿服务的质量和效率造成了不良影响。将社会目标模式小组工作运用于老年志愿者培训，可以有效弥补中心志愿者培训缺乏的不足，根据老年志愿者的特点进行特殊性培训，可避免将老年志愿者笼统化为一般志愿者，进而使老年志愿者能够提高志愿服务动力和能力，增强自我效能感，从而促进中心老年志愿服务的可持续发展，间接促进中心发展。

四、小组工作在老年志愿者培训中的运用过程

（一）小组工作的前期准备

1. 需求评估

本次研究的需求评估主要采用半结构式访谈方法收集资料，即设计访谈提纲，围绕访谈提纲中的问题对 A 养老中心的老年志愿者进行需求评估，访谈的形式主要采用的是个别访谈和集体访谈。由于机构人事改革，老年志愿者比较分散，且流动性大，再加上天气原因，到机构来参加志愿服务的老年志愿者不是很多，笔者总共利用了一周的时间一对一地对 14 位老年志愿者进行了访谈，在后期笔者主要利用集体访谈的形式了解了老年志愿者群体性需求。在做需求评估时，笔者就小组活动大致内容进行了说明。需求评估主要分为老年志愿者需求、老年志愿者参与培训意愿及老年志愿者具有的优势和资源三个板块内容。需求评估结果如下。

首先，老年志愿者需求呈现多样性特点，共性需求与个性需求并存。在笔者访谈过程中，问到"在志愿服务的过程中遇到过什么样的困难"时，80%的老年志愿者都表示在提供志愿服务的过程中，遇到过这样或那样的困难，其中普遍性的困难是在提供服务的时候，由于自身对服务知识和技能的欠缺与不熟悉，经常会出现不能够回答学员提出的问题的情况，甚至有时候由于自己不懂而遭到学员的嘲讽，从

而影响到志愿服务的信心和动力。老年志愿者们希望丰富志愿服务知识和技能,树立服务信心,帮助他人,提高自己,成为优秀的志愿者。也有些老年志愿者表示,除了丰富服务知识和技能以外,还希望可以扩展朋友圈,与更多的人交流。另外一部分老年志愿者表示虽然有上述这些需求,但是由于自身参加了许多活动,没有空余的时间再去参加另外的活动,这些都是潜在的服务对象。

其次,老年志愿者参与培训的意愿较强烈。在针对14位老年志愿者所做的需求评估中,80%的老年志愿者表示愿意参与培训,愿意通过培训的方式来增加对志愿服务的了解和解决一些具体的问题,以此来提高对志愿服务的认识和服务效率。老年志愿者所表现出的强烈的参与培训意愿反映了他们对志愿服务、志愿价值的认同,也反映了他们确实有培训的需求。

最后,老年志愿者拥有多种优势和丰富的资源。根据需求评估结果,老年志愿者本身具有多种优势和资源,归纳起来主要有以下几个方面。

第一,性格良好。在本次访谈中,访谈对象坦言自己积极乐观,喜欢与人交流,有的虽然沉默,但是做事沉稳认真;有的性格大大咧咧,不计较等。

第二,多种能力并存。有60%的老年志愿者表示,自己曾经从事某行业多年,沟通能力、组织协调能力、主持能力等非常好,在培训过程中可以协助小组带领者做一些工作;70%的老年志愿者表示出自己有诸如绘画、摄影、书法等爱好和特长。

第三,丰富的志愿服务经验。85%的老年志愿者表示自己已经在中心从事志愿服务多年,只有个别还是新志愿者。有着多年志愿服务经验的老年志愿者表示在培训过程中,会与大家一起分享和交流经验,帮助无经验的新志愿者。

第四,资源丰富。60%的老年志愿者表示,自身拥有丰富的物质资源和人脉资源,如可以提供一些活动设备、活动物资;自身人脉比较广的老年志愿者则表示可以在小组结束后期拓展老年志愿者队伍。

需求评估结果显示老年志愿者有不同程度的需求、参与意愿和资源，这也意味着老年志愿者存在个体化的差异，因此就要求小组方案的设计必须根据需求评估的结果来进行设置：首先，小组方案的设计需要根据老年志愿者的需求而定，在满足共性需求的同时，需要兼顾个体化的差异；其次，小组需要充分调动和利用老年志愿者的优势和资源。本次小组工作方案以积极老龄化理论和社会目标模式实务理论为指导进行设计，要求看到老年志愿者的优势和资源，而小组设计的目的之一就是要挖掘老年志愿者优势和资源，利用这些优势和资源来找到解决问题的方法。因此在方案设计的时候，需要充分运用老年志愿者具有的优势和资源，以此帮助老年志愿者树立服务信心，提升服务动力，提高服务能力。

2. 小组设计

（1）小组的性质。本次小组活动的性质是教育性小组。

（2）小组的目标。小组活动的总目标是有效地发掘老年志愿者自身的优势与资源，强化老年志愿者志愿服务理念，增强老年志愿者志愿服务动力，丰富老年志愿者的志愿服务知识和技能，提高志愿服务的质量与效率，促进老年志愿服务可持续发展，推动中心长远发展。而具体目标主要有三个：第一，增进老年志愿者对志愿服务的认识和了解，发掘老年志愿者优势与潜能，从优势视角帮助老年志愿者树立志愿服务的价值和信心，强化志愿服务理念，增强志愿服务动力；第二，增强老年志愿者服务实际操作能力，丰富老年志愿者服务的知识和技能，提高志愿服务的质量和效率；第三，协助组员建立志愿者小组活动定期制度，促进老年志愿服务可持续发展。

（3）小组的设计思路。在需求评估之后，笔者根据需求评估内容初步设计了一个小组计划，在后来招募到组员后与组员一起商讨并修改了小组计划书内容。本次小组内容主要依据社会目标模式民主决策原则，秉承"助人自助"的理念进行设计。小组主要依托 A 养老中心老年志愿者以及工作人员的协作共同进行策划，以老年志愿者协助为主，因为小组活动的主要对象是老年志愿者，老年志愿者参与小组设计可以更加贴近老年志愿者的特点，使活动开展更加顺利。同时，老年志愿者参与小组设计也是发掘老年志愿者资源和潜能的过程，老年志愿者通过活动策划能够意识到他是其中的一员，也易于工作者与老年志愿者建立平等的伙伴关系。老年志愿者从自身的需求出发，为小组活动的策划提出了非常宝贵的意见和建议，为活动的顺利开展做出了重要的贡献。如老年志愿者提出想多了解和增加服务的知识和技能，因此互动游戏方面可以减少甚至不要，活动的侧重点应该注重具体的知识和技能的培训。经过全体组员和工作人员协商讨论，小组从志愿服务的价值与动机、担任志愿者需具备的条件及自身具有的优势与不足、志愿者价值观和伦理守则、志愿服务的方法和技能四个方面，配合上机实际操练来进行具体专业技能培训而开展活动。

（4）小组活动内容。

小组活动内容见表1。

表1　小组活动

活动名称	活动内容	活动目标
第一节：志愿服务价值何在？	小组介绍； 自我介绍； 小组契约； 我眼中的志愿服务； 我为什么要做志愿者？（小组讨论）； 志愿者与我的人生（嘉宾风采）； 志愿服务价值和意义总结； 专业技能培训； 活动总结	增进组员间的相互了解； 明确组员对志愿服务的态度和观点、自身志愿服务的动机和志愿者服务价值意义，强化志愿服务理念； 增强志愿服务动力和具体操作能力

续表

活动名称	活动内容	活动目标
第二节：志愿服务——认识自我	上期回顾； 担任志愿者需要具备什么？ 我就是我，不一样的烟火； 我们身上的金子； 更加完美的我； 专业技能培训； 活动总结	1. 帮助组员了解担任志愿者应具备的生理、心理、社会功能条件； 2. 协助组员找到自身的优势和资源，发现自身存在的有待完善的地方； 3. 培养组员实际操作和解决问题的能力
第三节：志愿服务——志愿服务相关价值观和伦理守则的培训	上期回顾； 志愿者的故事； 志愿者伦理守则； 志愿者价值观； 专业技能培训	1. 帮助组员了解和掌握志愿服务相关价值观和伦理守则； 2. 培养志愿服务实际操作能力
第四节：志愿服务的方法与技能的培训	上期回顾； 分享志愿服务面临的困惑与挑战； 我可以利用的资源是什么。 我的地盘我做主（小组讨论）； 如何倾听和接纳； 专业技能培训； 活动总结	1. 协助组员发现自己的优势和资源，并利用已有的资源来解决问题； 2. 提升组员服务技能，培养互帮互助精神； 3. 训练组员实际操作能力

续表

活动名称	活动内容	活动目标
第五节：老骥伏枥，志在千里	上四节小组活动总结； 我的未来不是梦； 定期小组活动制度建立； 活动评估； 我们的明天； 活动总结及结束	1. 协助组员拟定自己将来的志愿服务的学习及活动参与规划； 2. 协助组员建立起定期开展互助学习、情感支持的小组活动制度，以期将小组活动成果运用于今后的志愿服务工作当中； 3. 回顾整个小组活动并进行评估以了解小组活动效果

3. 组员招募和筛选

本次的组员采用了老年志愿者自荐、小组工作人员邀请、A养老中心工作人员推荐、老年志愿者推荐和邀请等方式进行招募，同时对老年志愿者按照年龄、需求程度、参与意愿等条件进行筛选。笔者在之前做需求评估时对老年志愿者的招募与选择提前予以了说明，对不符合参加本次小组活动条件的老年志愿者说明情况和委婉拒绝。因此，本次小组顺利地招募到了7位小组成员。7位组员具有以下特点。

首先，性别差异。在本次招募的7位组员中，男性5人，女性2人，主要以男性老年志愿者为主。

其次，组员期望各不相同，但也存在共同点。本次招募的组员对小组活动有着不同的期望，有的期望学到更多的知识和技能；有的期望与更多的人交流，交到更多的朋友；有的期望通过培训使自己成为更优秀的志愿者。当然组员也有共同的需求和期望，那就是弥补课堂上没有学扎实的知识。针对此特点，志愿者小组培训方案的思路是尽量满足共性的需求，对于一些特殊性的需求，则有针对性地开展个别服务，以维系组员参与小组活动动力。

最后，组员性格差异较大，呈现两极分化，有的组员特别活跃，有的组员比较沉默，此特点对于开展小组活动的挑战是需要调动沉默的组员积极参与到小组活动中来，适当控制比较活跃的组员，促进不同组员相互之间更多的交流和沟通。

4. 组前团体会谈

在小组活动正式开始前，笔者通过打电话的形式邀请招募到的 7 位老年志愿者参加团体会谈，6 人到场，1 位因为生病而未参加。会谈地点在 A 养老中心食堂，会谈时间持续了 1 小时 20 分钟。本次团体会谈也是笔者在做需求评估的时候根据老年志愿者要求开展的，同时也是为了更加深入地了解组员的意愿和需求。团体会谈围绕小组概况介绍、组员的意愿和需求、小组活动内容和计划的讨论、第一次小组活动时间和地点安排以及小组活动注意事项等方面进行讨论。小组成员经过充分讨论最后就上述几个方面达成共识，并为小组活动的策划提供了非常宝贵的建议，如增加上机操作、小组活动时间延长、删除游戏等建议。在充分考虑到组员的需求后，笔者采纳了组员一些比较有建设性的意见后修改了小组活动策划书：在原有小组计划书增加了上机操作程序；删除了一些不合时宜的游戏，变换为其他比较实用的环节；延长了小组活动中某些内容的时间。组前团体会谈为第一次小组活动的开展做好了准备，笔者做了详细的会谈记录。

（二）小组工作的实施过程

1. 第一次小组活动

（1）活动名称：志愿服务价值何在。

（2）活动目标：增进老年志愿者相互了解；明确组员对志愿服务的态度和观点、自身志愿服务的动机和志愿者服务价值意义，强化志愿服务理念，增强志愿服务动力和具体操作能力。

（3）活动时间：2014年11月25日14：00—15：30，16：30—17：00

（4）活动内容

第一次小组活动内容见表2。

表2 第一次小组活动内容

活动名称	活动内容	活动目标
小组介绍	主持人自我介绍，对小组进行相关介绍，主要内容包括小组名称、小组活动目标、小组活动内容、小组活动次数及时间、小组活动的意义等	让组员了解小组相关情况，消除对小组活动的疑虑
自我介绍	组员按照顺序每个人进行自我介绍	帮助组员加深了解，增进信任关系
小组契约	主持人引导小组组员订立小组契约，如小组请假制、小组活动中的纪律等	建立小组契约，规范组员行为
我眼中的志愿服务	每位组员将会得到一张志愿工作测试小问卷，进行填答	了解组员对志愿工作的态度和观点

续表

活动名称	活动内容	活动目标
我为什么要做志愿者？（小组讨论）	组员围成一个圈进行小组讨论，讨论的主题是"我为什么要做志愿者？"，讨论时间每人5分钟，结束后，组员推举一个代表进行总结发言，主持人做归类总结，利用图片和文字资料分享其他类型的动机	了解组员服务动机，帮助组员明确自身从事志愿服务的初衷，增进组员内部全面交流和情感支持
志愿者与我的人生（嘉宾风采）	邀请机构内两位优秀志愿者做分享，分享内容为志愿服务给自己的人生带来的收获与意义，每人3分钟。组员根据自身的动机与收获自发寻找到与自己类似的伙伴	帮助组员确认志愿服务的意义，增进组员间内部情感连接，同时通过嘉宾的榜样和鼓励作用，强化组员的志愿服务意识
志愿服务价值和意义总结	主持人总结志愿服务对个人、服务对象、机构、社会的价值和意义	继续确认志愿服务价值和意义，增强组员服务动力

续表

活动名称	活动内容	活动目标
专业技能培训	组员确定本次讨论问题，通过小组学习和上机实际操作演练的方式，为大家解答在志愿服务过程中遇到的主要问题，解答完后同时确定下一次专业培训需要解决的问题	增强组员实际的志愿服务的操作能力，树立志愿服务的信心
活动总结	组员分享本次活动感受及建议，主持人做本次小组活动总结、预约下次活动时间和地点	了解组员对本次小组活动的评价

(5) 小组活动评估。

①小组目标实现程度评估。本次活动的主要目的是增进组员关系，了解组员参与志愿服务的动机，讨论志愿服务的价值，树立志愿服务信心，增强志愿服务实际操作能力。总体来说，小组的目标得以实现，组员明确了自己参与志愿服务的动机，也看到了志愿服务的价值和意义所在，更加坚定了自己志愿服务的信心，与其他组员建立起了基本的信任关系。在本次小组活动结束时，笔者欣喜地看到组中两位不太熟悉的组员在一起开心地聊天，其中的一位组员是一位比较内向的老人，不喜与人交流，但是他说他要努力改变自己，他很快地建立起了自己与其他组员的关系，通过小组促进了个人的改变。通过上机操作，组员学会了如何在网络社区里面加为好友。

②组员表现和小组氛围评估。本次活动 6 位组员出席，1 位组员生病而未参加，1 人由于中饭吃得较晚而迟到。由于本次活动场地协调原因，原来计划的场地后来换到了一间空间比较狭窄的钢琴房，刚好可以坐 9 个人，只是除了可以摆放凳子以外，不能够再容下其他东

西。尽管空间狭窄,但是却出乎意料地给小组活动带来了一个巨大的好处,在这样的空间里,大家面对面可以进行密切的交流,可以增进组员之间的信任关系和小组凝聚力,另外在小组活动的过程中,比较安静,没有外人来打扰,小组组员处于一个比较安全和放松的状态,组员表示下次活动地点也非常愿意在钢琴房里面。在小组刚开始前,由于大家之前只在做团体会谈的时候见过一面,还不太熟悉,所以刚开始的时候大家表现得还是有一点拘谨和沉默,比较依赖主持人,但是讨论到"为什么要做志愿者"和"志愿服务的价值"的时候,大家开始放开,畅所欲言,小组气氛开始活跃起来,只是有个别的组员还比较沉默。组员之间做到了相互尊重和包容。在小组结束后,组员分享收获,认为小组活动的气氛很好,可以在这里自由地交谈,说出自己的真心话,其他组员也表示认同。

③社会工作者使用技巧评估。在本次小组中,主持人处于中心位置。笔者主要使用的技巧包括澄清、导引、抛回议题、征求建议、提出建议、鼓励、肯定、倾听、接纳等。总体来说,社会工作者在本次小组活动中对于技巧的把握还是比较适当的,只是对于有的话比较多的组员,笔者试图通过总结的方式来控制,但是他们依然不停地说。考虑到初次小组活动,不停地打断组员谈话可能会影响关系的建立,所以第一次小组活动的时间较长,笔者中途征询过组员的意见,他们觉得没有问题。

④关于改进、调整服务的思考。由于第一次活动做了充分准备,因此第一次活动的目标总体得以实现,活动效果比较良好。但是由于是初次活动,所以在活动过程中有的组员表现得过于兴奋,具体表现为频繁说话,有的表现得过于沉默。因此,为了能够最大限度地保证所有组员都能够有所交流,针对谈话较多的组员,可以采用限定时间的方法来进行控制,同时调动话少的组员,让他们充分地与其他组员进行交流。小组带领者使用技巧需要根据小组的场景具体而定,不需

要刻意地去想利用哪一种技巧,顺其自然,同时,说话的语速要慢,用平白通俗的语言来表述。

2. 第二次小组活动

(1) 活动名称:志愿服务——认识自我。

(2) 活动目标:帮助组员了解担任志愿者应具备的生理、心理、社会功能条件,协助组员找到自身的优势和资源,发现自身存在的有待完善的地方,培养组员实际操作和解决问题的能力。

(3) 活动时间:2014年12月2日 14:00—15:20 16:00—16:30

(4) 活动内容

第二次小组活动内容见表3

表3 第二次小组活动内容

活动名称	活动内容	活动目标
上期回顾	上次活动回顾及本次活动内容、目标	巩固组员志愿服务的价值理念和信心
担任志愿者需要具备什么?	主持人带领组员一起探讨担任志愿者需要具备的生理、心理、社会功能的条件	帮助组员了解担任志愿者应具备的生理、心理及社会功能条件,反省自身
我就是我,不一样的烟火	组员每人会得到一张自我形象测评表,并根据自己的情况进行填答	帮助组员认识到自身的优势与劣势,发现自身的资源和不足

续表

活动名称	活动内容	活动目标
我们身上的金子	每位组员有1~2分钟的时间来分享自身优势和资源,组员可以指出自己熟悉的组员身上的优点	启发组员思考自身优势和资源,通过组员相互间发现优点,帮助其他组员树立信心,增进组员感情
更加完美的我	主持人通过不断提问的方式,启发组员思考还有哪些是需要自身再完善的,通过什么样的方式或努力去完善	帮助组员认识到自身存在的不足及还需要完善的地方,找到完善的方式
专业技能培训	主持人通过小组学习和上机实际操作的方式,为大家解答上一次活动确定的主要问题,培训完后确定下一次专业技能培训需要解决的问题	增强组员实际志愿服务的操作能力,树立志愿服务的信心
活动总结	主持人做本次小组活动总结,预约下次活动时间和地点,组员对本次小组活动做满意度评估	了解组员对本次小组活动的评价

(5) 小组活动评估。

①小组目标实现程度评估。本次活动的主要目的是帮助老年志愿者了解担任志愿者应具备的生理、心理、社会功能条件,协助组员找到自身的优势和资源,发现自身存在的有待完善的地方,培养组员实

际操作和解决问题的能力。在小组活动结束，组员填写的小组活动满意度评估问卷中，所有组员都表示，通过参加本次小组活动，组员对未来的志愿服务更有信心，同时，组员在这个过程中了解到了担任志愿者需要具备的能力或条件，明确组员自身具有的优势和不足，并找到改进的方法，2/3 的组员能够明确他人的优点和贡献，有 1/3 的组员通过本次活动不能够认同、看到自身和其他组员的优点和贡献，在建议部分，有部分组员希望将这样的活动常态化和扩大。组员关系有进一步的增进，在专业培训方面，组员学会熟练地操作如何"跟帖和更换空间头像"，小组目标基本实现。

②组员表现和小组氛围评估。本次小组共出席 6 人，1 人生病请假。小组活动开始之前，笔者发现了有部分组员围在一起讨论问题，大家相互添加微信好友。在小组开始时，座位依然没有刻意去安排，与上次男女各坐一边的情况不同的是，这次女性组员夹坐在男性组员里面，并且整个过程和男性组员之间的交流比较多。组内一位组员由于家里午饭比较晚，所以迟到了一会儿（之前跟组员解释过，大家表示理解和包容），当这位组员进门的时候，每位组员都面带微笑表示欢迎和理解。专业培训结束以后，大家主动地去和这位组员交流一些关于中医的问题，他也很热心地跟组员分享，这与之前的情况有所不同。在整个小组的过程中，小组的凝聚力和组员之间的信任关系有所增强，不同组员之间的交流沟通有所增多，组员间话题开始多样化，小组氛围良好。在填写本次小组活动满意度评估问卷的时候，所有成员无一例外地都表示自己喜欢本次小组活动的氛围，小组成员能够坦诚相待，相互接纳，分享观点。

③社会工作者使用技巧评估。在本次小组活动中，主持人依然处于中心位置。本次小组活动，笔者主要使用了澄清、鼓励、肯定、自我披露、引导、倾听、提供建议、归纳控制等技巧，尤其是考虑到上次小组活动时间比较长，所以中途留了一些休息的时间，同时对于比

较健谈的组员进行了时间设定,但是一些比较健谈的组员依然停不下来,其他组员就表现出有些不耐烦、做小动作、插话打断等,笔者进行了引导,并且及时从健谈组员那里接过话从而让健谈组员停下来。

④关于改进、调整服务的思考。在整个小组活动过程中,有个别组员表现得比较游离和沉默,尽管笔者企图鼓励他积极参与,但是效果不是很好,小组气氛相对沉闷。对于个别比较沉默和游离的组员,小组带领者需要通过鼓励、提问等方式调动沉默的组员发言,同时提高讲话音量来引起游离的组员的注意,将其从游离状态中拉回。同时,小组带领者自身需要加强小组气氛调动的技巧和能力,如通过转移话题、讲笑话、放音乐等方式来活跃小组气氛。

3. 第三次小组活动

(1) 活动名称:志愿服务——志愿服务相关价值观和伦理守则的培训。

(2) 活动目标:帮助组员了解和掌握志愿服务相关价值观和伦理守则,培养志愿服务实际操作能力。

(3) 活动时间:2014年12月9日14:00—16:00,16:30—17:00

(4) 活动内容。

第三次小组活动内容见表4。

表4 第三次小组活动内容

活动名称	活动内容	活动目标
上期回顾	上次活动回顾及本次活动内容、目标	帮助组员巩固对自我的认识,发现自身的资源和优势

续表

活动名称	活动内容	活动目标
志愿者的故事	主持人通过讲述一个真实的志愿者故事来引出志愿者价值观的议题	引出下一个话题
志愿者价值观	主持人通过文字资料讲解志愿者价值观，了解志愿者5层境界	帮助组员了解志愿者价值观，树立志愿者价值理念
志愿者伦理守则	主持人通过图片的方式引出志愿者伦理困境，以文字资料方式讲解志愿者伦理守则	帮助组员了解和掌握志愿者伦理守则
专业技能培训	主持人通过小组学习和上机实际操作的方式，为大家解答上一次活动确定的主要问题，培训完后确定下一次专业技能培训需要解决的问题	增强组员实际的志愿服务的操作能力，树立志愿服务的信心
活动总结	主持人做本次小组活动总结，预约下次活动时间和地点，组员对本次小组活动做满意度评估	了解组员对本次小组活动的评价

（5）小组活动评估

①小组目标实现程度评估。本次活动的主要目的是帮助组员了解志愿者价值观和志愿者伦理守则，培养组员实际操作和解决问题的能力。在小组活动结束后的总结评估环节，组员表示参加完本次小组活

动，更加深刻地认识到了志愿者的价值和意义，也更有信心继续后面的志愿服务，对于志愿者伦理守则也基本清楚，组员熟悉了在社区空间里面创建相册和上传照片的步骤，同时，大家对于建立志愿者小组活动的长效机制的意识逐步形成，组员认为志愿者小组活动是有必要的，也是非常有用的。有组员表示，等本次小组结束后，希望能够选出一位小组组长继续定期组织这样的活动。小组成员的凝聚力和关系增强，本次小组目标基本实现。

②组员表现和小组氛围评估。本次小组出席 5 位组员（新增 1 位），2 位因为生病请假，1 位有事请假。其中一位是长期生病（前两次未参加活动的那位志愿者），笔者通过电话了解到的原因是他中风住院一个多星期尚未康复，所以没有办法来参加，但是他本人仍然记挂着小组的事情，也向笔者询问了小组情况，笔者将前两次的活动情况和本次活动情况予以说明，他表示身体好了会来参加小组活动的。在本次活动中，小组的凝聚力明显增强，组员非常投入地参与到小组活动的每一个环节当中，并且组员之间的相处和关系更为自然和密切，大家在本次活动中比较能够放得开，畅所欲言，并且能够去倾听和包容其他与自己不同的观点，组员在组中表现得非常投入和活跃，小组氛围良好。在本次小组活动中，变化最大的是其中一位比较内向和沉默的组员，他在本次活动中一改往昔沉默的态度，非常积极踊跃地发言，并且性格也变得温和起来，脸上有了灿烂的笑容，愿意主动地去和其他组员交流。在整个小组活动过程中，主持人和协助人员逐渐"被边缘化"，组员趋于中心，结成团体讨论问题，小组带领者做的主要是引导和协助的工作而不至于使组员的讨论偏离活动主题，小组成员关系趋于基本稳定，同时组员的差异慢慢凸显。

③社会工作者使用技巧评估。本次小组活动中，笔者的位置由中心移到外围。笔者主要使用了肯定、鼓励、提供建议、自我披露、引导等技巧，控制的技巧相对较少，大家都围绕着活动的主题进行，在

跑题的时候主持人做适当的引导，每个人的发言都非常的有意义和价值，所以时间控制方面比较少。另外，今天新来的这位志愿者对于调动小组气氛也起到了非常重要的作用，因为曾经的职业是老师，所以说话也非常有权威性，讲得也很有道理，大家都比较认同她的观点，大家的积极性也被调动起来。

④关于改进、调整服务的思考。在本次活动中，由于知识性内容较多，比较枯燥乏味，因此组员接收的信息有限。为了防止组员兴趣下滑，对于知识性内容的讲解可以采取多种不同的形式如视频、图片等来进行讲解，加深组员记忆，甚至可以让组员自己来讲解，以此来加深组员对知识性内容的理解。

4. 第四次小组活动

（1）活动名称：志愿服务的方法与技能的培训。

（2）活动目标：协助组员发现自己的优势和资源，并利用已有的资源来解决问题，提升组员服务技能，培养互帮互助精神，同时训练组员实际操作能力。

（3）活动时间：2014年12月16日14：00—15：30 16：00—16：30

（4）活动内容。

第四次小组活动内容见表5

表5 第四次小组活动内容

活动名称	活动内容	活动目标
上期回顾	上次活动回顾及本次活动内容、目标	巩固上一节内容

续表

活动名称	活动内容	活动目标
分享志愿服务面临的困惑与挑战	组员可以在白纸上写下自己在志愿服务中面临的困惑与挑战，代表性组员可以通过发言的方式进行呈现，主持人对组员面临的困惑与挑战做归类总结	了解组员在志愿服务中面临的困境与挑战，肯定组员的表现
我可以利用的资源是什么？	主持人与组员一起回顾组员的优势和资源	帮助组员确认自己的优势和资源
我的地盘我做主（小组讨论）	组员分为两组，通过小组讨论的形式来探讨和分享可能的解决问题的办法，每个小组讨论其中一个困境的应对方法，然后由每个小组安排一个组员做代表进行分享。两个小组代表分享结束后，由主持人进行总结、归纳和补充，并对各组的亮点加以肯定和赞赏	启发和帮助组员利用自身资源解决问题，看到自身的能力
如何倾听和接纳	一位组员通过角色扮演的方式来呈现自己遇到的问题，另外一位组员扮演倾听者，但是需要装作心不在焉、东张西望的样子，呈现完后，两位组员分别分享自己的感受，主持人总结出服务过程中需要的技巧，如接纳、倾听、同理的技巧等，肯定组员的表现	帮助组员掌握日常比较容易忽视但是非常重要的服务技巧，如倾听、接纳、同理等

续表

活动名称	活动内容	活动目标
专业技能培训	主持人通过小组学习和上机实际操作的方式，为大家解答上一次活动确定的主要问题，培训完后确定下一次专业技能培训需要解决的问题，并提醒大家主要问题已经通过培训解决完毕	增强组员实际志愿服务的操作能力，树立志愿服务的信心
活动总结	主持人做本次小组活动总结、预约下次活动时间和地点，并且提醒还有最后一次小组活动，组员分享本次小组活动的心情，活动满意度评价等	了解组员对本次小组活动的评价

(5) 小组活动评估。

①小组目标实现程度评估。本次小组活动的主要目标是协助组员发现自己的优势和资源，并利用已有的资源来解决问题，提升组员服务技能，培养互帮互助精神，同时训练组员实际操作能力。在本次小组活动评估表中，在"本次活动是否达到组员期望"的选项上，2/3 组员选择了"能够"选项，1/3 选择"一般"；在"本次小组活动使您更加清楚自身的优势和资源"选项上，大部分组员选择了"能够"，极个别选择了"一般"，但是对于除了自身具有的资源和优势以外的其他资源的认识就比较模糊，所以对于怎样通过运用自身以外的资源去解决遇到的问题也不是特别清楚；在"本次小组活动使您找到了更多的解决问题的方法和技巧"的选项上，1/3 的组员选择了"能够"，

2/3 选择了"一般";在"本次活动的内容安排、工作人员的表现及整体安排"的选项上,绝大部分组员表示对活动的内容安排、工作人员的表现比较满意,极少数觉得一般,一半组员对活动的整体安排觉得一般;在专业技能培训方面,组员已经掌握和熟练了图文帖的发表步骤,专业技能培训已经达到目标;总体而言,本次活动目标实现程度为一般。

②组员表现和小组氛围评估。本次小组活动过程中,共出席5位组员,两位因为生病而未参加,小组活动结束后,笔者跟这位组员沟通了小组活动的状况,并且提醒他还有最后一次小组活动。本次小组活动中,组员表现得比较积极主动,组员关系也有进一步的增进,组员之间的沟通更为自然。组员对于每个问题会积极地表达自己的想法,会去包容和理解与自己不同的意见,组员沉默的状况不多。在大家跑离主题的时候,有组员会将大家发散的话题拉回来。与之前不同的是,本次活动不是一个人充当这样的"拉回主题"的角色,而是多个人充当。本次小组活动中,工作人员主要处于辅助的位置,组员处于中心的位置,组员会就同一个问题表达不同的看法,小组氛围总体较好。

③社会工作者使用技巧评估。本次活动中,笔者主要使用的技巧有引导、鼓励和肯定、提供建议等。在组员就某个问题提出不同看法的时候,组员之间是有争论的,而就这些争论的问题笔者并未进行一个决定性的论述,而主要引导和鼓励组员进行讨论,表述自己不同的观点,肯定组员不同的思维和想法,在组员不同观点中找出一些共性的东西。

④关于改进、调整服务的思考。由于本次活动内容在前三节中均有讨论和涉及,内容有部分重复,组员会以前面已经讲述过为理由而表现出兴趣不高,同时本次活动仍然采用组员分享为主的方式进行,导致部分组员兴趣下滑。因此,为了维持组员兴趣及动力,需要根据具体的情况对服务计划内容进行调整,灵活采用多种活动方式来提高

组员的兴趣。

5. 第五次小组活动

（1）活动名称：老骥伏枥，志在千里。

（2）活动目标：协助组员拟定自己将来的志愿服务的学习及活动参与规划；协助组员建立起定期开展互助学习、情感支持的小组活动制度，以期将小组活动成果运用于今后的志愿服务工作当中；回顾整个小组活动过程并进行评估以了解小组活动效果。

（3）活动时间：2014年12月23日 14：00—15：30 16：00—16：30

（4）活动内容

第五次小组活动内容见表6。

表6 第五次小组活动内容

活动名称	活动内容	活动目标
上四节小组活动总结	主持人引导组员对上四次小组活动进行回顾和总结	巩固掌握的知识和技能
我的未来不是梦	主持人给每位组员一张白纸，组员结合自身情况拟定自己将来的志愿服务的学习及活动参与规划，组员分享并自己保存	帮助组员明确自己志愿服务的未来规划，建立对未来志愿服务和生活的信心
定期小组活动制度建立	主持人与组员共同商讨未来长效定期小组活动制度的建立，包括小组领袖、时间、地点、活动安排、经验记录、服务实数记录、奖惩制度等	帮助机构建立学习与情感支持的长效的志愿者小组活动机制，帮助组员成长
活动评估	组员完成评估表	了解活动效果

续表

活动名称	活动内容	活动目标
我们的明天	主持人给每位组员提供一张彩色的便笺纸，让每位组员给自己写一句赠言，表达共同参加此次小组活动的感受及对今后的祝福	增进组员间的感情
活动总结及结束	组员分享整体活动感受，主持人对本次小组活动进行总结，致谢，小组活动结束	了解组员对本次小组活动的评价

（5）小组活动评估

①小组目标实现程度评估。本次小组活动的主要目标是协助组员拟定自己将来的志愿服务的学习及活动参与规划，并协助组员建立起定期开展互助学习、情感支持的小组活动制度，回顾整个小组活动过程并进行评估以了解小组活动效果。大部分组员拟了自己未来的服务计划，对于自己未来的工作有清楚的认识，个别组员不太确定自身未来的志愿服务计划；通过本次小组活动的开展，组员表示对自己未来的志愿服务也更有信心，对志愿服务也有更深入的了解，组员之间的关系更为深入；对于建立长效定期的小组活动机制，有组员现出一些担心，因为一些现实的原因和困难，如人员的组织问题，机构的改革和发展重心问题，支持资金的问题，等等，现在没有办法马上建立起来，但是组员表示有这样的意愿和想法，也有组员自告奋勇地表示非常愿意来组织这个活动。

②组员表现和小组氛围评估。本次活动共出席6人，1人生病住院而未参加。本次小组活动中，组员表现得比较投入，在拟定自己对

未来的规划环节，组员非常认真地填写自己的计划；在表达祝福环节，组员也非常真诚地表达了对其他组员和小组带领者的祝福。临近活动结尾，有的组员表示有点舍不得，工作人员对组员的积极改变和收获进行了肯定，同时也表示组员如果有需要还可以再联系，小组氛围有一些煽情。

③社会工作者使用技巧评估。在本次活动中，小组带领者的位置从外围移到中心。本次小组活动中，笔者主要使用了引导和肯定技巧，笔者主要对组员取得的进步和收获表示了肯定，通过这样的方式来缓解组员的离别情绪，组员也觉得很高兴自己有了一些收获。

④关于改进、调整服务的思考。本次活动最后就建立定期活动制度未达成统一意见，小组活动长效机制的建立推后。长效活动机制未建立的主要原因在于建立长效活动机制缺乏资金支持，而机构目前的发展也面临着资金缺乏、老年志愿者人员难以聚集等的困境。在小组结束后期，小组带领者及老年志愿者代表可以与机构负责人协商，并就定期活动制度拟订一个详细的计划及问题的解决办法，逐步实现长效机制的建立。

（三）小组工作结果评估

1. 评估的有效性

本次评估主要采用过程评估和结果评估两种方式，过程评估主要是在活动过程中对每次活动进行评估，评估的主要内容包括每次小组目标实现程度评估、组员表现和小组氛围评估以及社会工作者使用技巧评估。每次活动的评估不采用统一评估表或问卷方式，而是根据当天活动内容灵活采取评估方式，如观察、活动记录、组员分享、匿名填写评估表以及问卷等。为了保证评估表或问卷的有效性，笔者事先对评估表或者问卷通过自己和他人做过模拟填写，然后再修改而定，最大限度地保证了评估的有效性和准确性。对于整体小组活动的评估，笔者主要从组员对小组活动的内容与形式、小组活动目标的实现程度、组员对工作人员的评价以及对小组活动的建议四个方面来进行评估。同时，评估问卷的设计主要是吸收和采用了一些知名网站上的一些评估资料，结合本次小组活动目标而制成。尽管本次评估并未做前后测对比，但是在后一节小组活动中的总体评估问卷中，笔者在评估问题设置上暗含培训前后对比，在一定程度上保证了评估的有效性和可操作性。

2. 小组工作评估结果

本次小组活动评估主要采用过程评估和结果评估的方式，过程评估前面已经进行了陈述，结果评估作为最后评估主要从组员对小组活动的内容与形式、小组活动目标的实现程度、组员对工作人员的评价以及对小组活动的建议四个方面来进行评估。

（1）小组活动的内容与形式评估结果

在小组活动的内容与形式方面，2/3 的组员认为本次小组活动中对他们最有帮助的活动形式是小组讨论，原因是大家可以轻松自由地发表意见，氛围比较好；最有帮助的内容是专业技能培训，小组中专业技能培训的内容可以巩固自己之前学的内容，因此对自身也最有帮助；2/3 的组员认为帮助比较少的内容是志愿服务过程中问题的解决方式，不太喜欢的小组环节或活动是第四次的小组活动，原因是讨论的问题解决方法都比较传统，对于增加自己解决问题的途径的帮助不是很大。

（2）小组活动目标实现程度的评估结果

在小组活动目标实现程度方面，2/3 的组员表示相对于以前，自己对志愿者及志愿服务有更进一步的了解，同时对志愿服务也更有信心，自己对志愿者服务的相关知识和技能有所了解和掌握。在"我能够将志愿服务的相关知识和技能运用到具体的服务过程中""通过本次培训，我能够很好地解答学员提出的问题"及"通过本次培训，我的志愿服务的质量和效率有所提高"三个问题上，有一半的组员选择了"一般"这个选项，这个结果的原因是多方面的，如老年志愿者的问题多样复杂，老年志愿者具体参与服务的频率不一等；对以后是否会来参加此类活动，2/3 的组员表示愿意，个别组员选择了"一般"选项；满意度的评价方面，2/3 的组员选择了满意及以上，1/3 的选择了"一般"。

小组活动的主要目标有三个：第一个是组员志愿服务理念的强化；第二个是志愿服务知识和技能的掌握，提高志愿服务质量和效率；第三个是定期的志愿者学习与情感支持活动制度的建立。总体而言，结合前面小组目标的设置，在小组目标实现方面，第一个目标已经基本达到，第二个目标部分达到，第三个目标尚未达到。通过培训，老年志愿者对志愿服务有所认识和了解，老年志愿者对服务的知识有所了解和掌握，强化了老年志愿者志愿服务理念，老年志愿者树立了志愿服务的价值和信心，增强了志愿服务动力；通过上机操作的培训增强了老年志愿者服务实际操作能力，但是由于实际操作问题，志愿服务的质量和效率未必提高；最后，定期的志愿者学习与情感支持活动制度尚未建立。

（3）对工作人员的评价评估结果

在"对工作人员的评价"这一栏中，绝大部分组员表示，工作人员能够友好对待组员，鼓励组员，协助组员改变，在给工作人员打分中，3 位组员打了 90 分，2 位打了 85 分，1 位打了 75 分，总体而言，对工作人员表现比较满意。

（4）对小组活动的建议

评估结果中，组员提出了一些建议，具体主要归纳为以下两类。

第一类：建议活动长期开展。大部分的组员希望能够将这个活动开展下去，让更多的老年志愿者参与进来，接受更多的培训，更加坚定对志愿服务的信心。此类建议主要是从活动持续发展角度来提的，其背后的含义在于老年志愿者对志愿服务培训的渴望、对小组工作培训方式及效果的肯定、对小组强烈的归属感，这从侧面提示了机构对老年志愿者培训缺乏影响了老年志愿者志愿服务的提供，同时也说明老年志愿者对于小组培训方式的接纳与适应。这类建议表明小组工作方式运用于老年志愿者培训之中是切实可行的。

第二类：希望能够吸引更多的志愿者进来参加。组员建议，小组活动可以吸引更多的人进来参加，将志愿者队伍发展壮大。小组工作不同于集体性培训，小组培训是小规模的培训，而组员习惯以往的集体大规模的培训模式，希望可以通过此方式对更多人进行培训的原因也在于此。另外，这类建议也反映和说明了三个问题：第一，老年志愿者对于对志愿服务在理念、价值方面的认同，希望有更多的志愿者加入进来而提供志愿服务。第二，说明社会目标模式小组工作培训目的已经达到，社会目标模式的理念已经传递给培训对象，使他们的社会责任意识有所增强，老年志愿者个体希望去影响老年志愿者团体的改变，吸引更多人来参与志愿服务，形成志愿服务的集体行动，营造积极的志愿服务文化，去推动社会变迁。第三，反映了积极老龄化"社会参与的概念和意识"逐步形成，这是老年志愿者自身践行积极老龄化的表现。

五、小组工作经验总结及改进建议

（一）小组工作介入老年志愿者培训获得积极成效的经验总结

本次小组活动顺利开展，使老年志愿者培训取得了良好的效果，实务经验可概括为以下七个。

1. 社会目标模式小组工作有助于协助参与者确立志愿服务理念，并在机构中形塑志愿服务文化

社会目标模式小组工作的目的之一是帮助组员有一些知识性和技能性的收获。尽管机构中的老年志愿者比较多，资深的老年志愿者人数也不少，但是对于志愿服务的了解也仅仅限于"帮助他人，快乐自己"，或者稍微多一点点，而对于志愿服务的其他相关知识了解较少，如担任志愿者需要具备的条件、志愿者价值观与伦理守则、志愿服务的境界等，因此通过老年志愿者小组培训，老年志愿者对自身从事的志愿服务有一个更加深入和全面的了解，社会目标模式小组工作可以有效地达到此目的。

2. 积极老龄化的视角增强了志愿服务动力

在积极老龄化理论的指导下，小组的设计要求我们看到老年人的资源和优势并加以挖掘，在增加知识性和技能性收获的同时发掘老年

志愿者的优势和资源。在本次培训中，有的组员表示，通过本次培训，对自己以后的志愿服务更有信心。以往尽管组内有相当部分的组员非常坚定地从事志愿服务，但是在服务的过程中发生受助者不理解甚至嘲讽志愿者的状况也会影响到自己的信心。在小组活动的过程中，老年志愿者通过将不愉快的经历讲述出来，其他组员给予情感支持并支招，让不少组员觉得内心好过了不少，表示自己以后也会以更加平和的心态去看待遇到的问题。此外，组员通过讲述一些令人比较开心的例子，如自己服务过的学员在某一天来表达感谢，尽管自己已经不记得帮助过他，但是依然觉得很开心，觉得自己做的工作是非常有价值的。同时小组带领者也在活动过程中努力发现组员的资源和优势，通过培训、组员的支持、成功事例及优势和资源的激发，组员对志愿服务的信心得以提升，服务动力得以增强。

3. 实践技能增强了老年志愿者的应用能力，增进了老年志愿者服务的效能感与开展志愿服务的信心

积极老龄化的一个重要元素就是"社会参与"，而如何提高社会参与能力，光靠理念性的内容是不够的，还需要配合服务能力的提升，在上机操作过程中帮助组员解决一些具体问题，提高他们志愿服务的能力，从而提高社会参与的能力。与完全讲授性的志愿者培训相比，本次小组活动将知识性培训和上机操作结合起来，既强化志愿服务理念，又增强老年志愿者开展服务的实际操作能力，二者互相巩固，使老年志愿者可以较全面地获益和成长。组员非常喜欢上机操作的方式，因为上机操作可以进行具体的演练，将之前遗忘或者不熟悉的知识进行温习和巩固；同时，在上机操作中，对于自己不会的问题，还可以让同伴细心地讲解。

4. 实务评估有助于提升小组工作的介入效果

与一般培训不同的是，本次的老年志愿者培训主要通过小组方式

进行。采用小组方式的主要优势在于，小组具有结构严谨、逻辑层次清晰等特点，小组工作的这些特点决定了本次志愿者培训的延续性与递进性，以及培训效果评估的系统性、规范性，进而使培训效果得到保障。而一般的培训通常是一次性的讲授或主题活动，培训的时间要么集中在几天中，要么时间间隔太长。在时间集中的培训中，培训对象不容易消化培训要点；而时间间隔太长的培训则很容易使培训对象在参与后一次培训时将前面的知识遗忘，这两种方式都会影响到培训效果。采用小组工作方式对服务对象进行志愿者培训则可以弥补前两种方式的不足，同时可以兼顾培训对象的共性和个性需求，保证培训活动的有效性。

5. 以小组工作形式开展的志愿者培训有助于促进组员社会支持网络的扩展

小组形式的培训是小规模的，组员之间以及组员与工作人员之间都可以面对面充分地交流，这种交流有利于组员之间及组员与工作人员之间建立稳定的联系，扩展组员的社会支持网络。在本次小组中，组员表示自己又认识了一些新朋友。

6. 老年志愿者对社会工作理念的认可和积极参与

A养老中心秉持"梯级互助"理念和宗旨为中老年人提供服务，而社会工作专业秉承"助人自助"理念为有需要的人提供服务，两者在理念上有一致的地方，机构对社会工作专业理念非常认同。另外，机构的老年志愿者一直抱有"帮助他人，快乐自己"的服务理念，因此，对社会工作助人自助的理念也比较认可。老年志愿者非常愿意参与培训，这为小组培训活动的顺利开展奠定了重要的基础。

7. 兼顾老年志愿者的共性需求与个性需求

在小组活动过程中，尤其是在专业技能培训环节，有个别组员对本次专业技能培训的问题已经很熟悉，在这个方面没有培训需要，但他们有一些个别性的需求。根据这一情况，笔者针对这些老年志愿者的个别性的需求做了个别性的辅导，在一定程度上兼顾了组员的共性需求和个别化需求，从而保证了组员参与的积极性。

（二）小组工作的局限与反思

尽管本次活动顺利开展，但是也存在诸多不足之处，其主要表现在以下几个方面。

1. 志愿服务的专业化水平有待进一步提升

在小组活动最后的总体评估表中，"通过本次培训，我的志愿服务的质量和效率有所提高"这一问题的回答中，有一半的组员选择了"一般"这个选项。出现这个结果的原因主要有以下两个方面：首先是培训的周期问题。本次小组活动总共为5次，每一次会有不同的内容和目标，会解决一些具体的操作问题，但是5次小组活动不可能将所有的问题都解决完，所以参与者会感到这一时期自己在现实中所提供志愿服务的质量和效率提高不明显。如果时间周期可以长一些的话，效果可能会好一点。其次是志愿者的流动性问题。由于机构对志愿者的安排变动很多，所以老年志愿者不像以前一样每天都会到机构来参与志愿服务。在开展志愿者培训期间，每周每位志愿者只有1~2天开展志愿服务，有的甚至不来，并且每次志愿者参与志愿服务遇到的服务对象和遇到的问题都不一样，这些五花八门的问题不是几次培训就能够包纳的，因此与培训同时进行的志愿服务的质量和效率就不会显现出即刻的提升。

2. 组员的优势和资源发掘深度不够

在5次小组活动中，涉及组员优势和资源的发掘主要体现在第二次活动和第四次活动当中，组员优势和资源的发掘主要以组员自我分享为主。在第二次小组活动中，由于考虑到小组尚处于初期阶段，组员之间不是特别熟悉和了解，如果采用互相指出优势和资源的方式效果不会太好，因此就采用了自我评估量表的填写和自我陈述的方式来分享组员自身的优势和资源。由于中国人谦虚礼让的文化传统，再加上小组初期组员之间的不熟悉，所以组员对自身优势和资源的陈述不多。到第四次小组活动时，组员关系已经稳定，相互之间已经比较熟悉，在涉及挖掘组员优势与资源时，笔者仍然采用了第二次小组活动中自我陈述自身的优势和资源的方式而没有及时地调整活动方式，使第四次小组活动的内容与前面内容有所重复，因此组员分享较少，气氛不够活跃，组员的优势和资源挖掘深度不够。

3. 未形成志愿者定期常规化活动制度

在建立定期的志愿者学习与交流的活动问题上，本次小组培训并未达到目标，其原因来自老年志愿者和机构两个方面。

首先，从老年志愿者方面来看，定期志愿者活动制度的难以建立有四方面原因。第一是老年志愿者居住的地方比较松散而难以聚集，因此建立定期活动制度比较困难。第二是之前机构对老年志愿者的工作时间进行过调整，以往志愿者每天都需要来机构，而调整之后，一个志愿者带5个新学员，如果所带学员当天不来上课，那么志愿者就不用来机构。因此，许多老年志愿者大部分时间都不在机构，要联系这些志愿者也比较困难，需要花费大量的人力，对定期志愿活动的建立有不利影响。第三是老年志愿者与学员之间的互惠机制遭到破坏，许多老年志愿者不愿再来参与志愿服务。组员表示，现在的志愿者和学员之间的关系与以往有很大不同：以往的志愿者在帮助完学员时，学员会感谢老年志愿者的帮助，这样的回馈成为老年志愿者的志愿服务动力，使他们非常愿意参与到志愿服务中来。而现在的学员常常认为志愿者的志愿服务是理所当然的，而且有时候还会因为老年志愿者解决不了问题而嘲讽老年志愿者，信心受挫的老年志愿者就不愿意再来提供服务。学员能够接受到的服务少于以往，他们的学习质量和效率就受到影响。因此机构老年志愿者人员的流失率较高也影响了志愿者定期活动机制的建立。第四是老年志愿者自身条件的原因，有的老年志愿者非常想参加这样的活动，但是自己的身体状况不好，精力和时间有限，便不会来参加，还有的志愿者没有终身发展的意识，就更不会参加。

其次，老年志愿者定期活动机制的难以建立，也有机构层面的原因。在开展小组活动前笔者与机构的负责人沟通过，他提及目前机构的发展面临着资金缺乏的重大困境和发展重心的转移。资金缺乏严重影响了机构的可持续发展，而机构发展重心的转移由以往的主要为中老年人提供学习、娱乐、健身等服务转移到建立"蜂巢"，即通过为社区空巢老人提供服务，将"空巢"转变为"蜂巢"，所以他们对于开展定期的志愿者活动也是有心无力。

4. 组员动力及持续性不足

老年志愿者在小组活动中后期出现兴趣不足、参与动力及持续性不佳的情况。有个别老年志愿者表现出不是特别投入，有一些小动作或者是不耐烦的情绪，这与活动设计得不合理有关系。在中后期的小组活动中，活动内容和形式相对单一，主要以讲解为主，导致小组成员对于个别活动的兴趣不是很高，所以影响了组员参与培训活动的持续性和动力。

5. 小组带领者对组员争执和差异的处理经验不足

在小组活动后期，组员的差异性慢慢表现出来，组员针对同一个问题会出现一些分歧和争执。组员都企图说服对方来赞成自己的观点，就同一个问题很难达成统一的意见。由于笔者缺乏相应的实务经验和技巧，在处理组员争执和问题中不能很好地应对和化解，导致对争议、矛盾处理不当或者处理不力，从而影响到组员的凝聚力。

（三）关于改进老年志愿者培训小组工作的思考

尽管老年志愿者培训小组顺利开展，但是也存在一些不足之处，以下是关于改进老年志愿者培训小组工作的思考，希望能够为后来者提供一些参考。

1. 小组活动的设计需要符合服务对象的特点

小组活动面对不同的服务对象，需要根据服务对象的特点进行设计。在社会目标模式中，为了避免小组设计偏离实际，需要根据民主性原则来开展组前访谈，与服务对象一起来讨论小组设计，在讨论的过程中启发组员的社会责任意识，这也是社会目标模式的核心目标之一。因此，在此次小组培训实务中，依据小组民主原则进行组前集体访谈对于设计合乎需求的小组活动起到了重要的作用。这一环节使组员意识到自身是小组的一员，责任之心油然而生。组员大多数都是从自身的角度出发陈诉自己的意见，非常有价值。如果组员未形成系统性活动的思路，小组带领者需要事先准备好小组计划书，当然这个计划书应在需求评估后做成。小组带领者可将计划书的大概框架和活动过程拿出来与组员一起讨论，再根据组员的意见来进行修改，如此，可以更加符合组员的需求和特点。但是由于时间问题，本次老年志愿者小组的开组前访谈对于个别环节讨论得不是特别充分，所以在活动实施过程中出现了一些不尽如人意的情况。

2. 小组活动方式需要灵活多样

在社会目标模式之中，小组活动的方式应多种多样，如讲解、示范、角色扮演、情境模拟等，小组活动方式的多样性可以提升组员兴趣，而在本次小组活动中，活动方式相对单一，在一定程度上影响到了组员的兴趣。因此，在活动的过程中，需要根据具体的活动情况灵活调整活动形式或内容，以调动组员兴趣，吸引组员投入活动当中。

3. 采用小组活动的方式来开展培训，既要考虑小组过程的特点，充分利用小组工作的优势，同时也要兼顾培训功能的实现

小组形式的培训需要兼具小组工作和培训两种工作方法的特点，这样既可以保证培训过程中营造放松自由的氛围，同时也能够让培训对象有一些知识和技能性的收获。社会目标模式小组工作可以兼具这两方面的特点。以小组形式所开展的志愿者培训，小组工作的各个阶段会表现出不同特点。小组初期，组员由于相互之间不了解，会表现出沉默、试探、依赖主持人等特点。在小组关系建立期，组员表现会比初期主动一些，相互之间会沟通交流，但是因为了解不是特别深入，所以沟通交流也不会太深入。关系建立稳定后，组员关系和凝聚力增强，沟通交流增多，相互之间更为信任。但是在关系稳定期，组员的差异性逐渐显现出来，组员之间的矛盾也会凸显，如针对同一个问题会就自己不同的看法进行争论，相互之间也企图利用话语权来战胜对方，有的甚至一直不停地讲话而直接遭到其他组员强硬的打断等。到小组结束期，组员关系恢复正常，甚至有些组员表现出不舍的情绪。小组形式的培训也兼具培训的特点，如主持人需要做主要的引导，培训需要让服务对象获得一些价值理念、知识和技能等，具有教育性质的特点，具体的知识和技能性方面的内容较多。因此以小组工作方式来开展培训，既要考虑小组过程的特点，也要兼顾到培训的特点。

4. 小组组员动力的维持

小组动力是指某个小组之所以形成的原因，以及维持小组功能的一种力量或一种方式。影响小组动力的因素主要包括组员对小组的期望、组员个人目标与小组目标的契合度、小组的活动内容与形式、小组凝聚力、小组领袖的素质等。在本次小组活动中，小组动力主要来源于组员对小组的归属感及小组的凝聚力，而影响小组动力的主要因素包括对小组的期望、小组的活动内容与形式两个方面。

首先，小组组员有不同的期望和需求，这些期望和需求关系到小组动力的维持。在本次小组活动中，组员有共性的期望和需求，也有一些个性的期望与需求，期望和需求强烈程度不一，组员在小组中的参与深度也有所差别。因此，为了维持小组动力，从组员的需求和期望出发，在条件允许的情况下，可以兼顾一些个别性的需求。同时，小组计划书只是一个实务操作的指南和框架，小组带领者可以根据组员的表现和具体情况加以实施，甚至根据实际情况进行调整，以满足组员的需求。对于组内个别比较特别的组员，工作人员应给予特别的关照，以满足个别化的需求。对于个别有意见的组员，工作人员需要在小组结束后通过面谈细致深入地进行疏导。

其次，小组活动内容与形式对小组动力维持的影响。小组内容枯燥、小组活动形式单一对小组动力维持会产生不利影响，在可能的情况下，小组活动可以采取多样有趣又为组员所能接受的形式和内容，从而维持整个小组的动力。

5. 小组分歧及差异的处理

在小组冲突阶段，小组分歧及差异容易出现。在社会目标模式中，对于冲突阶段小组分歧和差异的处理主要有善于利用冲突和稳定系统的技巧，冲突的善于利用可以增进小组的凝聚力，而稳定系统技巧则是为了保障小组的稳定，促成团体改变，达成集体行动，促进社会变迁的实现。因此为了避免和正确应对冲突的发生，在设计小组时，需要对可能出现的风险和意外情况尽量全面地进行预估和制定应对策略，其中就包括分歧和差异的处理。在小组活动过程中，当出现分歧甚至可能会影响组员关系的情况下，工作人员不要对组员的观点做好与坏的评判，而需要引导组员包容不同的观点，重申小组规范，找出组员观点出现分歧与差异的根源及分歧与差异中的共同之处，保持小组朝着共同目标努力，从而达成集体行动，推动社会变迁。同时，为了增加小组带领者处理分歧及差异的经验，小组带领者可以提前观看一些处理组员争议和矛盾的案例或者视频，做好应对分歧及差异处理的准备，小组带领者也可以借鉴社会目标模式小组工作中的处理冲突的技巧，如抛回议题、组员讨论、善于利用冲突以及稳定系统等技巧来应对冲突。

六、结论与讨论

（一）小组工作方法对老年志愿者培训品质提升的积极意义

从上面的论述可以看到，小组工作方法对老年志愿者培训品质的提升具有积极意义，其主要表现在以下三个方面。

首先从方法上讲，小组工作的培训方法具有规模小、培训具有针对性、非正式、结构性、被培训者在培训过程中的参与性强等特点，因此，小组工作方法可以弥补机构一般集体性培训的不足，提升老年志愿者培训的效果和品质。

其次从形式来看，小组工作形式的培训兼具小组工作和培训的特点，活动形式多样，氛围自由，组员可以在小组中有更为放松和深入的交流与沟通，因此可以保证培训对象在放松自由的氛围中有知识性和技能性的收获。

最后从内容来看，小组工作的培训内容是根据组员需求而设计的，是自下而上的，并且小组工作式的培训在内容上具有层层递进的关系，内容具有连贯性，从而保证了培训的有效性。

因此将小组工作方法运用于老年志愿者培训当中，不仅具有理念、方法上的优势，同时也具有形式和内容上的优势。在开展小组活动前进行需求评估，避免了培训者自上而下的决策，对于提升培训品质具有重要作用。

（二）小组工作方法运用于老年志愿者培训的实施条件

第一，规范的志愿者管理制度及机构对小组工作方法的认可是小组工作方法运用于老年志愿者培训的基础条件。

在本次小组活动中，机构并没有规范的志愿者管理制度，在老年志愿者的职责、服务内容、奖惩机制、培训机制、日常管理机制、物资利用及支持机制等方面都比较缺乏，因此机构的老年志愿服务并未制度化，而呈现出随意性、非专业性等特点。不规范的志愿者管理制度也是后面为志愿者提供情感与知识支持的志愿者定期活动机制未能建立的原因之一。因此，建立规范的志愿者管理制度是小组工作方法运用于老年志愿者培训的基础条件。此外，机构对于小组工作的认同可以为小组工作的开展提供重要支持。本次小组活动的开展首先得到了机构负责人的赞同，因此在开展小组活动的过程中，机构予以提供场地的支持，并在小组活动设计和开展方面提出了建议等。因此机构对小组工作方法的认同非常重要。如果机构不认同小组工作方法，那么小组的开展就会遇到很大的阻力。

第二，处理好四组关键的关系条件，是小组工作方法运用于老年志愿者培训的重要前提。

首先是老年志愿者与学员的关系。小组工作的培训对象是老年志愿者，老年志愿者的直接服务对象是机构的学员，老年志愿者与学员之间的互惠机制会影响老年志愿者对志愿者培训的参与。老年志愿者与学员之间的互惠机制主要是指老年志愿者在提供志愿服务的过程中，老年志愿者和学员会在提供服务与接受服务中的相互给予与共同受益。学员在接受志愿者的帮助后，获得某些知识性或技能性的提升，通过这样的提升，学员对老年志愿者有一些积极的反馈，如感激、赞扬等，让老年志愿者有被尊重、自我价值得以实现的感觉。老年志愿者在提供服务过程中获得这些积极的反馈，则会产生更多的意义感与价值感，增强志愿服务的自信心，从而会更加努力提供服务，使学员获得更多服务和提升。老年志愿者与学员的这种互惠机制可以促进机构老年志愿服务的持续发展，同时促进机构服务的持续开展。然而，如果学员对志愿服务认识不当，如认为老年志愿者提供服务是理所当然的，提供不了满意的服务就应该受到批评和嘲讽等，就会导致这种互惠机制遭到破坏，老年志愿者服务信心受到挫伤。对志愿服务无信心、无兴趣的老年志愿者自然没有参加志愿者培训的动力，则再有效的志愿服务培训都无从发挥作用。因此，老年志愿者与学员之间的互惠机制的建立是小组工作方法运用于老年志愿者培训的重要条件，有了这样的互惠机制，学员需要老年志愿者提供的服务，并为自己所获得的服务进行积极反馈。而老年志愿者为了获得更多积极反馈和精神上的满足，他们就会努力提供更好的服务，从而具有参与培训的动力。

其次是老年志愿者即组员与小组带领者的关系。组员与小组带领者的关系应该是基于平等的伙伴关系，相互尊重和支持，而非上下级关系或者其他特殊关系。小组带领者与组员之间建立良好的平等合作的专业关系是小组工作在老年志愿者培训得到运用的重要条件，也是其突出优势。

再次是组员与组员之间的关系。组员之间通过小组活动形成的小组凝聚力可以使组员有归属感，获得小组支持，从而更加有利于组员积极参与到小组活动中来。

最后是小组与机构的关系。以小组工作形式开展志愿者培训是机构工作的一部分，小组依托机构开展活动，小组目标要与机构目标保持一致，小组活动的发展要与机构未来的发展保持同步。如果小组的发展与机构的发展不一致，则会出现矛盾和冲突，影响小组志愿者培训的开展，也阻碍机构的发展。

第三，组员对小组工作方法的接纳与适应是运用小组工作方法开

展志愿者培训的重要条件

对于老年志愿者的培训方式，以往主要采用集体一次性培训，而小组工作从方法和内容上都有别于以往的培训方式，因此，志愿者对小组工作方法的适应和认同是一个关键条件。如果组员不适应、不认同这样的方式，那么小组工作的开展也就无从谈起。推动老年志愿者对小组工作方法的接纳和适应，需要在小组活动开始前就小组工作方法对老年志愿者进行介绍，指出小组工作方法与集体性培训的共同之处及具有的优势，以此来促进老年志愿者对小组工作方法的接纳与适应。

第四，小组带领者的素质与经验对小组工作方法运用于老年志愿者培训有重要影响

在小组活动中，小组带领者是小组活动培训目标得以实现的关键媒介，他直接影响到整个培训的理念、目标、内容与实施效果。在培训活动中，小组带领者扮演着多重角色，如引导者、教育者、资源提供者、提供建议者等，不同的角色需要根据活动的不同阶段进行恰当运用。小组活动带领者与组员之间应该是合作、平等的伙伴关系，小组活动带领者应该具有耐心和信心，同时具备沟通、组织计划及灵活应变的能力。

（三）从社会目标模式小组工作在老年志愿者培训中的运用看积极老龄化理论的本土化实践路径

综上所述，将社会目标模式小组工作运用于老年志愿者培训，可以提升老年志愿者培训品质，帮助老年志愿者更好地实现自我价值，树立信心，提升晚年生活品质，是对积极老龄化理论的践行。积极老龄化的提出已经有许多年，如何通过具体的方法和技术的运用，并根据实际情况把"积极老龄化"这一抽象的理论变为具体的行动，世界

各个国家根据自身情况也在努力探索积极老龄化的实践路径，将社会工作方法运用于推动老年人群体参与志愿服务就是其中之一。社会工作作为舶来品，在中国本土得到迅速发展，社会目标模式小组工作因其具有系统完善的理论体系和技术支撑而得到广泛运用。

将社会目标模式小组工作与我国老年人口规模庞大的国情、"乐于助人"的文化传统相结合运用于老年志愿者培训之中，既符合我国老年志愿服务发展的需要，又可以提升老年志愿者的社会责任感。通过培训，社会目标模式小组工作具体的方法和技术在实践当中得以运用，社会目标模式的理念得以传递给参与培训的组员，老年志愿者志愿服务能力得以提高，并且通过老年志愿者个体观念、能力的改变影响老年志愿者团体的改变，吸引更多的老年人参与到志愿服务当中，从而使得积极老龄化从理论变为现实成为可能。

将社会目标模式小组工作与老年志愿者培训相结合，是对积极老龄化理论本土化实践的一次尝试性探索，同时也是对社会目标模式小组工作的理论、方法和技术的检验与运用。实践结果表明，将社会目标模式小组工作与老年志愿者培训相结合，对于提升老年志愿者参与志愿服务的动力和能力有良好效果，二者结合对于实现"积极老龄化"具有良好的实用价值和推广前景，"积极老龄化"不再只是作为一种口号，而是可以实现的蓝图。本研究的开展只是一次关于老年志愿者培训有效途径及积极老龄化理论本土化实践路径的尝试性探索，其中存在诸多不足之处，如对实务经验的理论性升华不足，研究的广度、深度不够等，这都是以后需要继续努力的地方。

女童反性侵教育的小组工作介入探索

作　　者：何晓丽(云南大学公共管理学院社会工作专业硕士研究生)
指导教师：马居里

随着女童被性侵案件频繁地被报道，社会对于女童反性侵教育的关注度逐渐提升。目前，国内有的小学已经开设性教育课程，部分家长会为孩子讲解有关反性侵教育的内容。另外，政府部门和司法部门积极完善相关的法律政策，少数非营利组织开展反性侵教育服务活动。可以看出，社会、学校、家庭都积极关注反性侵教育，通过不同的途径增强儿童的自我保护意识。但目前的反性侵教育是不够的，需要采取多渠道、多元方法开展教育服务活动。因此，社工在昆明市 C 市区的社工站成立"培蕊小组"，开展反性侵教育小组活动，探索反性侵教育的可行性方法。

"培蕊小组"活动共开展 6 次，活动主题依次为：我们都是好朋友、做自己身体的主人、娃娃的新衣、认识"性侵害"、做自己的保护者、朋友再见。主要采用的方法为小组工作法、访谈法、问卷调查法，社工了解到了女童关于反性侵教育的需求、家长对反性侵教育的看法与行动等内容，收集到了比较丰富的资料。本文从绪论、文献综述、小组研究的基础和条件、女童反性侵教育的社工介入、介入效果的评估、社工介入反思这六大部分进行阐述。

一、关于儿童性教育

在搜索文献时可以发现,目前关于反性侵教育的研究比较少。反性侵教育处于起步阶段,在一步步探索之中。反性侵教育属于性教育的一部分,因此,在开展反性侵教育的时候,需要结合性教育的相关知识。另外,由于反性侵教育的研究比较少,可以借鉴国内外性教育的研究结果与实践经验。

(一)儿童性教育的内容

儿童性教育指对儿童进行有关"性"的教育,包括性生理、性心理、性的社会文化内涵、维护性健康、预防性疾病、性别意识、性别社会化、性别平等及家庭生活等诸多方面。[1] 儿童性教育主要包括两方面内容:形成性别同一性,形成正确的有关性问题的准则和观念。[2]

概括地说,性教育主要涉及性生理、性心理和性道德三方面的教育。性生理教育包括向学生讲解生殖过程、人的发展规律、人体结构、性取向、性快感、性传播疾病以及如何预防性传播疾病和如何避孕的知识。性心理教育包括培养学生的自我意识,引导学生认识两性的特征及培养学生人际交往的能力等。性道德教育是帮助学生形成对性的

---

[1] 丁志芳:《论儿童性教育课程的基础》,《中国性科学》2010年第4期,第19页。
[2] 周玲:《浅谈儿童性教育》,《锦绣》2012年第12期。

某种态度和价值判断。

（二）国内外性教育研究

《国内性教育研究三十年：文献计量及内容分析》[1] 一文中指出，三十年来学者关注的焦点是青少年和大学生的性教育，研究的热点是性教育、性知识、性道德。

我国性教育研究经历三个阶段：研究起步期（1982—1993年）、研究积累期（1994—2003年）、研究发展期（2004年至今）。第一阶段，学者呼吁关注中小学生的性健康、性道德；第二阶段，学者侧重于研究学生青春期的特征，青少年和大学生的性心理；第三阶段的研究涵盖了青少年和大学生性教育方式的多样性、对策的可操作性等多个方面，且较好地结合了时代热点。性教育研究文献主要分布在教育学、社会学、医学、心理学等领域。不同学科的合作、多学科交叉、多方法结合、新视角的运用将是必然的趋势。[2]

国外对性教育内容的确定与对性教育概念和性教育目标的理解密切相关。从简单的性生理的内容发展为更加全面的内容，包括性别角色的进入、性身份的认同、性态度的确立、性意识的发展、性的生理需要与心理健康，以及性的道德和责任感的确立等性教育内容体系。[3]

---

[1] 龙玲、陈世海：《国内性教育研究三十年：文献计量及内容分析》，《中国性科学》2013年第4期，第22页。

[2] 陈世海：《中国留守儿童研究十年：文献计量及内容分析》，《宜宾学院学报》2011年第8期，第22页。

[3] 郑友富、俞国良：《国外儿童性教育对我国学校教育的启示》，《教育科学研究》2002年第7期，第56页。

(三) 关于反性侵教育探索的情况

为了防止和严惩儿童性侵害,联合国专门通过了一部《儿童权利公约》,于 1990 年 9 月 2 日生效。该公约第 34 条和第 35 条明确要求缔约国应保护儿童免遭一切形式的色情剥削和性侵犯之害,要求各国采取适当措施以防止:引诱或强迫儿童从事任何非法的性生活;利用儿童卖淫或从事其他非法的性行为;利用儿童进行淫秽表演和充当淫秽题材。该公约要求各国防止诱拐、买卖或贩运儿童。

陈永福在《我国未成年人遭受性侵害之法律成因分析》一文中指出,未成年人的性权益,尤其在新型性侵害面前无法得到保障,探究其法律成因,主要是现代人性观念的快速转变与性法律意识落后的矛盾尖锐、立法上对性侵害主体与范围规制过窄以及司法方面的侦查取证方式不妥等因素共同导致。[1] 2013 年 10 月,《关于依法惩治性侵害未成年人犯罪的意见》中表明:"以金钱财物等方式引诱幼女与自己发生性关系的,知道或者应当知道幼女被他人强迫卖淫而与其发生性关系的,均以强奸罪论处。"

儿童性侵犯是一个令人关注的话题,不同国家对此有着自己的预防措施及处理方法。

在法国,法律不仅严禁对未成年人各种形式的性侵,同时也在中小学校开展性教育活动。这里的性教育并非指生物学方面的知识,而是一种自我防范意识,以及对该现象正确的处理方法。国家政策早已规定所有中小学每年必须安排或多或少有关性教育的课程。加拿大联邦政府和各级政府除了制定详细的儿童保护法,各省市也建立了以少年儿童安全为宗旨的非营利机构,并设立儿童求助热线

---

[1] 黄礼彬:《论性侵幼女案件的事前预防与事后救济》,《法制博览》2014 年第 6 期,第 20—22 页。

电话。服务机构除了配备专业人员以外，还以宣传小册子和广告等指导孩子们求助和自我保护。基于《儿童安全法》，性教育被列入公立学校教学范畴，成为孩子学习性知识的途径和自我保护的武器。德国防范性侵儿童的举措可以分为以下三方面：联邦警局和民间组织发起的大规模宣传活动、幼儿园与学校的启蒙教育、家长对幼童的教育。联邦教育局有统一的三本教材：一本专业词汇讲解、一本故事书和一本小册子。

在中国台湾，逐渐形成了女童的安全保护机制，开展反性侵教育活动。在大陆地区，从20世纪90年代开始推广性教育，在最近几年开始开展防性侵教育活动。少数学校开展反性侵教育讲座、主题活动等。

一系列女童被性侵事件，让一向关注女童性教育的社会组织有了行动。中小学自然成了反性侵教育的重地。中小学女生被视为性侵事件中最为脆弱的群体，她们不像成年人那样，有足够的心智、知识、经验、体力来保护自己。尤其因为年龄、心智和身体尚处于成长发育阶段，她们自己的决定，即便是完全未受胁迫下的，也被当作"不理智、不成熟"因而是不完全的决定。[1]

裴谕新在《反性侵教育，别把女童关进笼子里》一文中指出，各种性教育版本，基本是针对"如何管理自己的身体/性隐私"来进行的。例如要明白身体属于自己，尤其是隐私部位，任何人不得触碰，即使是亲近或者尊敬的人。如果发生让自己感到疑惑的"亲近"事件，要告诉家长或者其他信得过的人，不要把"秘密"藏在心底。我国倡导社工进入反性侵教育行列，这当然是重要的一环，但社工的角色不应局限于此。教会青少年如何保护自己是一方面，更为重要的是学习西方、我国港台地区已经较为成熟的反性侵应对举措，

---

[1] 裴谕新：《反性侵教育不是性隔离也不是性别隔离》，《中国社会工作》2014年第18期，第64页。

建立起切实可行的应对资源链。把女童、青少年关进笼子里的做法是不现实、不可取的,建立一个为受伤害者全方位服务的"急诊室"才是当务之急。[1]

---

[1] 裴谕新:《反性侵教育,别把女童关进笼子里》,《性与社会工作》2013年第33期,第63页。

二、理论评述及研究方法

（一）相关概念界定

1. 反性侵教育

儿童性侵害是指侵害者以满足其性欲为目的，通过暴力、诱骗、物质引诱等方式，与儿童（18岁以下）进行性侵入（如试图与儿童性交和强行与儿童性交，试图与儿童肛交和强行与儿童肛交等）或性接触（如在儿童身上故意摩擦其性器官，迫使儿童用口接触其性器官等）的行为。也有研究者认为性侵害应该包括没有接触的性行为（如利用儿童进行色情表演、在儿童面前手淫等）。[1] 儿童性侵害可以是刑法规定的犯罪行为，也可以是刑法没有规定的、不构成犯罪但不利于儿童身心健康的行为。

性侵害包括：别人故意触摸或观看你的隐私部位，故意让你触摸或观看他/她的隐私部位，有人用零花钱、食物等诱惑你一起玩的时候，触碰你的隐私部位，强迫脱你的衣服或者攻击你的隐私部位，强迫你看色情图片或影像。

大人、比你大的孩子、男人、女人、陌生人或者认识的人，都可能对你进行性侵害。在我们的印象中，一般多是大人、异性可能进行

---

[1] 陈晶琦、韩萍：《892名卫校女生儿童期性虐待经历及其对心理健康的影响》，《中华儿科杂志》2004年第1期，第39—43页。

性侵害。但事实上，不是只有女孩才会被性侵害，男孩也会；不是异性才会对我们性侵害，同性也可能会。

2. 社工介入

社会工作是以利他主义价值观为指导，以科学的知识为基础，运用科学方法助人的职业化的服务活动。

（二）研究方法

1. 小组工作法

小组工作是社会工作基本方法之一。它是由社会工作者策划与指导，通过小组活动过程，以及组员之间的互动和组员间经验的分享，帮助小组组员改善社会功能，促进其改变和成长，从而达到预防和解决有关问题的目标。

社会工作学科中有关小组的分类标准很多，一般依据小组的目标、服务对象的特点、实际需要、小组的形成方式等划分为不同的类型。教育小组是根据小组目标的角度划分的。教育小组旨在通过帮助小组组员学习新知识、方法，或补充相关知识的不足，促进组员改变原来对于自己的问题不正确的看法及解决方式，从而实现小组组员的发展。

在介入中，主要采用小组工作的方法，开展女童反性侵教育小组活动。本文的小组为"培蕊小组"。小组的目标如下：第一，引导学生认识什么是性侵害；了解性侵害的主要形式；知道防范和应对性侵害行为的主要措施与方法。第二，引导学生了解性侵害易发生的时间和主要场所，培养学生的观察分析能力和应变处置能力。第三，使学生能正确地对待生活中的性侵害事件，培养学生珍惜生命、关爱健康的生活态度，树立自我保护意识。

"培蕊小组"在社区社工站开展，需要人力资源和物质资源。小组的带领者为一名社工，另外，有的环节需要志愿者辅助。如果没有志愿者的辅助，则选择组员协助社工完成工作。在财力方面，小组的预计支出为 100 元，主要是购买文具用品、打印资料、为组员准备礼物。

小组工作共分为四个阶段，第一阶段：招募组员，与组员的家长沟通协调；第二阶段：组员的需求评估，进行前测，做好基线调查；第三阶段：具体的小组活动，社工介入；第四阶段：结束小组，进行后测。

在小组开始之前，在 C 社区的社工站招募组员，对象为三至六年级的小学女生。小组持续两个半月的时间。在招募组员的过程中，需要和家长做好相关的沟通工作，告诉家长我们的小组开展什么样的服务。并且，得到家长的同意之后，让家长在《监护人知情同意书》上签字，才能让组员参与到活动中来。招募到组员之后，需要学生完成前测的问卷，做好需求评估，让组员选择合适的方式，根据组员的需求开展小组工作。

每周开展一次小组活动，共 6 次。其中，第一次小组的主题为破冰、介绍小组主题。在第五次小组活动时，需要告诉组员小组结束的时间，让组员做好结束的心理准备和思想准备。在第六次小组活动中，和组员回顾总结每次小组的活动与学到的知识，协助组员保持小组经验。并且，做好评估工作，填写后测问卷。（前后测问卷见附录。）采取的评估方法有四种：前测与后测的结果分析；过程评估，即每次小组活动的小结；服务对象对活动效果的评估；社工对活动的评估。

小组的开展预计会遇到的问题与应对如下。第一，组员招募难的问题：积极宣传，并争取社工站工作人员的帮助。第二，与家长沟通的问题：如果家长觉得孩子不适宜参加这样的小组，就和家长说说目前女童被性侵的现状。并且，把小组活动详细告诉家长，让家长了解我们的小组。第三，在小组活动中，不同组员的应对方式不同：具体问题具体分析。

在小组过程中需要注意很多问题。首先，尊重组员，保护好组员的隐私。其次，引导组员沟通、分享。再次，作为带领者、教育者，积极引导组员思考、发言。如果在小组中发展出个案，需要单独辅导。最后，需要采用到的方法有：主题游戏、绘画、讲故事、情景剧。

2. 问卷调查法

问卷是社会调查中用来收集资料的一种工具，它是用来测量人们的行为、态度、社会特征的，所收集的则是有关社会现象和人们社会行为的各种资料。[1] 本次问卷调查采用前测与后测的方式进行。在实施实验刺激以前对实验对象进行的测量称为前测。而在实施实验刺激后对他们的测量称为后测。

在开始小组介入之前，需要女童填写前测调查问卷，以了解她们对反性侵知识的知晓程度，在不同情况下的应对机制。六次小组活动结束之后，需要她们填写后测调查问卷，了解她们所掌握的关于反性侵的知识。

问卷分为两个部分：封面信、问题，其中问题包括了封闭式提问和开放式提问。问卷内容包括：学生基本信息、与家长的沟通情况、是否了解性侵相关知识、希望在小组中收获什么等，详情见附录1和附录2。在最初设计问卷时，前后测问卷是同样的问题，但在实际操作中发现存在问题，因此重新设计了后测问卷，以提高测试的准确性。后测问卷的问题更加具体，更加具有针对性，其中有很多是小组中涉及的知识。

3. 访谈法

访谈是研究者探访被研究者，并通过问答获取资料。[2] 在访谈时，

---

1 风笑天：《现代社会调查方法》，华中科技大学出版社，2010年，第123页。
2 风笑天：《现代社会调查方法》，华中科技大学出版社，2010年，第124页。

社工确定一个访谈主题和范围，与被访谈者进行自由的交谈。其作用在于通过深入细致的访谈，获得丰富的定性资料，通过访谈者主观的分析，从中归纳和概括出某种结论。这种方法适合在自然条件下观察人们的行为与态度，比较灵活、弹性大。

在招募组员的过程中，需要与学生和家长做好沟通工作。为了顺利与家长进行沟通，需要列好访谈提纲。访谈提纲共分为三部分：被访者基本信息（年龄、性别、籍贯、工作等），被访者家庭基本情况（家庭成员、常住人口、家庭成员关系等），与反性侵教育相关的问题。

在访谈中需要做好记录，包括书面或者录音。在开始记录之前，需要征求被访者的同意。在访谈中需要做到灵活应变，尽可能收集到足够信息。如果有疑问的地方，应以合适的方式提问。访谈结束后，需要家长签订学生参与小组的同意书。

三、女童反性侵教育的实务小组

（一）C 社区概况

C 社区位于昆明市西部城中村。社区面积很大，生活设施与基础设施相对完善，但社区的主要街道交通混乱，街道拥挤，居民楼道狭窄，卫生条件较差。社区中有学校、幼儿园、派出所、居委会、卫生站、银行、非营利组织等。社区中的学校、幼儿园都比较多，其中民办学校更多。

C 社区分为新村和老村，在新村老村分别设有派出所、居委会，能为居民做好最基础的工作。新村和老村有很多诊所，私人营利的小诊所较多。社区有 5 所幼儿园、5 所小学、2 所中学，能够满足学生上学的需求。在老村学校附近，有一所马来西亚人开设的儿童服务中心，学生放学之后可以去写作业，周末或节假日有丰富的活动。新村设有社工站，开展形式多样的服务，从不同方面满足学生多元化的需求。

据 C 社区派出所所长介绍，该社区处于城乡接合部，新村和老村建设不规范。社区共有 12 个村民小组，约 9 万人口，3 万多间出租房。本地人口不到 1 万人，其余为外来务工人员。流动务工人员较多来自四川、重庆、贵州三省市，人口受教育程度偏低。

在这里生活的大部分居民是当地居民和外来的进城务工人员。所居住的家庭多为多子女家庭，部分女性居民在家带孩子，而男性居民在外地打工。居民的文化程度不高，对子女的教育问题有一些疑惑。

流动儿童群体、留守儿童易成为性侵害的对象，根本原因是社会关系不平等、女童不被尊重，直接原因是基本监护的缺失。基本监护的缺失为侵害人提供了大量的可乘之机，并且事后难以及时发现，导致重复、长期性的侵害。另外，社区很多诊所有各种人流广告，街上发的杂志上有很多色情图片和文字，网络上更是传播各种不健康的信息。儿童正是处于学习的阶段，对信息的吸收程度很高，并且儿童的是非观念和道德观念正在形成之中，没有那么强的分辨能力，会对儿童产生不良影响。

（二）女童反性侵教育的基础和条件

1. 女童反性侵教育的需求评估

报名参与培蕊小组的学生17名，实际参与小组的组员11名。其中，3名9岁的组员，5名10岁的组员，3名11岁的组员。就读于三年级的学生2名，四年级的学生3名，五年级的学生6名。组员基本情况见表1。对组员填写的前测问卷进行分析，了解组员的需求。组员希望能学到反性侵的相关知识，学会保护自己，在小组中交到朋友，玩得愉快。

表1 组员基本情况统计

编号	年龄	年级	学校
1	9	三	CF 小学
2	9	三	CF 小学
3	9	四	CF 小学

续表

编号	年龄	班级	学校
4	10	四	CF 小学
5	10	四	CF 小学
6	10	五	CF 小学
7	10	五	CF 小学
8	10	五	CF 小学
9	11	五	CF 小学
10	11	五	CF 小学
11	11	五	CF 小学

从图1和图2可以看出，64%的组员不了解自己的身体变化，64%的组员不知道哪些是身体的隐私部位。另外，通过对组员是否接受过性教育的数据进行分析发现，60%的组员没有接受过性教育。从这一结果可以看出，是否接受过性教育对女童成长中对自己的身体认知存在一定的影响。接受过性教育的孩子知道身体的隐私部位，知道自己的身体界限。而没有接受过性教育的孩子不清楚哪些是身体的隐私部位，如果发生性侵害的情况，孩子不能准确做出回应。

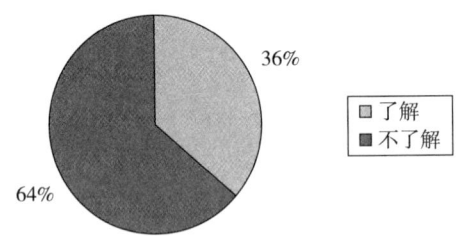

图1　是否了解自己身体上的变化的人数比例

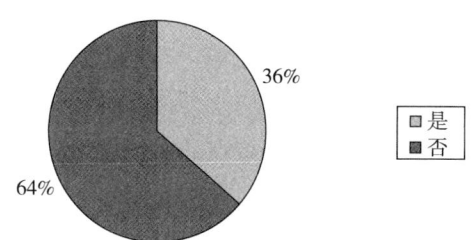

图2 是否知道哪些是身体隐私部位的人数比例

从图3可以看出,在接受过性教育的4名组员中,2名组员的知识来源于家长,1名组员的知识来源于学校,1名组员的知识来源于同伴分享。家庭是组员社会化的场所之一,父母从小教组员学习规范与知识。少部分学校开设了性教育(生物)课堂,组员在课堂中接受性教育。同伴是组员另一个重要社会支持网络,同伴会分享与交流自己的想法与认识,从而增加对性教育的认识。

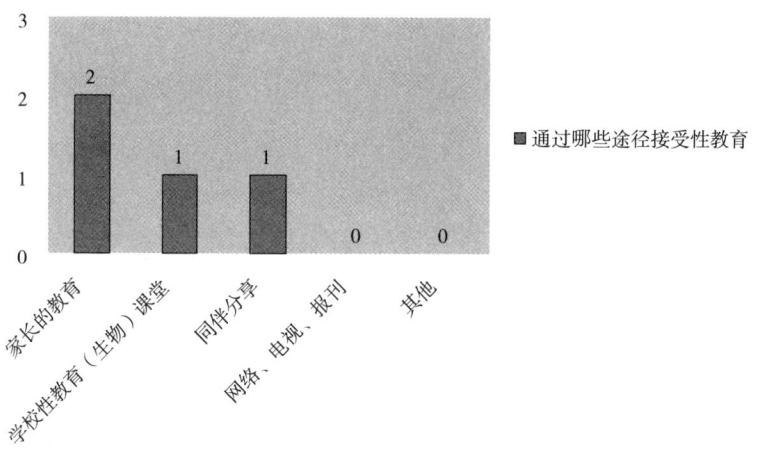

图3 接受性教育的途径

问卷中,你认为什么举动是性侵害这一题是多项选择题,从图4可以看出,组员所认为的性侵害主要是被迫发生性行为、触摸隐私处等有身体接触的行为。组员对性侵害有一定的了解。如果不幸被性骚扰,80%的组员会选择告诉家长,但也有10%的组员选择忍气吞声,10%的组员不知道怎么办。

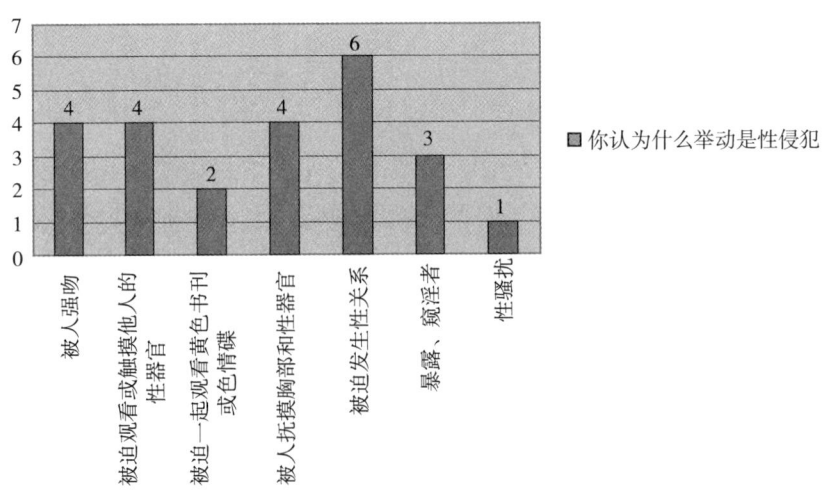

图4 你认为什么举动是性侵害

由此可以看出,组员接受的性教育知识有限,对青春期身体变化了解不多,有待加强认识。虽然对性侵害有一定程度的了解,但在如何应对性侵害这一方面需要得到提高。

2. 家长对反性侵教育的态度与看法

在小组开始之前,社工对组员的家长进行访谈,以了解家长对反性侵教育的态度与看法。小组共有11名组员,因此对11位家长进行了访谈。11名家长中,都是妈妈接受访谈。

(1) 被访者个人情况:年龄在25~35岁;民族为汉族或者彝族;籍贯为云南、四川、贵州;文化程度大多数为初中、高中;工作为个体户或者全职妈妈。

（2）家庭状况：多数家庭是多子女家庭。共同居住的有被访者、丈夫、女儿、儿子，为核心家庭。不同孩子的年龄差异在 8 岁左右，年龄较大的孩子在上小学，年龄较小的孩子还未上学。家庭成员关系良好，家长和孩子会有较多的互动。

（3）被访者与孩子的关系良好，孩子会把学校发生的事情都告诉被访者。例如孩子会把学校里好玩的事情告诉被访者，被同学欺负了也会告诉被访者。另外，在社工站发生的事情也会告诉被访者。

> 访谈者：您与孩子的关系怎么样，孩子会把学校发生的事情都告诉您吗？
>
> 被访者：我和女儿关系还是不错，女儿啥都会给我讲。昨天还告诉我在社工站玩了游戏，很好玩。
>
> 被访者女儿：嗯，好像是滇池学院的志愿者带我们玩的游戏，安全教育小组。我们班好多同学都参加了。不过，没有写完作业的就不能参加。还好我很快就把作业写完了。还有"生命教育小组"，好多活动。
>
> 被访者：以前在学校有人欺负她，她也会告诉我。我会告诉她要怎么做。

（4）在教育孩子方面，除了督促孩子学习，被访者还会教组员生活技巧、照顾弟弟妹妹。但由于被访者的精力有限，需要照顾好几个孩子，因此会有力不从心的感觉。虽然想多教孩子一些知识，但是不知道教什么、怎么去教。

> 访谈者：在教育孩子方面，除了督促孩子学习，还会进行哪方面的教育？
>
> 被访者一：平时比较忙，教娃娃的东西比较少。我也没多少

文化，好多书都不懂。每天放学后娃娃都在社工站写作业，有人教还可以。有的时候把作业拿回来，我也看不懂。家里还有弟弟妹妹，女儿会帮着带弟弟妹妹，女儿还是挺能干的。

访谈者：您的意思是说，除偶尔教孩子写作业学习之外，还教孩子怎么照顾弟弟妹妹？

被访者一：就是。家里娃娃多，没办法，照顾不过来。还是希望女儿多学点东西。小的时候还会教女儿洗衣服、做家务，现在我女儿就会自己做炒饭，如果我不在家做饭，她可以自己做饭吃。

访谈者：在教育孩子方面，除了督促孩子学习，还会进行哪方面的教育？

被访者二：主要是关注女儿的学习成绩，还有女儿的兴趣爱好。她喜欢书法，就给她报了书法班，每周六去上半天课。

访谈者：除了学习与爱好之外呢？

被访者二：以前暑假的时候，她爸爸会带她和弟弟去游泳馆游泳。游泳馆近，就经常去。

访谈者：暑假游泳既可以降暑又可以锻炼身体。您会督促孩子学习、让她参加自己感兴趣的培训班、和孩子一起锻炼身体，我这样理解对吗？

被访者二：对。

(5) 被访者会和孩子一起看新闻，当看到关于女童被性侵的新闻，会和孩子讨论。一名被访者看到女童被性侵的报道后，简单地告诉孩子身体哪些部位不能被别人摸。但不会做深入讨论，觉得孩子太小，讲太多不好。也觉得不好讲，不知道怎么去讲。

访谈者：您和孩子一起看新闻吗？

被访者：有的时候一起看，中午吃午饭的时候看新闻联播。女儿更喜欢看动画片、电视剧。

访谈者：如果看到关于女童被性侵的新闻，会和孩子讨论吗？

被访者：好像有看到女童被性侵的新闻。那些小女娃娃好可怜哦，啥都不晓得。有一次我还在网上下载了小学女生被强奸的视频给女儿看。告诉她不能让别人乱摸她，遇到啥子事情都要告诉我。女儿还小，有的事情不好给她说太明白了，她也不懂。

（6）多数被访者不了解性教育的知识和反性侵教育的知识。被访者在生活中不会特意花时间为孩子进行性教育，但会在孩子有需要的时候进行讲解。在被访者中，有一位组员在公益组织收到反性侵的小册子，家长和孩子一起阅读。

访谈者：您是否为孩子讲解过性教育的知识，了解关于反性侵教育的知识吗？

被访者一：不太清楚。女儿来月经的时候，给她讲过些要注意啥。其他的都没说了。

访谈者：您讲的月经期间注意事项，是属于性教育中的生理知识。

被访者一：哦，这样的。一直觉得女儿还小，不适合给她说那些。她慢慢地自己也会懂。

访谈者：您有告诉女儿什么是性侵害吗？您觉得被人强吻是性侵害吗？

被访者一：没说过。被人强吻是性骚扰吧，不算性侵害。我觉得强奸那类是性侵害，对娃娃伤害太大了。在我的印象中，性侵害是那些很恶劣的行为。

访谈者：您的意思是说，在您看来，那些接触性的行为才是性侵害。那非接触的，比如小孩被迫一起看色情电影就不是性侵害。是这样的吗？

被访者一：嗯，差不多就是这意思。

访谈者：您是否为孩子讲解过性教育的知识？

被访者二：没有特意去教她，有需要的时候会说说。

访谈者：那请问在什么时候您会说？

被访者二：女儿身体发育，需要胸罩，我就带她去买适合她的。喊她不要害羞，慢慢适应。

访谈者：您了解关于反性侵教育的知识吗？

被访者二：以前看过一些小册子，所以还是有些了解，会和女儿一起看小册子。好像是我女儿拿回来的，是一个公益组织发给她们的。

被访者：请问您还记得公益组织的名字吗？

被访者二：记不得了，过了一段时间了。

(7) 被访者认为通过学校为孩子提供反性侵教育是可以接受的，但学校没有开展性教育课堂。学校是学生学习知识的地方，如果在学校学习性教育知识与反性侵教育的知识，学生会比较容易接受和吸收。

访谈者：您认为通过哪些途径为孩子提供反性侵教育是可以接受的（家庭教育、学校课堂、社工站的小组活动、社区宣传）？

被访者：最好的话还是学校老师去教他们。本来学校就是学习知识的地方，老师教比较合适。而且女儿更听老师的话，老师讲一句，就当我讲十句。如果喊老师教他们些自我保护的知识就最好了。

访谈者：据您了解，学校有开展性教育课堂吗？

被访者：好像没有。

访谈者：除了学校之外，还有哪些途径您是能接受的？
被访者：这个我不太懂。
访谈者：比如说社工站的活动、社区宣传教育，您能接受吗？
被访者：可以。

(8) 社区社工站开展反性侵教育小组活动，被访者愿意让孩子参加。希望孩子能在小组学会保护自己、了解青春期的变化等。

访谈者：社区社工站开展反性侵教育小组活动，您是否愿意让孩子参加？
被访者：如果能有这样的活动，我还是愿意让女儿去参加的。以前社工站的那些小组就很好的，女儿参加过，还是有收获。
访谈者：谢谢您的支持，那您希望孩子能在小组中学到什么？
被访者：多了解些青春期的变化和身体发育，学会自我保护，学会分辨是非。

综合以上访谈记录，被访者年龄在 25~35 岁，文化程度低于本科。组员多来自多子女家庭，有兄弟姐妹，家庭成员关系良好。被访者和组员的关系很好，组员会将在学校和社工站发生的事情告诉被访者。从子女教育方面看，以督促组员学习为主之外，会教组员生活技巧、照顾弟弟妹妹。当看到关于女童被性侵的新闻，少数被访者会和组员讨论新闻内容，并且告诉组员要怎么去应对。18%的被访者会为组员讲解性教育的知识，如当组员来月经时会告诉组员这是长大的正常现象、在月经期间该注意什么。部分被访者反映，虽然想给孩子开展性教育与反性侵教育，但不知道选择怎样的方式。

被访者接受的反性侵教育途径有家庭教育、学校课堂、社工站的小组活动，愿意让组员参与小组活动，并且希望在小组中学到反性侵的知识，增强意识与应对能力。从访谈的结果看，家长支持反性侵教育，愿意让组员参与到小组活动中，希望能有实实在在的收获。

（三）女童反性侵教育小组进程

1. 准备阶段：组员招募、活动准备

为了招募组员，我们在社工站公告栏处张贴《招募书》，并在辅导作业时与学生交流，问学生是否愿意参加小组。学生都乐意参加小组活动，男生也会主动要求参加，因此社工告诉男生这是针对女生的小组，他们可以参与其他的小组活动。另外，争取社工站工作人员的帮助，如学生在签到的时候或者空闲的时候，社工站的工作人员为学生和家长讲解小组主题与内容。

在为期 6 天的时间里，报名的组员有 17 名，实际参与小组的组员 11 名。有的组员周末有安排，虽然报了名，但不能参加。有的组员家比较远，家长出于安全的考虑，不同意组员参加小组活动。参加活动的组员基本都是同一个学校的学生，部分组员来自同一个班级，因此组员之间的同质性比较高，不会陌生。

组员报名后，让组员家长填写监护人知情同意书，社工对部分家长做了访谈。家长很支持开展这样的小组，组员喜欢参与小组活动，但对小组的主题不太了解。因此社工在访谈时会为家长介绍小组主题、活动安排。

社工站分为游戏区、手工区、作业区、上网区、绘画区，能灵活使用的较大场地有限。并且，由于小组需要在一定封闭和安静的环境下开展，活动场地选为二楼的作业区。在活动当天，准备好场地、材料（大白纸、问卷、彩笔、签字笔），小组准备阶段的工作开展比较顺利。

2. 开始阶段

在招募组员阶段，与组员有了初步的认识。首先，社工做自我介绍，"我是×社工，是社工站的实习生。在接下来的两个月里，我将带领小组活动。小组共开展6~8次，每周六下午3点到4点。不强制你们参加，但希望你们每次小组活动都能来。"

组员对小组主题不太了解，不知道什么是"反性侵"。因此在介绍主题时介绍得比较详细："在报名参加小组的时候，我简单讲了小组主题是反性侵教育，也就是防止性侵害发生的教育，进行性防卫教育，提升性防卫技能，提高警惕，增强防范意识。在小组中将会了解什么是性侵害、性侵害的主要形式、知道防范和应对性侵害行为的主要措施和方法；了解性侵害易发生的时间和主要场所；正确地对待生活中的性侵害事件，培养学生珍惜生命、关爱健康的生活态度，树立自我保护意识。"

社工自我介绍与主题介绍之后是组员的自我介绍、热身游戏，组员都比较喜欢玩游戏，因此玩了两个游戏。游戏一：大风吹。所有小朋友围成一个圈，游戏带领者站在圈里。带领者比如说"大风吹，吹长头发"，那么长头发的小朋友就摇动身体。游戏二：大西瓜小西瓜。当说大西瓜时，组员要做小西瓜的动作；当说小西瓜时，要做大西瓜的动作，即做相反的动作。如果组员反应慢了或者动作错误，就让组员介绍自己的姓名、学校、班级、兴趣，并担任下一个主持人。

通过热身游戏，调动组员的积极性。让学生简单了解自己的外貌特征。例如：头发长短、穿的什么颜色的衣服或者裙子、是否戴眼镜等。在计划书中，相互认识环节与游戏是分开的，但在实际小组中，在玩游戏的过程中介绍自己的姓名、学校、班级、兴趣。

在订立小组契约环节，每位组员想出一条规则，并写在大白纸上。所有组员写好规则之后，大声朗读规则，并写出违反规则的惩罚。组员制定的规则有：不要大声说话、仔细听老师说的话、不能打架、准时参加小组、不要旷到、帮助他人。制定规则之后，组员对惩罚的意见不一致，因此以投票的方式确定，最终组员决定的惩罚是罚站 3 分钟。通过订立小组契约，提高团队凝聚力。

在选组长的过程中，每位组员先介绍自己以及竞选的优势，然后投票选出组长和副组长。一位组员在竞选中说，她会协助社工开展活动，做社工的小助手；如果同学有说话的不遵守规则的，她会监督和提醒组员。第一轮竞选中有两位同学都得了 7 票，因此两人再竞选，得票最多的同学做组长，得票第二的同学做副组长。

在填写问卷时，组员对性教育、反性侵教育没有任何的了解，组员在填问卷时也有很多不知道的地方。少数三年级学生有不认识的字，因此需要社工读题。在分享环节，通过交流，做简单的需求评估，了解学生的需要，即她们希望能在小组中有什么收获。

第一次小组活动达到了以下目的：社工与组员、组员与组员之间的认识，建立专业关系；通过大风吹的游戏，让学生简单了解自己的外貌特征，如头发长短、穿的什么颜色的衣服或者裙子、是否戴眼镜等；通过交流，做简单的需求评估，了解学生的需要，即她们希望能在小组中有什么收获；订立小组规则，建立小组规范；完成前测问卷，收集研究资料。

组员的积极性很高、非常活跃，但也有组员不遵守规则、随意说话，小组的纪律没有得到保障。社工和组员约定，社工说"一二三"，组员回答"请安静"并安静下来。在时间控制上有待改进，计划的时间为 50 分钟，但在小组规则制定和选组长的环节超时了，小组总共持续了一个多小时，在后半阶段组员的注意力没有之前集中，也容易疲劳。因此，本次小组有两个需要改进的地方：一是保持小组纪律，遵守规则；二是合理控制小组时间。

3. 发展阶段

（1）第二次小组活动：认识我们的身体

通过第一次小组活动，组员和社工都熟悉起来。本次小组首先是回顾上次小组的内容：自我介绍、主题介绍、热身游戏、订立小组契约、完成前测问卷。本次小组主题是"认识我们的身体"。

热身游戏"解人结"，组员站成一个圆圈，然后闭上眼睛，手臂向前伸，同时向中心靠拢。然后每个组员的每只手握住一只其他组员的手，这只手必须是相隔两个组员的另一个组员的手。握住后不能松开，直到所有的手都握好，形成纵横交错的"人结"。计时开始。在每一对紧握的手不分开的前提下解开"人结"。在"解人结"的过程中，可以进行语言和形体交流，直至形成一个无结的圈。本次小组游戏以提高组员的凝聚力为目的，通过共同完成一项事情，提高组员之间的凝聚力。给组员5分钟的时间解开人结，实际上组员非常棒，2分钟左右就解开了。

游戏结束之后是观看视频，让组员认识自己的身体，讲解青春期生理变化。视频内容主要引导组员认识哪些部位是身体隐私（胸部、阴部、臀部）。

在讨论环节，每位组员的认识不一。有的组员不太了解哪些是隐私部位，有的组员不清楚谁可以触碰自己，在哪些情况下可以让别人触碰隐私部位。例如：有的人说舅舅、老师可以触碰自己的身体，医生在医院检查身体的时候可以触碰自己的隐私部位。因此社工告诉组员：在医院检查身体的时候，只有在家长在场的情况下才可以让医生检查；除了妈妈之外，别人都不可以触碰自己的隐私部位，如果妈妈的触碰让你感到不舒服，也要勇敢说"不"。

青春期为10~18岁，组员处于前青春期，因此开始为组员讲解青春期的生理变化。青春期身体的改变：个子迅速增高，腋毛、阴毛开始生长，乳房开始发育，来月经，部分人长"青春痘"。首次月经是女孩进入青春期的重要标志之一。青春期时，女孩们都有了怀孕生孩子的能力，但是由于生理和心理都还没有完全成熟，所以这时怀孕不但会对身体造成伤害，也会严重影响个人的发展。长大之后，等真正能做妈妈的年纪再生孩子。

关于"我是怎么来的"这一问题，社工按照《春蕾计划·护蕾行动儿童手册》内容讲解。爸爸爱妈妈，他们隐私处接触，爸爸把精子送进妈妈身体内。最后仅有 1~2 个精子有幸能与卵细胞结合，其余的精子在 24~36 个小时内死亡。精子和卵细胞相遇，结合成受精卵。受精卵在妈妈的子宫中渐渐长大。胎儿通过脐带吸收妈妈身体里的营养慢慢长大。经过 10 个月的怀胎，在医生的帮助下，宝宝就出生了。有的宝宝是从妈妈的阴道，又叫"生命通道"出来的，有的宝宝是通过剖宫产手术出来的。新的生命从受精卵开始直到出生，这样一个伟大的工程是由人体的生殖器官完成的。

当问组员什么是青春期时，组员都不太清楚。社工先是以讲解为主，再引导组员讨论。在讨论环节，引导组员讨论生理变化，组员比较感兴趣的是月经、怀孕、分娩，发散到死亡。组员还问到了流产、避孕等问题，如流产对身体有没有伤害、会不会痛、怎样流产，社工回应如下：流产对身体伤害非常大，有手术流产和药物流产，不安全的流产可能会导致终身不孕，引发身体疾病。社区里有很多诊所都有流产的广告，但不能轻信。另外，很多杂志、广告都有虚假信息，要学会分辨。五年级的组员的思维比较发散，聊起人死之后会不会有灵魂之类的，有些偏题，于是让组员私下与我讨论生死问题。

在本次小组活动中组员增强了对小组的认同感和归属感，达到了协助组员认识自己的身体与生理变化，知道哪些是隐私部位的目的。

本次小组需要在三个方面进行改进。首先，当讲到隐私部位时，组员会比较害羞，小组出现了沉默的状况，社工需要做好带领。其次，在讨论生命形成与新生儿分娩的过程中，组员问到精子怎样才能和卵子结合，社工思考了会儿才回答。社工需要在开展小组之前预设组员可能问到的问题，做好应对。最后，一位组员对人死亡之后是否会投胎转世、世界上是否有鬼神非常感兴趣，问了很多类似的问题，偏离了主题。社工要做好引导，私下和组员交流。

（2）第三次小组活动：娃娃的新衣

本次小组有新加入的组员，因此在热身游戏环节加入了自我介绍。组员都喜欢热身游戏"优点大轰炸"，以击鼓传"花"的形式，接到花的组员说出自己与他人的优点与特点。通过热身游戏，让组员了解自己与他人的优点，进一步认识自己，并且能让组员活动身体，因此游戏玩了5轮。但游戏时间有点过长，需要控制游戏时间。

在回顾上次小组的内容时，部分组员忘了，但组长记得很清楚，于是让组长带领大家一起回顾。充分调动组员的积极性，让组员做带领者。在第二节小组中通过观看视频与讨论，组员知道了身体哪些部位是隐私部位、什么人可以触碰。因此，在让组员画画的环节，用红笔涂出隐私部位时，每一位组员都完成得非常好，进步非常大。

第二次小组观看的视频还没看完，只看了认识自己身体的部分，于是继续观看视频：嘟嘟和花花在公园里玩，一位叔叔问嘟嘟怎么去广场，嘟嘟详细地告诉了叔叔怎么去。叔叔说路不好找，要求嘟嘟带着他一起去。嘟嘟答应了，但是花花在旁边制止了嘟嘟并把嘟嘟拉走了。回到家后，嘟嘟不明白花花为什么要这样做。

视频暂停，让组员讨论花花为什么会这么做，这样做是否合适。组员各自发表了看法，觉得花花这样做是正确的，也有组员觉得花花这样做没有必要，可以带着叔叔去广场。然后继续看视频，花花就说，已经告诉了叔叔怎么走，就不用带着叔叔走了。并且，不能区分叔叔是好人还是坏人，不能轻易跟着陌生人走。

接下来是"给娃娃穿衣服"的环节，通过画画让组员再次巩固哪些身体部位是个人的隐私部位。发给每位组员一张白纸，让组员画画。

首先画一个没穿衣服的娃娃正面和背面，再用红笔涂出隐私部位，最后用彩笔给娃娃画上衣服。通过画画让组员再次巩固哪些身体部位是个人的隐私部位。

画完画之后，社工问组员是否愿意分享自己的作品，大部分组员不愿意，因此社工尊重组员没有让组员分享。社工做小小的总结。我们经常跟其他人有身体接触，有些身体接触可能让我们感到很舒服，如妈妈的吻、爸爸的拥抱，在信任的成年人的陪同下让医生给我们检查身体。但有些身体接触让我们感到很不舒服。打、踢、掐等身体接触让我们感到非常不舒服，甚至可能会对我们造成伤害，这些是不可以接受的身体接触，我们要坚决说"不"。更危险的身体接触是性侵害，有人故意触摸或观看你的身体隐私部位是性侵害的一种。那么什么是性侵害，等下次小组活动再了解，组员回去思考思考。

本次小组活动达到了预期目标。"优点大轰炸"的游戏，让组员认识自己的优点与特点（生理或者性格）。通过回顾第二次小组的内容，给娃娃"穿"衣服，达到了协助组员认识身体隐私部位的目的。

本次小组需要注意的是：一是控制游戏时间，游戏环节安排5~10分钟。二是有组员迟到，需要组长和社工提醒组员遵守小组规则，准时参加小组。三是在内容安排上与第二次小组有较多相似的地方，只是形式上与第二次小组不一样，因此在小组内容上还需要再增加，让组员在每一次小组中有不同的收获。

4. 成熟阶段

（1）第四次小组活动：认识"性侵害"

在第二次和第三次的小组中，社工带领组员认识了身体的隐私部位，以及相关知识。本次小组内容是进一步深入了解什么是"性侵害"。

热身游戏"我是大厨师"。带领者说："现在我是一个大厨师，我要做菜了，今天我要做番茄炒蛋。"然后绕着大家走，并挑选所需要的东西和作料,当带领者点到某个组员的肩膀并说"你是番茄",组员就起立大声说"我是番茄",并跟在带领者后面走,带领者做什么动作,跟在后面的人也跟着做,当带领者准备好烹调的东西时就喊"下锅",组员以最快速度找到空缺坐下,没抢到位置的就当下一任大厨师。

社工讲故事,讲完故事之后提问,引导组员思考与讨论。故事内容为:四年级学生小雨一人在家,邻居叔叔到小雨家陪小雨,给小雨带来了零食和玩具,在陪伴过程中抱小雨,并以检查小雨是否发育为由,摸小雨的胸部。在学校课堂中,老师让同学们在娃娃身上用红笔画出哪些是别人不可以触碰的地方、用绿色的笔画出哪些是可以触碰的地方、用黄笔画出自己不确定的地方。老师发现小雨画的都是黄色并且在学校表现异常,询问缘由之后,和小雨妈妈一起报警,抓住了邻居叔叔。

这个故事和上次小组活动有相似的地方:给娃娃涂色。在听完故事之后,组员对性侵害有了一定的认识。组员就故事内容讨论什么是性侵害,组员都能有一定的理解。社工与组员讨论叔叔对小雨的行为是否是性侵害、怎样处理这类事件。再让组员讨论哪些人可能进行性侵,组员的认识更加深刻。讨论之后再进行补充:性侵害包括接触和非接触,同性之间也可能进行性侵害。

讨论之后,社工为组员讲解什么是性侵害、哪些人可能造成性侵害、什么是反性侵。性侵害是指以强迫、引诱、利用特殊身份迫使等方式与儿童进行性接触(包括身体接触与非身体接触),以企图达到性满足或其他目的的行为。儿童性侵害包括强奸、猥亵、引诱儿童卖淫、组织强迫儿童卖淫、向儿童传播淫秽物品等危害儿童身心健康的行为。儿童性侵害可以是刑法规定的犯罪行为,也可以是刑法没有规定的、不构成犯罪但不利于儿童身心健康的行为。

性侵害包括:别人故意触摸或观看你的隐私部位,故意让你触摸或观看他/她的隐私部位，有人用零花钱、食物等诱惑你一起玩的时候，触碰你的隐私部位，强迫脱你的衣服或者攻击你的隐私部位，强迫你看色情图片或影像。

大人、比你大的孩子、男人、女人、陌生人或者认识的人，都可能对你进行性侵害。在我们的印象中，一般多是大人、异性可能进行性侵害。但事实上，不是只有女孩才会被性侵害，男孩也会；不是异性才会对我们性侵害，同性也可能会。

组员会说说生活中的情况：掀女生裙子、摸别人屁股。社工再询问她们是怎么应对的，她们说给老师说了这些情况，老师也及时处理了。社工表扬了她们的处理方式。

最后总结此次小组活动，并说明下节小组内容：在什么情况下可能发生性侵害、如何预防与反抗。本次参与小组的组员较少，没有达到预期的效果。因此需要在下次小组中较多地重复本次小组的内容。

在玩游戏时一位组员在抢凳子的过程中跑太快不小心摔倒了，因此在玩游戏的时候需要提醒组员注意安全。社工在选择游戏的时候也要注意，选择运动量较小的游戏。另外，社工提前一天给组员家长发短信通知组员参加小组活动，但在活动当天由于各种原因，有3位组员没有来。因此社工在小组开始之前能够比较准确知道组员参与的情况，控制小组进程。

（2）第五次小组活动：做自己的保护者

本次小组主要学习当性侵害发生时如何应对、如果不幸被性侵害要如何处理。

热身游戏"桃花朵朵开"，组员围成圈走起来，社工说"桃花朵朵开"，组员问"桃花几朵开"；社工说出数字时，如说"三"，三位组员就聚在一起。没有按数字站好的组员需要逗大家笑起来。

社工带领组员讨论在哪些情境下易遭受性侵害，并让组员模拟情境，让组员了解在哪些情境下易遭受性侵害。在情境模拟环节，组员表现非常好。其中一个情境是:一位男教师在放学之后,坚持让你独自留下来为你辅导作业,这时应如何应对。组员两两搭配,一位当老师一位当同学,组员发挥自己的创意很好地完成了情境模拟。以下是其中两位组员的表演记录。

老师:小王,等会下课后留下来,我给你辅导作业。
学生:老师,不用了,我回家写。
老师:你最近的作业完成情况不好,来我办公室,让我给你看看作业。
学生:谢谢老师。可是放学之后已经很晚了,我要回家,要不然我妈妈会担心我。
老师:小王要听话,老师给你买糖吃哦。
学生:可是妈妈说了不能随便拿别人的吃的。
老师:老师我不是外人,不用那么介意。
学生:还是不用了,我回家了,再不回去我妈妈就要来找我了。老师再见。
老师:好吧。再见。

当发生危险时,勇敢地告诉伤害你的人,这样做是违法的,大声对侵害者说"不"。趁侵害你的人在抓住你之前跑开,让自己远离发生危险的地方,跑到人多的商店、马路或者其他安全的地方,或者找到你信任的人寻求保护,千万不要选择工地、胡同等偏僻的地方逃走。

与组员讨论如果不幸被性侵害,应该留下什么证据时,组员不是很清楚,于是社工向组员说明了哪些可以留下作为证据,如头发、衣物。当性侵害发生后怎么办:告诉信任的人,如家人、老师、医生、社工;寻求帮助,可以拨打电话110、120、12355(青少年保护热线),或者向有关部门寻求保护:公安机关、民政部门、法律援助部门、未成年保护委员会、共青团、妇联、未成年保护组织、学校、居委会、村委会；保留证据，当性侵害发生后不要清洗身体，保护好当时穿的衣服；报案，一定要到最近的公安局、派出所报案；身体检查，检查是否受伤并且能够采集证据以便案件顺利侦查和审判；接受心理治疗，性侵害可能会带来很多情绪困扰，接受心理治疗能协助回到正常生活。

要坚信，受到性侵害绝对不是儿童的错。无论在什么情况下受到性侵害都是侵害者的错，即使接受了他的礼物，或者不满14周岁是自愿的，也不是儿童的错。这是因为儿童很难拒绝成年人，没有完全自我保护的能力。

接下来，社工带领组员学习的权利、保护须知。儿童权利包括：受保护权、发表意见的权利、案件受到及时处理的权利、当被询问时要求父母或合适成年人在场的权利、避免受到"二次伤害"的权利、隐私和名誉受到保护的权利、申请法律援助或者聘请律师的权利、获得民事赔偿的权利、了解案件进展的权利。

儿童保护须知：①生命安全最重要；②遇到任何伤害，一定要及时告诉家长，不要替坏人保守秘密；③记住家人的名字、电话号码、家庭地址；④外出要告诉家人：去哪里、见谁、什么时候回家；⑤即使是家人、熟人，也没有伤害你的权利；⑥隐私不能让别人摸，要对感觉不舒服的身体接触说"不"；⑦不轻信陌生人的话，不要跟陌生人走，不吃陌生人的东西，不接受陌生人的礼物；⑧不轻信网络信息，不随便将个人真实信息放到网页上或告知他人，不单独与网友见面；⑨不单独去偏僻的地方，不去酒吧、网吧等成人娱乐场所；⑩遇到危险要大声呼救，先保护好自己，再寻求成年人的帮助。

这是倒数第二次小组，在小组最后环节提前告知小组结束时间。在本次小组中，组员知道了在什么情况下可能发生性侵害、如何预防与反抗，达到了预期小组目标。

由于组员对本次小组的内容不太了解,因此社工以教育者的角色和组员一起学习知识。但这样的话,没有充分发挥组员的积极性,社工需要做好带领工作,引导组员思考。内容安排得有点多,虽然把资料打印下来发给每位组员,但组员不容易一次吸收,需要花时间慢慢学习。

5. 结束阶段

第六次小组的主题是"朋友,再见"。热身游戏"你来比画我来猜"。所有组员排成一列,背对社工一位同学面向社工,社工给组员看一个词语,如大象,然后第一位组员向第二位组员表演出大象的形象,并依次传递到最后一位同学,最后一位同学说出这个词语。最开始是简单的词语,如睡觉、写作业、猩猩,后面增加难度,如目不转睛。组员玩得很开心,表演很到位。

社工带领组员复习五次活动学的所有内容。第一次小组内容:相互认识,订立小组契约,前测问卷;第二次小组内容:认识自己的身体,了解青春期身体的变化;第三次小组内容:认识身体的隐私部位,观看视频,给娃娃"穿上"衣服;第四次小组内容:认识什么是性侵害,了解哪些人可能进行性侵害;第五次小组内容:如何防范性侵害,面对性侵害时如何应对,如果不幸被性侵该怎么处理。

社工引导学生分享今日活动和前五次活动感受,说说自己的收获与进步。在回顾前五次活动内容时,由于每次参与的组员有变动,因此让熟悉内容的组员带领大家一起复习回顾。组员的部分分享如下:组员一:我学到了很多反性侵的知识。在这之前我基本不了解,现在我知道了什么是性侵害、怎么应对,还有我们的权利、青少年保护热线。组员二:我知道了青春期身体的变化,而且我也正经历一些变化和成长,我知道了其他组员和我一样,我就没有那么担心了,以后再提起,我也不会像以前那么担心了。组员三:还学到了好多反性侵的知识,这也是最重要的。组员四:我不仅学到了很多知识,还认识了新朋友。以前不认识隔壁班的同学，现在我和其他班的同学也成为朋友。在小组中玩了很多游戏，很好玩。

完成后测问卷之后，送给每位组员一份小礼物和棒棒糖。虽然小组活动结束，但组员依旧可以每天在社工站玩耍，因此组员没有较浓的离别情绪。最后一次小组达到了以下目的：巩固组员学到的知识与能力，处理组员离别情绪，组员分享在活动中的感受，完成评估与后测问卷。

小组结束阶段一个重要的任务是巩固组员已有改变、协助组员保持小组经验。社工在这方面有待加强。小组的评估有组员分享、完成问卷这两种。组员在分享过程中要收集资料，如果不够，需要再和组员聊天或者做访谈收集资料。

四、小组活动效果的评估

(一) 前测与后测的对比分析

在第六次小组活动中,11名组员填写了后测问卷。后测问卷与前测问卷有一些不一样的地方,主要是增加了青春期身体变化、反性侵教育的具体知识点、青少年服务热线等。对问题的细化,有利于了解组员对反性侵知识的了解程度,提高前后测分析的准确度。

从图5可以看出,前测中4名组员了解身体的变化,后测中9名组员了解自己的身体变化。由此可以看出,组员通过小组活动增加了对自己身体的了解。青春期年龄范围为10~18岁,64%的组员回答正确。青春期身体的改变:个子迅速增高,腋毛、阴毛开始生长,乳房开始发育,来月经,部分人长"青春痘",63%的组员回答正确。

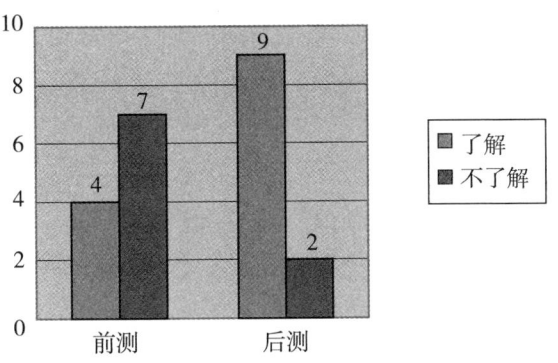

图5 是否了解自己身体上的变化的人数比例

从图6可以看出，前测中4名组员了解哪些是身体的隐私部位，后测中10名组员了解哪些是身体的隐私部位。并且，82%的组员写出了隐私部位有：胸部、臀部、阴部。由此可以看出，组员通过小组活动增加了对自己身体的了解。

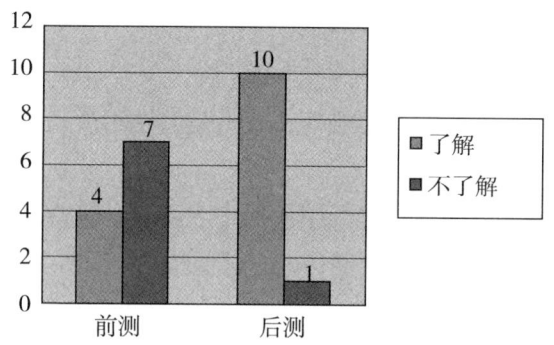

图6 是否了解哪些是自己身体的隐私部位的人数比例

问卷中，你认为什么举动是性侵害这一题是多项选择题，每一个选项都属于性侵害。从图7可以看出，后测中，组员所认为的性侵害主要是被迫发生性行为、触摸隐私处等有身体接触的行为与非接触的行为。通过小组活动，组员对性侵害的认识增进了很多。从图8可以看出，如果不幸被性侵害，前测中，80%的组员会选择告诉家长，10%的组员选择忍气吞声，10%的组员不知道怎么办；在后测中，100%的组员会选择告诉家长，组员知道如何应对性侵害。并且，73%的组员正确选出了青少年服务热线12355。

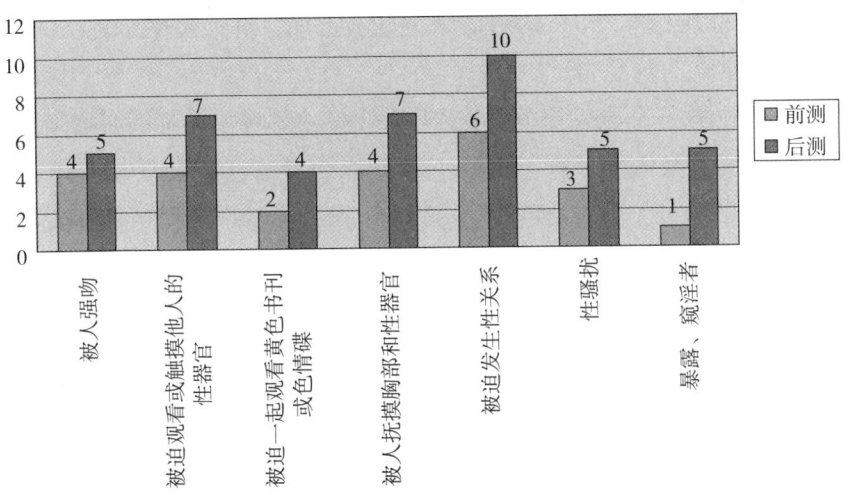

图 7 你认为什么举动是性侵害认知情况

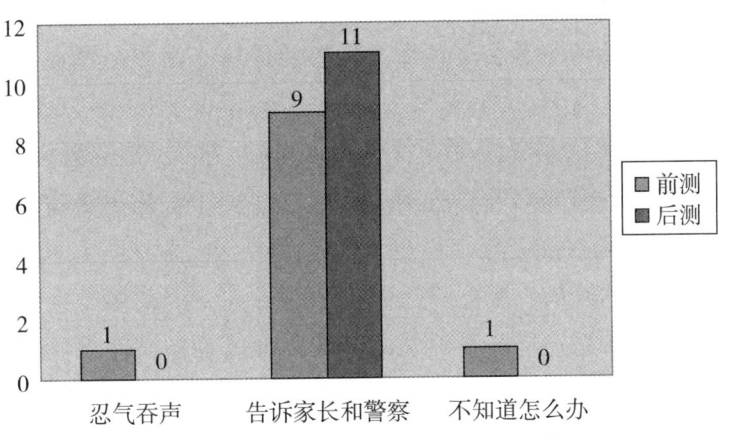

图 8 如果不幸被性侵害应该如何应对的选择情况

后测问卷中，第 11 题：当组员一个人的时候，是否可以让医生检查自己的身体，回答正确率为 54%，46% 的组员认为在一个人的时候可以让医生检查身体。组员还需加强认识。第 12 题：如果一位邻居叔叔给你糖果、零花钱，然后对你进行性侵害，那么这是你自己的错，这一说法是否正确。73%的组员认为这不正确,这绝对不是自己的错;27%的组员认为这是自己的错。

通过前测问卷与后测问卷的对比分析可以看出,通过小组活动,组员增加了对身体的了解,提高了对青春期身体变化的认识,增进了对反性侵知识的认知,知道如何应对性侵害。达到了预期的目标。

(二)过程评估

过程评估是对整个介入过程的评估,对工作过程的每一个步骤、每一个阶段分别做出评估,解释和描述介入活动的内容,重点是各种步骤和程序是怎样促成了最终的结果,回答服务过程中发生了什么以及为什么发生。[1] 培蕊小组活动开展六次,每次小组的最后一个环节都是分享与评估。社工引导组员说说在这次小组中学到了什么、有什么收获、参与活动的感受是什么。每次的评估作为小组评估方法与依据之一。

第一次小组活动主题是"我们都是好朋友",内容为相互认识、订立小组契约、前测问卷。达到了社工与组员相互认识、建立专业关系的目标。

社工服务的开展以服务对象的需求为导向,因此第一次小组活动的重点是建立关系,进一步评估组员的需要。马斯洛需求层次理论中第二层次是安全的需求,反性侵教育能够为女童提供某些安全的保障,满足这一需求。根据马斯洛的需求层次理论和性需要层次理论,评估女童对反性侵知识的了解情况。

在竞选组长的环节中,组员主动介绍自己,说明自己作为组长要做的工作、承担的责任。组长和副组长作为社工的助手,是一个赋权

---

[1] 全国社会工作者职业教育水平考试教材编写组:《社会工作实务》,中国社会出版社,2014年,第60页。

的过程，让组员更有主人翁意识。增强权能理论在社工实务中注重组员自身的责任、权利、主体地位、需求。

第二次小组活动主题是"做自己身体的主人"，内容为协助组员认识自己的身体，了解青春期身体的变化。达到了增强组员对小组的认同感和归属感、协助组员做自己身体的好主人的目标。

小组进入发展阶段，组员关系开始紧密，组员对小组的认同感增强，社工在小组的权力和地位逐渐由中心位置向边缘位置转移，不再担任小组的决策者，而是小组的协助者和引导者。小组中出现沉默的状况也是正常的，社工要加以引导。在讨论时出现偏离主题的情况，社工提示讨论重点，或者再次强调讨论的顺序，从而保证讨论正常有序地进行。

第三次小组活动主题是"娃娃的新衣"，内容为认识身体的隐私部位、观看视频、在纸上画娃娃并给娃娃穿上衣服。达到了协助组员认识身体隐私部位的目的。本次小组选择绘画的方式展开，形式灵活，组员非常喜欢。

选择绘画的方式开展活动，是因为组员喜欢活泼的形式，它能够让学员一边玩一边学到知识，情景剧表演同样有此作用。埃里克森的人格发展阶段中学龄期的任务是学习知识，组员的重要联系是同伴和学校，因此引导组员以不同的形式学习知识，勤奋感超越自卑感。

第四次小组活动主题是"认识性侵害"，内容为认识什么是性侵害，了解哪些人可能进行性侵害。本次参与小组的组员较少，没有达到预期的效果。因此需要在下次小组中较多地重复本次小组的内容。

在小组成熟阶段，小组的凝聚力大大增强，组员关系的紧密程度更高，组员对小组充满了信心，小组的关系结构趋于稳定。在讨论的时候，社工可以准备好讨论草稿、为组员准备好资料。在讨论中，对某些比较内向的组员给以支持、投以鼓励的眼光等。经过组员和社工的努力，组员在讨论时更加投入、气氛热烈，每位组员发表了自己的观点与看法。

第五次小组活动主题是"做自己的保护者"，内容为如何防范性侵害、面对性侵害时如何应对、如果不幸被性侵该怎么处理。通过让组员模拟情境，了解在哪些情境下易遭受性侵害，达到了协助组员学习如何应对性侵害的目标。

经过前四次的小组活动，组员学到了很多知识，是一个主动学习的过程。因此在第五次小组时选择情景剧模拟，选取生活中发生概率比较高的事件，让组员发挥自己的想象与主观能动性，运用小组中学到的知识，和搭档完成表演。社工协助组员把认知转变为行动，鼓励和支持组员不断尝试。

第六次小组活动主题是"朋友，再见"，内容为回顾五次小组的内容、处理组员的离别情绪。达到了巩固组员学到的知识与能力的目标。小组的结束阶段社工作为引导者和领导者，需要做的是处理组员的离别情绪和感受、协助组员保持小组经验、做好评估工作。

（三）小组组员的评估

在后测问卷中，组员回答了在培蕊小组中有哪些收获的问题，总结组员的回答如下：认识了什么是性侵害、哪些人可能进行性侵害、怎么去应对性侵害、玩得很开心、认识了新的朋友和社工、收到了小礼品很喜欢。完成问卷之后，社工发现收集的资料不够详细，于是和组员进行了交流，部分组员的回答如下。

社工：××，你在小组中有什么收获？

组员一：我学到了很多反性侵的知识。在这之前我基本不了解，现在我知道了什么是性侵害、怎么应对，还有我们的权利、青少年保护热线。

社工：你能在小组中学到知识，是你努力的结果，你真的很棒。

组员一：谢谢你为我们准备的礼物，我很喜欢。

社工：××，你在小组中有什么收获？

组员二：我知道了青春期身体的变化，而且我也正经历着一些变化和成长，我知道了其他组员和我一样，我就没有那么担心了，以后再提起，我也不会像以前那么担心了。

社工：你和其他组员都处于前青春期或者青春期，都在成长，当然，不仅是身体的成长，还有心理的成长。那你还有什么收获？

组员二：还学到了好多反性侵的知识，这也是最重要的。

社工：××，你在小组中有什么收获？

组员三：我不仅仅学到了很多知识，还认识了新朋友。以前不认识隔壁班的同学，现在我和其他班的同学也成为朋友。在小组中玩了很多游戏，很好玩。

每次小组结束时，社工让组员回家和家长交流学到的内容。并且，部分家长有社工站送的《春蕾计划·护蕾行动家长手册》，大部分组员都会和家长说说在社工站发生的事情，因此，间接地让家长了解了反性侵教育的内容。

（四）社工的评估

反性侵教育属于性教育的一部分，目前相关的知识比较少。由于中国传统文化与思想、教育特征，国内有关性教育的知识与服务较少，关于反性侵教育的内容更少。面对相关知识比较匮乏这一困境，可以借鉴的资料比较少，无论是研究还是开展具体的服务，都需要在实践中慢慢摸索。社工站提供了《春蕾计划·护蕾行动儿童手册》与《春蕾计划·护蕾行动家长手册》，是非常重要的参考资料，对社工准备资料帮助很大。

小组实际开展情况与计划有些出入。预期开展8次小组活动，但在实践中，由于组员放假和社工的缘故，开展小组活动的次数减少。组员存在一定程度的变动与流动，如参加第一次小组活动的组员没有参加第二次小组活动、第二次小组活动新增加了组员、第一次参加小组活动的组员很多、第四次参加小组活动的组员却比较少。组员的变动与流动在一定程度上影响了每次小组活动的效果与进展，因此在每次小组活动开始时都需要花较长的时候回顾上次小组的内容。

虽然小组活动没有按照预期计划开展，但总的来说，达到了预期的总目的与分目标。从社工自身能力提升的角度看，社工在小组活动中提高了带领小组的领导能力、与组员沟通的能力、学习新知识的能力。社工将倾听、同理、真诚等技巧运用到实践中，取得了较好的效果。

五、结论与讨论

（一）微观层面：家庭教育、个案与小组工作

1. 家庭教育

"家庭教育"是在家庭生活中，由家长（首先是父母）对其子女实施的教育。而按照现代观念，家庭教育包括：生活中家庭成员（包括父母和子女等）之间相互的影响和教育。也可以聘请专门从事家庭教育的教师对子女进行家庭教育。[1] 家庭教育是终身教育，以品德教育为主，对人类的发展影响意义重大。

女童的反性侵教育首先得从家庭教育着手。因为中国传统观念的影响，特别是农村家庭，父母对孩子进行的性教育与反性侵教育非常少。很多家庭由于父母受教育程度不高、法律意识淡薄，根本不懂得怎样教育自己的孩子。中国家庭的父母是时候改变传统观念了，积极地提高自己的知识水平与素养，做好儿童健康发育时期的启蒙老师。

家长是女童的第一任老师，也是最重要的老师，家庭是女童社会化的重要场所，因此增强家长的反性侵意识非常重要，家庭教育是反性侵教育最重要的阵地。有的家长已经为女童提供了相关的教育，但有的家长没有意识对女童进行反性侵教育，或者没有掌握相关知识、

---

[1] 蒋凌燕：《当代美国青少年性教育的两大模式》，《探析比较教育研究》2009年第7期，第108页。

不知道如何进行教育。

面对家长意识淡薄、缺乏相关知识、不知道选择何种方式进行教育这一情况，社工可以较好地发挥作用，扮演教育者、引导者、促进者、资源链接者等角色。社工入户访谈，与家长探讨合适的教育方法，提供教材以增加家长的相关知识，和家长一起学习。

2. 个案与小组工作

除了家庭教育，在社工站也可以开展个案服务、小组活动。在小组氛围中，组员具有相似性，能够形成良好的学习氛围，能够较快地吸收反性侵教育的知识。开展小组活动是比较合适的途径与方法，在小组中学习反性侵知识，更加符合女童的心理、社会方面的发展特征。

个案工作是运用专业的方法、知识和技巧，通过一连串的专业工作，帮助服务对象发掘和运用自身的资源，改善个人与社会环境之间的适应状况，促进其正常生活的过程。如果女童不愿意参加小组活动，可以开展个案服务。如果在小组中发现组员有个性化的需求，也可以转变为个案服务，以满足组员的个别需求。

（二）中观层面：社区与学校

1. 社区

除了家庭教育、社工站开展的服务之外，需要为女童提供一个安全的良好的社区环境，发挥社区的功能。社区是一个非常重要的场所，社工应积极整合社区资源，建立广泛而稳定的社会支持网络。

在社区中，社工可以扮演使能者、教育者、中介者的角色，增强与居委会、社区内非营利组织等的合作，加强社区治安。社工在社区中开展反性侵教育宣传、推广和教育的工作，帮助居民增加知识、改变行为、提升意识，从而提高居民素质。社工可以作为中介者，协助居民发展社区支持网络，促进居民之间关系的建立，增强居民之间的沟通与互助，提高居民解决问题的能力。

2. 学校

社区内的学校是女童反性侵教育的另一重要场所。学校以课本知识教育为主，较少地涉及性教育与反性侵教育。虽然部分学校已经开设性教育课堂、生物课，一般也仅仅涉及相关的性生理保健知识，其他的几乎没有涉及。

社会、学校的相关儿童反性侵教材或读物是比较稀缺的，这就更要求学校和教育机构加强对反性侵教育教师的培养。社工驻校服务与学校老师的教育相结合，满足学生的需求。为儿童提供相关的心理咨询师、生理健康教师等。

（三）宏观层面：社会

从宏观层面看，女童反性侵教育需要从多方面努力。在立法与司法层面，应加强相关的法律建设。在政策层面，制定儿童保护的政策，建立社会监督机制。在社会服务机构方面，提供多样化的服务。在文化方面，应转变传统思想，改变固有观念；加强社会教育，增强精神文明建设，提高公民的道德素质。

1. 社会政策与政府

社会政策是政府或其他组织在一定的社会价值的指导下，为了达到其社会目标而采取的各种社会性行动的总和。[1] 为了让女童远离性侵害的伤害，需要在社会政策层面做出努力。社工可以作为社会政

---

[1] 中国社会工作教育协会：《社会政策概论》，高等教育出版社，2006年，第15页。

策建立的促进者,推动建立未成年人保护和儿童福利政策的政策体系,形成女童防性侵的有关法规,完善女童安全保护的基本方式,如家庭保护、学校保护、社会保护、司法保护。

政府在社会政策体系中占有主体地位,政府组织在社会政策行动中承担着最主要的责任。[1] 首先,政府在政策行动中作为组织者,为满足社会成员的需要和解决各类社会问题承担首要责任;制定政策法规体系和行动规划;规范社会各类组织和个人在社会政策行动中的角色和责任;组织社会政策方案的实施等。其次,政府作为资源提供者,按照法律的规定,依托其公共行政体系,通过公共财政等方式直接向社会政策提供必要的财政支持。最后,政府作为社会服务提供者,直接建立与管理公共社会服务机构,向社会成员提供社会服务。

2. 社会服务机构

社会服务机构是政府、社会团体或个人兴办的,通过社会福利从业人员,包括社工、其他专业服务人员、辅导工作人员等,为特定的、有需要的服务对象提供专业服务的非营利组织。我国的社会服务机构包括政府、群众团体组织、社会公益类事业单位、社会服务类民间组织。当然,这里指的机构主要是非政府机构。

中国发展研究基金会编写的《春蕾计划·护蕾行动手册》为女童反性侵教育提供了参考,基金会开展的项目有利于满足女童的安全需要。中华社会救助基金会儿童安全基金保护项目开展的"女童保护",在全国各地开设反性侵公益课堂。广东某社工机构开展"反性侵教育"主题活动,提升女童自我保护意识。社会服务机构能够为女童提供服务,满足女童的需要,促进现代服务的顺利开展。并且,社会服务机构能为女童提供更有针对性的服务,弥补政府的不足。

---

[1] 中国社会工作教育协会:《社会政策概论》,高等教育出版社,2006年,第89页。

3. 立法与司法

社工可以作为倡导者，促进女童反性侵相关的立法和政策制定与实施。

2013年9月，教育部、公安部、共青团中央、全国妇联联合下发了《关于做好预防儿童遭性侵工作的意见》，明确指出了要通过课堂教学、编发手册等形式开展性教育，教育学生了解如何预防性侵犯的知识，以及遭到性侵害后懂得怎样寻求帮助。依据《中华人民共和国民法通则》和《未成年人保护法》，民政部门有一定的法定责任和义务，可以代表国家来履行监护义务。制度建设是第一位的，应建立一套对儿童侵害行为的快速监测、热线报告、评估的监护制度。

女童是祖国的未来，保护女童的合法权益尤其性权益既是社会主义法治建设的重要内容，也是立法、执法、司法的责任。普及法律知识，不断增强性法律意识、修改完善性侵害相关法律法规、加大对女童性侵害违法犯罪行为的执法力度，公正司法，女童权益的保护才能真正落到实处。

4. 文化层面与社会教育

在中国传统文化中，公众对"性"是避而不谈的，认为是非常私密的事情，特别是在农村。在部分农村留守女童遭到性侵害的案件中，女童的监护人选择沉默，因为监护人认为是非常丢人的事情，不应该让任何人知道。这样的观念，助长了犯罪者的行为，犯罪者没有受到惩罚。

最近几年媒体曝光的女童遭性侵害的案件越来越多，公众的关注度也随之提高。但并不是说以前没有这样的案例，这类恶性事件一直存在。少部分公民道德缺失、价值观扭曲，从而走上了犯罪的道路。因此，在物质文明建设的同时，更应该加强精神文明建设，形成讲责任、讲诚信、讲良心的舆论氛围，遏制低俗的道德文化。每个公民也要自觉履行道德责任，树立正确的价值观。

在社会方面，需要为儿童塑造一个良好的社会环境，加强社会教育。在小组中女童会问到流产等成人问题，是受社会环境的影响，如社区很多诊所有各种人流广告、街上发的杂志上有很多色情图片和文字、网络上更是传播各种健康和不健康的信息。儿童正是处于学习的阶段，对信息的吸收程度很高，并且儿童的是非观念和道德观念正在形成之中，没有那么强的分辨能力。因此，我们需要为儿童提供一个良好的社会环境，让他们远离不健康信息。

反性侵教育不仅仅是针对儿童，更是针对社会。良好的社会教育有利于对大众进行思想品德教育，有利于知识的增长、能力的发展，有利于丰富大众的精神生活，发展兴趣、爱好和特长。开展社会教育，产生更加广泛的影响，促进社会的安全与进步。

（四）局限与反思

"培蕊小组"的开展是一个探索过程，存在许多不足和需要改进的地方。第一，在内容安排上，重点是生理知识方面的教育，较少涉及心理、道德知识的教育。因此在内容设置上，需要再做补充和丰富。第二，由于可供参考的文献和资料比较少，因此对女童的反性侵教育是不全面的。第三，参加培蕊小组的组员只有11名，因此研究不具有普遍性，只能代表部分女童的需求，介入的效果评估有待进一步深入。第四，这些行动是不够的，需要更多方面的介入，社工小组仅仅作为一种探索行动。今后，社工需要针对以上问题做深入的研究。

当然，在看到不足的同时，也要看到小组的成效。通过不同的评估方式，对资料的整理与分析，小组的开展是有一定成效的，对女童和女童的家庭有一定程度的影响。女童的反性侵教育的社工介入作为一种探索行动，可以为其他途径的介入提供参考，丰富材料。

女童反性侵教育任重而道远，需要各方的努力。社工相信，在公众的共同努力之下，这一社会问题会得到有效的解决，女童能够健康快乐地成长。

附录：

前测问卷

C 社区女童调查问卷（前测）

亲爱的同学：

　　你好，本次调查是了解你对反性侵知识的了解程度。问卷调查结果会被严格保密，不会向其他任何人透露。答题是匿名的，不需要填写真实姓名。请你独立填写，不要互相讨论，希望你能认真、如实回答。谢谢你的合作。祝你：学习顺利、生活愉快。

1. 你的年龄：_____岁，所在年级：_____年级
2. 遇到不开心的事情，你会告诉谁（　　）

    A. 家长　　　B. 老师　　　C. 朋友　　　D. 不告诉别人
3. 你欣赏自己的身体特征吗（　　）

    A. 欣赏　　　B. 不欣赏　　　C. 一般
4. 你了解自己身体上的变化吗（　　）

    A. 了解　　　B. 不了解
5. 如果有人触碰到你的身体，让你感到非常不舒服、不喜欢，你会怎么做（　　）

    A. 反抗　　　B. 不反抗　　　C. 不知道怎么办
6. 你知道哪些是自己身体的隐私部位吗（　　）

    A. 知道　　　B. 不知道
7. 在你的印象中，有接受过性教育吗？如果有，是通过哪些途径？

（1）否

（2）是（　　　　　）可以多选

  A．家长的教育　　　　　　B．学校性教育（生物）课堂

  C．同伴分享　　　　　　　D．网络、电视、报刊

  E．其他

8．你以前听过小学生遭性侵的事件吗（　　）

  A．有　　　　B．没有　　　C．可能有，但是忘记了

9．你觉得性侵害可怕吗（　　）

  A．可怕　　　B．一般　　　C．不可怕

10．你认为什么举动是性侵害（　　　　　）可多选

  A．被人强吻

  B．被迫观看或触摸他人的性器官

  C．被迫一起观看黄色书刊或色情碟

  D．被人抚摸胸部和性器官　　E．被迫发生性关系

  F．性骚扰　　　　　　　　　G．暴露、窥淫者

11．你觉得最有可能在什么地方遭性侵（　　　）

  A．学校　　　　　　　　　B．游乐园

  C．偏僻的路上　　　　　　D．菜市场

12．如果不幸被性骚扰，应该怎么做（　　　）

  A．忍气吞声

  B．告诉家长或者报警

  C．不知道怎么办

13．如果在社工站开展反性侵教育小组，你希望能在小组活动中有哪些收获？

_____

_____

_____

后测问卷

C 社区女童调查问卷（后测）

亲爱的同学：

　　你好，本次调查是了解你对反性侵知识的了解程度。问卷调查结果会被严格保密，不会向其他任何人透露。答题是匿名的，不需要填写真实姓名。请你独立填写，不要互相讨论，希望你能认真、如实回答。谢谢你的合作。祝你：学习顺利、生活愉快。

1. 你欣赏自己的身体特征吗（　　）

    A. 欣赏　　　　B. 不欣赏　　　C. 一般

2. 你了解自己身体上的变化吗（　　）

    A. 了解　　　　B. 不了解

3. 女孩青春期年龄范围是多少岁（　　）

    A. 8~16 岁　　　　　　　　B. 10~16 岁

    C. 10~18 岁　　　　　　　D. 12~18 岁

4. 青春期的身体变化有哪些（多选）（　　　）

    A. 个子迅速增高　　　　　B. 腋毛、阴毛开始生长

    C. 乳房开始发育　　　　　D. 来月经

    E. 每个人都会长"青春痘"

5. 你知道哪些是自己身体的隐私部位吗（　　）

    A. 知道，请写出来_____

    B. 不知道

6. 在你的印象中，有接受过性教育吗？如果有，是通过哪些途径？

    （1）否

    （2）是（　　）可以多选

    A. 家长的教育　　　　　B. 学校性教育（生物）课堂

    C. 同伴分享　　　　　　D. 网络、电视、报刊

    E. 其他

7. 如果有人触碰到你的身体，让你感到非常不舒服、不喜欢，你会怎么做（　　）

   A. 反抗　　　B. 不反抗　　　C. 不知道怎么办

8. 你以前听过小学生遭性侵的事件吗（　　）

   A. 有　　　B. 没有　　　C. 可能有，但是忘记了

9. 你认为什么举动是性侵害（　　）可多选

   A. 被人强吻

   B. 被迫观看或触摸他人的性器官

   C. 被迫一起观看黄色书刊或色情碟

   D. 被人抚摸胸部和性器官

   E. 被迫发生性关系

   F. 性骚扰

   G. 暴露、窥淫者

10. 哪些人可能进行性侵害（多选）（　　）

    A. 大人　　　　　　　　B. 小孩

    C. 同性别的人　　　　　D. 陌生人

    E. 认识的人

11. 当你一个人的时候，可以让医生检查自己的身体吗（　　）

    A. 可以　　　B. 不可以

12. 如果一位邻居叔叔给你糖果、零花钱，然后对你进行性侵害，那么这是你自己的错。正确吗？

    A. 正确，这是自己的错　　　B. 不正确，绝对不是自己的错

13. 如果不幸被性骚扰，应该怎么做（　　）

    A. 忍气吞声　　　　　　　B. 告诉家长或者报警

    C. 不知道怎么办

14. 青少年服务热线是（　　）

    A. 12355　　　B. 12338　　　C. 120　　　D. 110

15. 社工站开展反性侵教育小组,你有哪些收获?

"培蕊小组"计划书

培蕊小组计划书

主要环节	基本内容
小组名称的确定	培蕊小组
目标	1. 引导学生认识什么是性侵害；了解性侵害的主要形式；知道防范和应对性侵害行为的主要措施和方法 2. 引导学生了解性侵害发生的时间和主要场所，培养学生的观察分析能力和应变处置能力 3. 使学生能正确地对待生活中的性侵害事件，培养学生珍惜生命、关爱健康的生活态度，树立自我保护意识
组员	小学三~六年级的女学生
小组的特征	性质：教育小组
	时间与频率：小组持续两个月的时间。每周开展一次小组活动，共6次
	规模与人员：7~11人
招募计划	在C社区的社工站招募组员，并与组员的家长做好沟通工作
需要的资源	地点：社工站
	人力资源：社工，志愿者
	物资：彩笔、海报纸等
初步确定的程序设计	第一阶段：招募组员，与组员的家长沟通协调
	第二阶段：组员的需求评估，进行前测，做好基线调查
	第三阶段：具体的小组活动，社工介入
	第四阶段：结束小组，进行后测

续表

主要环节	基本内容
预料中的问题与应变计划	1. 组员招募难：积极宣传，并争取社工站工作人员的帮助。 2. 与家长沟通的问题：如果家长觉得孩子不适宜参加这样的小组，就和家长说说目前女童被性侵的现状。并且，把小组活动详细告诉家长，让家长了解我们的小组。 3. 在小组活动中，不同组员的应对方式不用：具体问题具体分析
预算	办公文具、资料打印费：100元
评估方法	调查问卷的前测、后测
	目标评估法
	组员对服务效果的评估、社工的评估

培蕊小组（第一次活动）

一、活动主题：我们都是好朋友

二、活动地点：派出所社工站

三、目的与目标

（一）目的：社工与组员的相互认识，建立专业关系。

（二）目标：

1. 社工与组员、组员与组员之间的认识，建立专业关系。

2. 通过大风吹的游戏，让学生简单了解自己的外貌特征，如头发长短、穿的什么颜色的衣服或者裙子、是否戴眼镜等。

3. 通过交流，做简单的需求评估，了解学生的需要，即她们希望能在小组中有什么收获。

4. 订立小组规则

四、活动流程

第一次小组活动流程见表2。

表2 第一次小组活动流程

时间	活动目标	内容	物资准备
5分钟	1. 组员与社工的相互认识 2. 组员之间的相互认识	1. 欢迎同学加入； 2. 社工自我介绍； 3. 介绍小组活动主题及内容	
15分钟	通过热身游戏，调动组员的积极性。让学生简单了解自己的外貌特征，如头发长短、穿的什么颜色的衣服或者裙子、是否戴眼镜等	大风吹的游戏：所有小朋友围成一个圈，游戏带领者站在圈里。如果带领者说"大风吹，吹长头发"，那么长头发的小朋友就摇动身体	

续表

时间	活动目标	内容	物资准备
20分钟	订立小组契约，提高团队凝聚力	1. 讨论订立小组契约 2. 装饰小组契约，并签名	彩笔、海报纸
10分钟	分享、评估	1. 引导学生分享今日活动感受 2. 组员对小组的期望，希望在小组中学到关于反性侵的什么内容	

培蕊小组（第二次活动）

一、活动主题：做我们身体的主人

二、活动地点：派出所社工站

三、目标与目的

（一）目的：协助组员认识自己的身体与生理变化，知道哪些是隐私部位。

（二）目标：

1. 增强组员对小组的认同感和归属感。
2. 协助组员认识自己的身体特征与部位。

四、活动流程

第二次小组活动流程见表3

表3　第二次小组活动流程

时间	活动目标	内容	物资准备
5分钟	上次小组活动回顾	社工带领组员回顾上次小组的活动内容	
10分钟	通过热身游戏，调动组员的积极性，并增强组员的合作能力和小组凝聚力	第二次活动是"解人结"：把乒乓球放在A4纸上，依次传给其他组员，不能让乒乓球掉在地上	乒乓球一个，9张A4纸
30分钟	通过观看视频，让组员认识自己的身体，讲解青春期生理变化	观看视频，看完视频之后让组员讨论	投影仪、电脑
5分钟	分享、评估	1. 引导学生分享今日活动感受 2. 社工总结	

培蕊小组（第三次活动）

一、活动主题：娃娃的新衣

二、活动地点：派出所社工站

三、目标与目的

（一）目的：协助组员认识自己的身体，知道哪些是隐私部位。

（二）目标：

1. 巩固上次小组所学内容。

2. 通过"优点大轰炸"的游戏，让组员认识自己的优点与特点（生理或者性格）。

3. 通过观看视频，让组员了解哪些是隐私部位。

四、活动流程

第三次小组活动流程见表4。

表4 第三次小组活动流程见

时间	活动目标	内容	物资准备
5分钟	上次小组活动回顾	社工带领组员回顾上次小组的活动内容	
10分钟	通过热身游戏，让组员了解自己与他人的优点，进一步认识自己	游戏：优点大轰炸 以击鼓传"花"的形式，接到花的组员说出自己与他人的优点与特点	玩偶一个

续表

时间	活动目标	内容	物资准备
10分钟	通过观看视频，讨论能否给陌生人带路，学会辨别是否危险	观看视频：嘟嘟和花花在公园里玩，一位叔叔问嘟嘟怎么去广场，嘟嘟详细地告诉了叔叔怎么去。叔叔说路不好找，要求嘟嘟带着他一起去。嘟嘟答应了，但是花花在旁边制止了嘟嘟并把嘟嘟拉走了。回到家后，嘟嘟不明白花花为什么要这样做	投影仪、电脑
20分钟	"给娃娃穿衣服"，通过画画让组员再次巩固哪些身体部位是个人的隐私部位	发给每位组员一张白纸，让组员画一个娃娃，然后让组员用彩笔给娃娃画上衣服	白纸9张、彩笔一盒
5分钟	分享、评估	1. 引导学生分享今日活动感受 2. 社工总结	

培蕊小组（第四次活动）

一、活动主题：认识"性侵害"

二、活动地点：派出所社工站

三、目标与目的

（一）目的：认识"性侵害"，知道什么是性侵害。

（二）目标：

1. 通过社工的讲解，让组员认识"性侵害"，知道什么是性侵害。

2. 通过一个故事引导组员思考与讨论。

四、活动流程

第四次小组活动流程见表5

表5 第四次小组活动流程见

时间	活动目标	内容	物资准备
5分钟	上次小组活动回顾，简介本次活动内容和目的	1. 社工带领组员回顾上次小组的活动内容 2. 简单介绍本次小组的内容和目的	
5分钟	热身游戏"我是大厨师"，调动组员的积极性	带领者说："现在我是一个大厨师，我要做菜了，今天我要做番茄炒蛋。"然后绕着大家走，并挑选所需要的东西和作料，当带领者点到某个组员的肩膀并说"你是番茄"，组员就起立大声说。"我是番茄"，并跟在带领者后面走，带领者做什么动作，跟在后面的人也跟着做，当带领者准备好烹调的东西时就喊"下锅"，组员以最快速度找到空缺坐下，若没抢到位置的就当下一任大厨师	

续表

时间	活动目标	内容	物资准备
15 分钟	通过一个故事引出"性侵害"这一话题	社工讲故事，讲完故事之后提问，引导组员思考与讨论	故事书
20 分钟	社工带领组员讨论性侵害的知识	社工带领组员讨论性侵害的知识	
5 分钟	分享、评估	1. 引导学生分享今日活动感受 2. 社工总结	

培蕊小组（第五次活动）

一、活动主题：做自己的保护者

二、活动地点：派出所社工站

三、目标与目的

（一）目的：了解在哪些情境下易遭受性侵害。

（二）目标：

1. 通过不同情境，协助组员了解在哪些情境下易遭受性侵害。

2. 让组员模拟情境，通过情景剧了解在哪些情境下易遭受性侵害。

四、活动流程

第五次小组活动流程见表6。

表6 第五次小组活动流程见

时间	活动目标	内容	物资准备
5分钟	上次小组活动回顾，简介本次活动内容和目的	1. 社工带领组员回顾上次小组的活动内容 2. 简单介绍本次活动的内容和目的	
5分钟	热身游戏"桃花朵朵开"，调动组员的积极性	组员围成圈走起来，社工说"桃花朵朵开"，组员问"桃花几朵开"；社工说出数字时，组员要根据数字聚到一起。没有按数字站好的组员需要逗大家笑起来	
15分钟	让组员了解在哪些情境下易遭受性侵害	社工带领组员讨论在哪些情境下易遭受性侵害。并让组员模拟情境，让组员了解在哪些情境下易遭受性侵害	

续表

时间	活动目标	内容	物资准备
20 分钟	学会说"不"	社工带领组员讨论面对性侵时该怎么做	
5 分钟	提前告知小组结束时间。分享、评估	1. 提前告知小组结束时间 2. 引导学生分享今日活动感受 3. 社工总结	

培蕊小组（第六次活动）

一、活动主题：朋友，再见

二、活动地点：派出所社工站

三、目标与目的

（一）目的：复习前五次活动学的所有内容，并处理组员离别情绪。

（二）目标：

1. 复习前五次活动学的所有内容。

2. 巩固组员学到的知识与能力。

3. 处理组员离别情绪。

4. 组员分享在活动中的感受，完成评估与后测问卷。

四、活动流程

第六次小组活动流程见表7。

表7 第六次小组活动流程

时间	活动目标	内容	物资准备
5分钟	上次小组活动回顾，并简单说明这次小组的内容	社工带领组员回顾上次小组的活动内容，并简单说明这次小组的内容	
5分钟	热身游戏，活跃氛围	"你来比画我来猜"游戏：所有组员排成一列，背对社工，一位同学面向社工，社工给组员看一个词语，如大象，然后第一位组员向第二位组员表演出大象的形象，并依次传递到最后一位同学，最后一位同学说出这个词语	

续表

时间	活动目标	内容	物资准备
25 分钟	巩固组员学到的知识	社工带领组员复习前五次活动学的所有内容	
5 分钟	处理组员离别情绪	向组员说明这是最后一次小组活动，小朋友们就要说"再见"了。鼓励小朋友说出离别时的感受，要对朋友说什么话	
5 分钟	问卷评估	完成后测问卷	问卷9份、笔
10 分钟	分享、评估	1. 引导学生分享今日活动和前五次活动感受，说说自己的收获与进步 2. 挑选一份喜欢的礼物 3. 社工总结	礼物（文具、糖果等）

流动儿童生命教育的社会工作实践研究

作　者：徐　展（云南大学民族学与社会学学院社会工作专业硕士研究生）

指导教师：王硕

自我国改革开放以来，随着城市化进程的加快，农村人口不断涌向城市，从而形成大量流动人口。这些流动人口在城市落脚，而户籍政策和他们的经济状况难以支撑他们在城市完全生根，导致他们的下一代成为新的流动人口成为流动儿童。在现行不完善的城市管理制度下，他们面临着严峻的生存环境。同时，这也带来了一系列社会问题。在这种背景下，我国的社会工作人才建设相对滞后，对流动儿童的社会工作研究显得很不足，所以，增加社会工作者介入流动儿童群体的研究与实践就显得尤为重要。

本文以生命教育的内容为核心，从生命教育的"人与己"和"人与人"两个层面对云南一家面对流动儿童及其父母的社会工作性质的机构（以下简称K机构）的流动儿童进行社会工作介入，并将体验式学习融入流动儿童生命教育的小组工作中，提升流动儿童的自我认知和人际关系。小组评估发现，社会工作介入流动儿童生命教育的工作有较好的效果。同时，总结出小组工作方法有着较好的适用性、可复制性和推广性，体验式学习与生命教育具有良好的适配性与契合性，打破人们熟悉的场景来开展小组活动可以取得更好的效果。在小组活动的规范中，人为地创造独特的小组仪式感可以增强小组的动力等经验。在对实践进行反思过程中，认识到将体验式学习融入到小组工作中要特别注重分享与反思；体验式学习的小组设计要有参与性、主体性、情境性和趣味性；儿童的生命教育，家庭、学校及社区都不能缺位。

一、流动儿童与"生命教育"

文献综述

1. 有关流动儿童研究的文献综述

周皓和荣珊梳理与分析了改革开放至2010年的流动儿童相关研究文献,他们把流动儿童研究划分为三个阶段:第一阶段为1994—2000年,研究的起步阶段。1994年华耀龙最早在《天津教育》期刊中论述了流动儿童问题,他详细了解了天津市是如何处理流动儿童入学、就学问题的,并分析了这系列经验的可借鉴之处。1995年《中国教育报》刊登了《流动的孩子哪上学——流动人口子女教育探讨》一文,文中系统地讲解了我国流动儿童教育问题。[1] 从此,教育行政部门、教育理论界慢慢对流动儿童问题越来越关注。第二阶段2001—2005年,研究的发展阶段。2001年《国务院关于基础教育改革与发展的决定》第一次提到了"两为主"政策;2003年陆续出台了《国务院办公厅关于做好农民进城务工就业管理和服务工作的通知》和《关于进一步做好进城务工就业农民工子女义务教育工作的意见》,再次调整和细化了"两为主"政策;此后流动儿童问题变成了这一阶段的社会热门研究议题。第三阶段2006—2010年,研究的繁荣阶段。2006年出

---

[1] 张斌贤:《流动人口子女教育研究的现状与趋势》,《清华大学教育研究》2011年第4期,第4—7、25页。

台的《国务院关于解决农民工问题的若干意见》第一次把流动儿童义务教育上升为公共服务的重要内容之一；2006年十届人大常委会通过了《中华人民共和国义务教育法（修订案）》，标志着农民工子女平等接受义务教育有了立法保障，流动儿童的研究也步入新的阶段。[1]

通过2010年以后的相关查阅和梳理可以发现，学者更多关注流动儿童教育以外的其他方面的研究议题，更加细化和深入流动儿童的相关研究内容，研究角度也更加多样，而且每年都保持较高的文章数量，这一阶段我们可以将称为平稳及研究深化阶段。

从流动儿童研究的内容和方法上看，不同学科的关注点和研究方法各不相同，研究层次也不尽一样，教育方面比较多的是宏观性的研究，卫生保健则更多的是区域性研究，而在社会融合这一方面，宏观性研究与区域性研究都较多。教育方面的研究主要集中在流动儿童的教育政策与学习状况两方面：一是教育政策方面，以教育公平与受教育权利为研究重点，倾向于对宏观的制度与政策进行理论辨析，探究流动儿童遭遇教育不公平的原因及对策建议。立足点是希望保障流动儿童受教育的权利和教育公平，多以描述性研究、调查报告形式撰写，对流动儿童义务教育普及现状、问题和原因进行论述。这其中有很大一部分的论文指出，导致我国流动儿童教育不公平的因素有：长期实行城乡分割的户籍制度、不完善的教育经费拨款制度、就近入学与分级管理制度等。此外，还有一些研究者运用相关理论对流动儿童的教育政策制定及执行问题进行了分析，并透过对这些现状与原因的分析，提出了有针对性的对策与建议。二是学习状况方面，这方面主要是对全国各地域流动儿童的入学、就学、学习状况的情况进行了研究，分析了流动儿童的家庭教育、社会教育以及其他教育方式，并探析了流动儿童学业情况为什么不理想，以及提出了有针对性的对策。研究表

---

1 周皓、荣珊：《我国流动儿童研究综述》，《人口与经济》2011年第3期，第94—103页。

明，流动儿童与正常学龄儿童相比较，在学业上，流动儿童有着入学推迟、成绩下滑多和辍学等问题，而且流动儿童学业上整体成绩比较差，学业成就较低。

在家庭教育中，在整个社会重视教育的大环境下，流动儿童的父母意识上虽很重视孩子的家庭教育，但限于自身受教育水平较低，在具体家庭教育的过程中没有运用较为科学的教育方式、方法，"量"少且内容不完整；家庭教育中突出表现为教育的功利性、实用性强，父母中男性角色教育缺位，教养方式强权而无民主，对孩子的学业期望过分偏高等；导致这些问题的主要原因有家庭经济困难、子女迁移常住地后的不适应、不了解科学的教育方法等。但在现实中实行的各种既有制度下，只有部分私立学校才能为流动儿童提供必要的教育，在一定程度上弥补公立学校教育资源的不足、解决流动儿童的受教育问题，但这些学校也存在这样那样的问题，如不具有合法性、师资质量参差不齐和队伍不稳定、学校各方面的管理较为混乱、生活教学环境良莠不齐、没有好的发展前景、学习娱乐氛围不好、教学质量偏低等。因此，建议要在制度上为流动儿童学校制造一定的发展空间，促进其规范化和合法化，提升其办学质量，允许不同教育形式的竞争，建设性地提高学校的教学水平。

在流动儿童卫生保健方面的研究主要有两部分：体质健康状况和计划免疫。这方面的研究主要是在进行区域性的调查，从而对该区域内的流动儿童的卫生保健现状、管理模式和改进建议、对策等方面做出探析。[1]、[2] 心理学方面的研究主要对流动儿童的心理健康、人格特征等进行测量和分析，以了解他们的心理状况，社会学方面的研究侧

---

[1] 廖伟：《成都市荷花池社区流动儿童计划免疫管理调查分析》，《社区医学杂志》2008年第17期，第58—60页。

[2] 杨晓、张洪泉、张贤等：《流动儿童与本地儿童监护人计划免疫知识、态度和行为的对比分析》，《现代预防医学》2016年第22期，第4076—4080页。

重于社会适应及融合的结果状态，但实际上心理状况和社会融合之间有着无法割裂的、循环的因果联系，因此各学科之间有着很多交叉的研究。在流动儿童心理状况研究方面，有些定性研究讨论流动儿童存在哪些具体的心理问题。[1] 有些则运用定量方法的心理量表，探究流动儿童的焦虑、孤独和自我意识等情绪，总之，这些研究都反映出流动儿童有着诸多负面、消极的心理。如流动儿童在社交方面感到焦虑、孤独、自卑，幸福与满足感不足，流动儿童有着更多的问题行为、更低的自我意识、较低的自尊水平和更多消极的人格品质，学习效能感不足，自责倾向严重，恐惧心理明显高于自卑感。[2]

从社会融合的视角研究流动儿童在迁入地的城市适应性。研究结论一致显示出：在迁入的城市流动儿童有着相对较强的适应能力，但流动儿童与他们所在的社区中的朋辈群体有不良的社交反应，对社区资源的有效利用不足，对社区缺乏归属感，相对比较封闭，虽然认同城市生活，却很难融入城市生活[3]、[4]；形成这种不良的生活状况既有制度性原因（如不公平的教育政策），也有非制度性的原因（如生活背景、家庭背景等）。[5]、[6] 此外，从微观层面来看，社会工作在流动儿童社会融入和心理调适方面也有不少的研究，个案、小组、社区等方面都有不少的研究，其中小组和社区方面的研究较多，不同区域、

---

[1] 夏维海：《流动儿童心理研究现状与展望》，《四川理工学院学报》（社会科学版）2015年第4期，第91—101页。

[2] 师保国、王芳、刘霞：《国内流动儿童心理研究：回顾与展望》，《中国特殊教育》2014年第11期，第68—72页。

[3] 郝振：《流动儿童的社会融入及其策略选择研究》，[D]，华东师范大学博士学位论文，2015年。

[4] 张婷婷：《"优势视角"下的流动儿童城市融入研究》，[D]，安徽大学硕士学位论文，2016年。

[5] 崔学华：《流动儿童融入城市教育的社会支持研究》，《社会工作（下半月）》2010年第12期，第57—59页。

[6] 刘梅红、冯帮：《我国流动儿童城市融入研究述评》，《基础教育研究》2016年第15期，第17—20页。

不同民族等都有相应的研究。[1]、[2]

2. 有关生命教育研究的文献综述

生命教育源于美国，最先是美国学者杰·唐纳·华特士提出的，1968 年他在《生命教育》一书中指出，个体要关注自身的生长发育与生命健康，这才是教育本质，并且他在美国加州"阿南达村"阿南达学校，积极倡导与实践他的生命教育理念，生命教育后来在澳大利亚、日本、英国等国家传播发展开来，20 世纪 90 年代进入中国。[3] 国内最先进行生命教育实践的是我国台湾地区，2001 年被他们称为"生命教育年"，自此后我国台湾地区的生命教育研究和实践快速发展开来，并且取得了较多的研究成果。此后，我国大陆慢慢出现生命教育的研究和实践，辽宁、北京、上海等地区陆续出台了在中小学实践生命观教育的一些条例。但严格来讲，生命教育研究在我国起步相对比较晚，研究成果偏少，在各领域和维度的研究也有待深入和加强。

部分学者将学校生命教育的内容概况成"六大主题"与"四大领域"。即"认识生命""珍爱生命""尊重生命""欣赏生命""成全生命""敬畏生命"六大主题和"生命与自我""生命与家庭""生命与社会""生命与自然"四大领域。另一些学者则把生命教育的内容分为五个维度：一是人与自我关系的教育；二是人与他人关系的教育；三是人与社会关系的教育；四是人与自然关系的教育；五是人与宇宙的关系教育。从生命的终极意义来讲，生命以死亡为终点。还有一些学者对国外生命教育内容进行研究，把美国中小学生命教育的内容概

---

1 秘舒：《流动儿童社会融入的社会学干预策略——基于天津市 J 社区的个案研究》，《青年研究》2016 年第 5 期，第 19—28、94 页。
2 王佳：《流动儿童城市融入之社会工作介入路径研究——以陕北地区为例》，《延安职业技术学院学报》2014 年第 3 期，第 5—7 页。
3 刘艳萍：《国外的生命教育及其启示》，《佳木斯教育学院学报》2012 年第 6 期，第 3 页。

括为：直面生命的死亡教育、珍惜生命的健康教育、尊重生命的品格教育、张扬与发展个性的个性化教育、正确对待逆境的挫折教育。

从生命教育的实施方式来看，不同的学者各有异同。一些学者觉得我国香港的"生命教育"主要是建立在"社会互动"层次上的，就是社会各界的社会团体极力提倡，并和学校形成良性教育互动，相互促进，共同发展。我国台湾地区的学者认为，要将生命教育融入九年义务教育的课程纲要中，使得每个学科的学习、教学中都带有生命教育的理念和内容，具体的实践方法有：认知的、讯息的教导；个人的、情感的经验分享。另一些学者则表示要从课程、教学模式、师资素养、学校文化生活等方面融入生命教育：一是要重视学校的思想教育课，同时把生命教育融合到学科教学体系中；二是要注重学生的分享和体验式教学，要让学生对生命教育有深入的感悟；三是要注重教师以身作则地进行生命教育，重视生命关怀与生命智慧；四是要了解儿童的天性和发展规律，注重儿童日常生活。就这六大主题与四大领域来看，践行生命教育的方式主要是设立专门的生命教育课程、融入学科、进行专题教育等几种形式。[1] 还有一些学者认为生命教育的践行中认知的、讯息的教育可以通过文章、书籍、视听媒体等方式向学生输入知识，着重强调学生个人的、情感的经验分享，并通过不同的经验、体验、情绪分享来探讨生命价值，具体的教育要综合运用阅读指导法、亲身体验法、欣赏讨论法、随机教学法等，以达到更好的践行效果。王北生教授从四个维度（焦虑、情感、幸福、生命体验）论述了生命教育，他指出生命教育要将生命意识与生命教育相互构建，他认为学生的生命焦虑主要受到四方面的因素影响，即社会因素、学校因素、个体因素和家庭因素，同时要以焦虑视角来探索和解释生命教育，从情感角度重视生命情感与情感教育，从追求幸福的视角来理解生命教

---

[1] 杨乃虹、王丽：《论学校生命教育的内涵及实施策略》，《徐州师范大学学报（哲学社会科学版）》2007年第4期，第105—108页。

育和幸福教育，从生命体验的角度来践行体验式的生命教育。[1]

3. 有关社会工作介入生命教育研究的文献综述

学者许莉娅认为社会工作的专业价值和理念在很多地方跟生命教育所提倡的是非常契合的，社会工作有着以人为本、尊重生命的专业价值，学校社会工作领域中，可以灵活地使用小组、个案和社区工作的专业手法对儿童、青少年进行生命教育，从而推动生命教育在儿童的基础教育中更好发展，社会工作可以帮助生命教育有效实现，让生命教育得到更多关注和支持。[2] 基本上从此后才陆续出现社会工作介入生命教育的研究，近几年来这方面的研究呈现不断增长趋势。社工介入生命教育的研究目前主要集中于群体分异，从学龄期、小学生、中学生到大学生都有涉及。[3] 流动儿童、灾区儿童、偏差儿童等特殊群体也有少量的研究，介入领域上以学校社会工作的实务介入较多。

从社会工作介入流动儿童生命教育来看，目前的研究很少，但也提供了可供借鉴的经验。侯慧君将生态系统理论与危机介入理论运用在学校社会工作领域，通过个案、小组的社会工作方法对流动儿童生命教育进行介入，并分析了社会工作介入流动儿童生命教育具有的一些优势。她认为学校社会工作在流动儿童生命教育中，有着十分显著的效果和优势：一是学校社会工作者能够言传身教地进行生命教育，并且在具体的介入中能够很好地将社会工作与生命教育的理念融合起来；二是多样的专业方法让生命教育理念生动形象；三是学校社会工作者作为资源获取者和管理者，能够整合家庭、学校与其他社会资源共同参与流动儿童的生命教育，同时他提出生命教育的实施空间也不

---

1 王北生：《生命的畅想：生命教育视阈拓展》，中国青年社会科学出版社，2007年。
2 许莉娅：《青少年生命教育与学校社会工作》，《政治学院学报》2007年第5期，第7—11页。
3 艾丽：《小学生生命教育的社会工作介入》，[D]，华中师范大学硕士学位论文，2013年。

仅限于学校、家庭、社区、网络虚拟世界、多媒体资源、各类生命教育书籍等都提倡和引导着生命教育的开展，还指出了生命教育在中国究竟应该由谁开展、流动儿童生命教育中父母角色的定位、涉及流动儿童生命安全的伦理事件应该如何处理等需要进一步探讨的问题。[1] 孙巧云运用社会工作的小组工作方法介入流动的学龄前儿童，将生命教育小组的活动内容分为生命与自我、生命与自然、生命与社会三个方面进行实践，促进儿童对自我生命的认知，增强生命安全意识，同时与儿童共同探讨大自然的奥秘，让他们懂得植物和动物生命的可贵；在此基础上，将生命教育小组进一步与家庭、社会相联系，引导儿童关心家庭成员、爱护同伴，学会分享与感恩，通过评估，她发现生命教育小组总体的服务效果是令人满意的，基本实现了小组目标，并反思认为生命教育小组在提升组员不同能力方面存在差异性；生命教育小组具有可复制性和推广性；家长参与到生命教育小组中是极为重要的；幼儿教师、家长和社会工作者在教育观念上要具有一致性；幼儿园社会工作本土化的研究与发展是十分必要的。[2]

刘伟青在生命历程理论视角下，提出了社会工作介入流动儿童生命教育的具体内容与操作策略，并分析了流动儿童的生命状况及其原因：一定时空中的生活原理是城乡边缘化，生命教育缺失；相互联系的生活原理是亲子沟通欠缺，师生关系有待改善；生活的恰当时间原理是常受到原有户籍所限，过早进入社会；个人的能动性原理是环境适应能力较差，自信心不足。他指出生命历程理论视角下流动儿童生命教育的内容应包含这几个方面：生命意义教育（探寻生命的意义、死亡教育）、情感教育（感恩教育、责任教育）、生存能力教育（环境

---

[1] 侯慧君：《学校社会工作介入流动儿童生命教育探析》，[D]，华中师范大学硕士学位论文，2015年。

[2] 孙巧云：《小组工作介入流动学前儿童生命教育的实践与反思》，[D]，江西财经大学硕士学位论文，2016年。

适应教育、升学和就业教育、挫折教育)、人格教育(悦纳自我、接纳他人),并提出具体的介入策略要以小组工作为主,帮助个体与群体的协同成长,以个案工作为辅,有针对性地进行个别化、差异化的服务,以社区工作为补充,倡导和促进生活环境的改善与优化。[1] 钟柱锋在台湾彩虹生命教育协会的指导下,从人与自己、人与他人、人与环境、人与生命四个维度来探索生命教育,并选取其中的人与自己这个角度,以台湾彩虹爱家生命教育"自我意识"课程为蓝本,结合社会工作的理念、理论和方法对流动儿童开展自我认识层面的生命教育活动,帮助流动儿童正确地认识、欣赏、接纳自己,提升个人的勇气与自信,评估结果显示流动儿童生命教育自我意识改善有着良好的效果,同时也在反思中提到流动儿童的生命教育必须家庭、学校和社区相互配合,生命教育亟待本土化。[2]

4. 相关研究评述

从上述文献综述可以看到,流动儿童的研究从刚开始时的文化教育方面,转变为心理状态、社会融入等更多的方面,相对而言,流动儿童社会融入是近年来研究的焦点,而且研究不断深化;研究对象从学龄儿童,扩宽到学龄前、义务教育年龄以外(如高等教育、职业教育等)。这些研究主题、研究对象的拓展起到了促进相关政策的制定与出台的作用,但也会发现目前许多研究大多是描述性和解释性的研究,更加深入的研究还不足。

国外的生命教育研究与实践已然较为成熟,现在很多国外学者的研究逐渐转向对第三世界国家生命教育的研究与实践情况进行调研,并将自己的研究和实践经验向世界范围进行推广。国内学界对生命教

---

[1] 刘伟青:《生命历程理论视角下社会工作介入流动儿童生命教育的内容和策略探究》,[D],首都师范大学硕士学位论文,2012 年。
[2] 钟柱锋:《流动儿童生命教育的实践研究》,[D],云南大学硕士学位论文,2015 年。

育的提出、概念、实施路径等进行了多层次、多角度的探究，以心理学、教育学视角为主，论述学校生命教育与家庭生命教育的基础性和主体性，同时探究在中国特色社会主义背景下建构生命教育的课程体系，但总体上看来国内的生命教育的研究和实践依旧处于起步阶段，在生命教育的目标、内涵与外延、方法论等方面理论和实践还有待进一步探索。此外，近年还有较多的生命教育的综述文章对国内外研究成果进行梳理，其中对大学生群体的生命综述研究比较多和突出，同时涉及流动儿童与生命教育的研究也逐渐增多，但社会工作理论视角研究流动儿童的生命教育还比较少。

针对这种现状，我们可以从理论和实践两个方向做出努力。理论方面，进一步发掘我国优秀的传统文化涵盖的生命教育的内容，为本土化、内源性的生命教育知识提供必要的前提与基础，同时加强对发达国家和地区生命教育的横向与纵向的对比研究，进一步发掘生命教育的成果和经验。实践方面，要重视多种形式和多样化的生命教育实践，不断探究生命教育的新路径和方法，不断与中国的特殊国情相适应、相融合。通过已有的关于流动儿童生命教育的研究，发现社会工作与生命教育在价值理念、方法技巧操作空间上有很多契合之处，是实践生命教育的很好路径，但理论和实践经验研究还很不足，需要更多的探索，因此本文试图将体验式学习与社会工作的生命教育实践结合起来，以期能在一定程度上丰富社会工作介入流动儿童生命教育的理论及实践经验。

二、游戏理论与体验式学习

(一) 核心概念界定

1. 流动儿童

20世纪90年代以来,人们慢慢更多地关注流动儿童群体,目前国内学界对流动儿童的概念用得比较多样、混乱。称谓上,有流动人口子女、流动儿童、城市民工子女、流动儿童少年、打工子弟、农民工子女、外来务工就业人员子女等,而且有的称谓界定也不准确。[1]虽然学界对流动儿童的称谓和界定混乱不一,但要表达的意思却大同小异,所以本文只使用"流动儿童"这个称谓,使其不与"民工""农民"等称谓相联系,也是希望在一定程度上淡化其社会身份的污名,有助于该问题的解决。本文研究的流动儿童是指年龄在6~11周岁的随父母或其他监护人在户籍所在地以外的流入地暂时居住半年以上有学习能力的儿童。

2. 生命教育

在国内来说,"生命教育"的概念是较为新颖前沿的,它源于美

---

[1] 夏雪:《流动人口子女教育问题研究综述》,《北京科技大学学报》(社会科学版)2008年第3期,第7—11、36页。

国,其后传入澳大利亚、日本、英国等国家,并慢慢发展起来,20世纪90年代才传入我国台湾、香港地区。[1] 国内学者对"生命教育"的概念诠释有着极大的不同,莫衷一是。但总的来看,生命教育的核心是"生"的教育、"死"的教育、人与自我、人与他人、人与社会、人与自然关系的教育等方面的内容[2]。

本文认为,生命教育是指传授生命的来源、生命的成长、生命的体验、生命的终结等方面的内容,促进学生认知并践行有关生命成长的知识,引导他们认识自己、体验生活、顿悟理解生命、认识感恩生命的过程,体验生命中面临的各种事物的意义,汲取自己成长的正能量。

本文的社会工作实践主要从生命教育的认识自己、体验生活等内容着手,重在帮助流动儿童认识自己,学会更好地与人相处,拥有更多的生命生活体验,来丰富他们的生命生活,使得他们的生命成长的力量得到更好的激发,个体优势得到更好的发挥。

3. 体验式学习

我们古人早提出"纸上得来终觉浅,绝知此事要躬行"的名言警句,但20世纪上半叶,才开始有研究体验式学习的理论,它以直接通过体验来建构知识、获取技能、提升自我效能和价值,而非单纯的认知过程,它是融自我、情绪和经验知识为一体的新型学习方式。可以说是对具体情境模式进行精心设计,让体验者体验或对既有经验的再体验,让体验者反思自己的体验过程,从而形成积极的、正面的体验感悟,使体验者的认知与行为得以改变和重新建设的一种学习模式。[3]

---

[1] 刘艳萍:《国外的生命教育及其启示》,《佳木斯教育学院学报》2012年第6期,第3页。

[2] 许莉娅:《青少年生命教育与学校社会工作》,《中国青年政治学院学报》2007年第5期,第7—11页。

[3] 林思宁:《体验式学习》,北京大学出版社,2006年。

例如在蹦极中，在空中做自由落体运动是极其惊心动魄的，而这种体验是极其具有冲击力和难忘的。同理，体验式学习也是让体验者在精心设计的场景中有新的情绪体验、新的刺激，从而深化体验者的记忆与感悟理解。

本研究将体验式学习界定为一种强调以小组组员为中心，为其提供精心设计的新奇的、不同于常规的现实或虚拟情境、活动，让其亲身经历中获得个人的感受、知识和经验，并通过对体验过程的反思和总结，激发小组组员的主动性和潜力，从而获得个人的成长与发展的过程。

本文结合库伯的体验式学习圈对生命教育的内容进行设计，通过情境创设、体验启动—问题引导、深度体验—交流感悟、反思体验—反思与反馈、践行体验四个环节来运用体验式学习的理念，将其用于生命教育的具体内容中，在具体每节小组活动的具体执行中，各环节往往会相互交叉，不同环节之间也经常相互结合，共同构成生命教育目标的具体内容。

（二）皮亚杰的游戏理论

根据人认知发展的规律，皮亚杰把儿童的认知发展分成四阶段：第一阶段是感知运算阶段（0~2岁），个体靠感觉与动作适应环境、认识世界；第二阶段是前运算阶段（2~7岁），个体逐渐可以运用简单的语言符号思维，拥有了初步的表象思维能力，但不具有可逆性；第三阶段是具体运算阶段（7~11岁），拥有了逻辑思维与初步可逆运算能力，不过一般这一阶段他们只能对十分具体的事物和现象运算；第四阶段是形式运算阶段（11岁以后），个体能够区分头脑中的内容与形式，这一阶段他们的思维一般可以超越所感知到的东西，同时还能够运用抽象的逻辑思维和命题运算。认知发展的每一个阶段和每个阶段的不同时期，个体显出的游戏水平各不相同的表现。[1] 本文的研究对象为小学阶段（6~11岁）的流动儿童，他们的认知水平处于具体运算阶段，这一阶段的思维特点有：守恒性、脱自我中心性及可逆性。

皮亚杰表示，游戏并非幼儿天生的、与生俱来的"本能"，而是伴着儿童的认知发展水平而发展起来的。皮亚杰的游戏理论是在他的认知发展理论基础上衍生出来的理论，他的游戏理论是他对儿童认知发展基本看法的拓展与具体化，儿童一般只能以既有的认知水平去发现看待事物的外表，基本不会思考事物的现实情况、存在的客观特征，而仅仅是为了满足个体自我需求与欲望才来进行某种思考和行为，再进一步改变现实事物，按照其个体主观意愿把外在的事物、情形改变为其能够适应的认知水平，这样的一个过程即是游戏。皮亚杰认为，游戏的本质为同化超越了顺应，游戏仅仅是一种在既有经验范畴内的活动，是对已经形成了的知识、技能的重新学习以及练习、强化，同时也是认知过程的一个行为和表现形式，此外游戏的发展水平要跟儿童认知发展水平相匹配。[2]

皮亚杰的游戏理论虽然有着一些不足之处，但我们依旧能从其中受到有关儿童游戏的启发。第一，游戏和认知活动是相互配合发展而不是对立的，和学习也是相互促进的而不是相互排斥的；第二，皮亚杰特别重视依据儿童认知发展的水平选择、设计、组织相应的游戏活动，强调儿童游戏的内容应该伴着儿童的认知发展变化而变化；第三，皮亚杰的游戏理论也很重视儿童在游戏中无拘无束地主动活动；第四，皮亚杰特别强调游戏的情感功能，认为"象征性游戏可以帮助儿童对未

---

[1] 皮亚杰、海尔德：《儿童心理学》，商务印书馆，1980年。
[2] 李园园：《皮亚杰理论与幼儿建构游戏》，《新课程研究》（中旬刊）2016年第7期，第7—9页。

满足的要求得到补偿，实现角色的颠倒和自我的解放与扩张等等"。[1]

本文将体验式学习应用于处于具体运算阶段的流动儿童小组工作中，契合了儿童游戏的要求，设计具有情感性的、符合儿童认知的游戏，让流动儿童在具体的体验中、游戏中发展认知，理解生命，使得儿童不仅能用已有的图式来同化客体，而且也能更好地根据客体的具体变化来调整自己的图式，顺应外在多样性，在人与环境的互动中达到平衡，使得顺应和同化得到发展。

（三）体验式学习

体验学习的发展历史源远流长，可以追溯到杜威、皮亚杰、勒温、詹姆斯、荣格、弗莱尔与罗杰斯等人，但其集大成者是库伯。[2] 1984年，大卫·库伯的《体验学习——让体验成为学习和发展的源泉》（*Experiential Learning: Experience as the Source of Learning and Development*）借鉴了约翰·杜威、库特·勒温与让·皮亚杰的学习理论，创造性地提出四阶段的体验学习圈模型，该模型构建了程序化、科学化的体验学习过程，在世界范围内已广为引用。[3] 在研究的学科和领域上，体验式学习涉及教育学、心理学等学科领域，而其体验式学习的理论、理念和方法在语言学习、数理化教学、企业培训甚至在体验型消费等各领域都有着广泛应用。

人本主义心理学大师罗杰斯提出教育要以学习者心理需求为出发点和落脚点，重视个体的个性和感受。他将学习划分成两种情形：认知的（无意义的）与经验的（有意义的），认知的集中于理论性知识，

---

[1] 王娆、李宏超：《皮亚杰认知发展游戏理论对儿童游戏之意义》，《学理论》2013年第32期，第279—280页。

[2] 李文君：《体验式学习理论研究综述》，《教育观察》2012年第4期，第83—89页。

[3] Kolb D A. *Experiential learning: Experience as the Source of Learning and Development*, New Jersey: Prentice-Hall, 1984.

而经验的主要是应用性知识，它们的区别关键在于体验式学习达成了学习者的需求，他提出了体验式学习的一些特征：个人卷入、自发性、学习者评价和对学习者普遍深入的影响力。[1] 马斯洛提出了"高峰体验"的概念，"高峰体验是人在进入自我实现和自我超越状态时所感受到的一种豁达与极乐的瞬间体验"，而体验式学习即为以学习者为中心，经过反复的实践与反思来收获知识的学习方式。知识性学习与体验式学习对照见表1。

表1 知识性学习与体验式学习对照表

对比指标	知识性学习	体验式学习
学习内容	专家确定学习范围，并设立答案	当事人共同分享事件经验，商讨出指标
学习中心	学习的对象或主题	学习者的行为
学习结果	与学习内容直接相关，具有静态性、可预知性	取决于学习者的行为轨迹以及对行为的反思，具有动态性、不可预知性
学习过程	线性过程，多由教师控制，学习效率高	迭代过程，多由学习者掌控，学习效率较低
学习评价	根据正确或错误的答案，有明确的评分和等级	根据绩效反馈和未觉的解决方案，提出适当的建议和指导
适合知识类型	相对简单、结构良好、内容明确、高知识需求的问题	高交互或高实践需求的负责问题

---

[1] Rogers C R. *Freedom to Learn*. Columbus, OH: Merrill, 1969.

学习是一个重在学习过程，而非重在结果的行为，心理学家布鲁纳在《教学理论探讨》（*Toward a Theory of Instruction*）中表示教育的目的在于激发，在于知识获得过程中的探索和技能，而不是记忆大量的知识："学习是个过程，而非产物"。[1] 学习是植根于体验的连续性过程；学习过程包含了个体与环境的相互作用，同时学习也是创造知识的连续性过程。在体验式学习理论中，个体与环境的互动关系能在术语"体验"（experience）的双重意义中得到体现：一方面是主观的、个人的，指代个体的内在状态，另一方面则是客观的、环境的，是客观环境的场景。

库伯的体验学习模型的构成过程是，具体体验，反思观察、抽象概括与行动应用，再回到具体体验所得完整历程（图1），在整个过程中，学习者首先通过亲身的参与产生了感觉或感受；接着再通过对刚才亲身的经历，分析、思考当时的行为与感受，明确自己刚才学到了什么、发现了什么；然后，学习者把反思和观察到的结果进一步抽象，形成一般性的结论；最后，还需将之放在新的情境中进行检验，从而看结论是否具有正确性与合理性，如果检验得到了证实，学习者只要把刚才发现的结论迁移到其他情境中进行应用就可以了，如果检验没有得到证实，将会导向新一轮的具体体验，一次新的学习循环过程又开始了。本文主要就是参考了库伯的体验式学习模型，把体验式学习应用到小组工作的设计和操作过程中以提升小组的效果，提升流动儿童对生命教育的认知和理解，使生命教育的内容得到更好的学习和实践。

---

[1] Jerome S B. *Toward a Theory of Instruction*. The Belknap Press of Harvard University Press, 1966, p. 72.

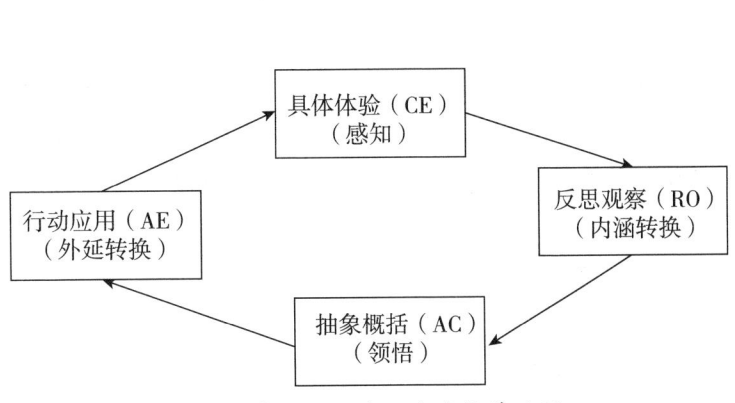

图 1　库伯的四阶段体验式学习圈

体验式学习与社会工作理念具有高度的契合性。库伯认为体验式学习的原则有：尊重学习者及其体验（社会工作的尊重人、关注人）、从学习者的主观事件经验开始（社会工作的同理心）、创造并保持友好热情的学习空间、为对话式学习创造空间、为行动和反思创造空间、为情绪和思考创造空间（社会工作的人在情境中）、鼓励专业知识技能的发展、允许学习者自己掌控学习（社会工作的助人自助）。可以看到社会工作与体验式学习有着天生的契合度，十分适合将体验式学习应用于社会工作的理论及实践中。但国内将体验式的学习运用到社会工作的研究相对较少，因此，本文将体验式学习融入流动儿童生命教育中，通过社会工作的实践研究进而探究其可行性和积累可供参考的经验，同时也为流动儿童的健康成长发展做出一点力所能及的贡献。

（四）优势视角

优势视角或叫能力视角，特别强调人具有主观能动性，并从对人的主观能动性的理解上，认为人不是被动的，而是有潜能与优势的，个体是可以依靠其本身的能力来理解和解决问题的。从优势视角来看，个体、群体、组织和社会都存在着内在潜力，这些潜力包括天赋、知识、社会支持和资源，一旦条件得到满足，他们就可以发挥他们内在的能力来达到他们的需求与目标。[1] 在优势视角下来提供社会工作服务，意味着社会工作者要发掘服务对象的优势与潜能，从服务对象自身的优点和资源着手，同时配合其社会支持网络以及周围潜在的社会资源协助其增能，增强抗逆力，克服困难与挫折，达成既定目标。本文从优势视角出发，相信服务对象流动儿童是具有优势、潜能的，认为他们可以通过自己的努力来发展自己，因此，我们从社会工作优势视角来介入流动儿童生命教育，立足于流动儿童潜在的能力和优势，通过体验式学习充分激发其主动性和创造性，重视体验过程中所激发的潜力，并帮助他们发挥其优势，理解生命教育的内容，增强自我认知、学习人与人的交往。

1　史柏年：《社会工作实务》（中级），中国社会科学出版社，2010年。

三、研究方法与资料收集

本文研究运用社会工作实践研究的方法,主要采取了访谈法、问卷法、观察法来收集相关资料,运用 SPSS 软件来梳理整合量化数据,配合分析整理相关的文字资料,最后总结体验式学习在流动儿童生命教育小组工作的实践经验和适用性。

(一) 实践研究

实践研究是一种寻找解决产生问题的方法的研究方法,它以问题为导向,并不为了纯粹生产新的知识理论,社会工作实践研究是社会工作专业区别于其他学科的重要标志之一,同时也在实践研究中深化了对社会工作本质的认识和理解。社会工作实践研究(practice research)是针对社会工作多样的实践内容和形式所做的研究,其内容包括"社会工作实践教育、社会工作者自我反映性对话、社会工作者进行的一切实务和服务活动"。[1]

2008 年,英国举办了一次以社会工作实践研究为议题的论坛会议,与会人员初步达成一定的共识并将之整理为"The Salisbury Statement"(索尔兹伯里声明),界定了实践研究包含的重要内容:"实践研究蕴含了对实践的好奇,它是关于如何寻找有效的助人方法,它也

---

[1] 古学斌:《为何做社会工作实践研究?》,《浙江工商大学学报》2015 年第 4 期,第 92—97 页。

是关于通过对实践的研究来挑战既有的问题的行为；它还包含了人们在实践中亲自体验经历而形成的新的知识和看法，它是一种建构主义的专业知识整合，同时研究者能够从实践更好地理解实践过程的复杂性与多样性，也在实践过程中致力于赋权和争取社会正义。"[1]

本文的社会工作实践研究是以昆明 K 机构生命成长小组社会工作实务为基础，将体验式学习的理念和形式融入流动儿童生命教育中，是针对社会工作者的具体实务和服务活动进行的研究。

（二）资料收集方法

1. 访谈法

访谈法是访谈者有计划、有目的地与被访者进行面对面的交流，从而了解被访者对事物的看法、态度和自身感受等实际情况的一种调查方法，访谈法按照研究者对谈话结构的控制度分为三种：结构式访谈、无结构式访谈和半结构式访谈。[2] 本文采用半结构式访谈的方法进行，每次小组活动开始前和后都会对小组成员进行必要的访问，并根据反馈的结果来及时改进和调整小组的具体计划，通过和流动儿童的访谈来弄清楚流动儿童真实的生存状况，面临着哪些困境以及有着怎样的需求，后期效果评估中，对小组成员进行焦点会议等形式的访谈也是极为重要的。

2. 问卷法

本文主要采用我国学者董奇对马什（Marsh）等人的 Student Descriptive Question I (SDQI) 进行了修订的自我描述问卷。问卷共 77 个题目，由 63 个正向题目、13 个反向题目及 1 个测谎题组成，它共有运动能力、生理外貌、同伴关系、亲子关系、一般自我、阅读、数学和一般学校表现

---

[1] Pain H. *Practice Research Literature Review*. University of Southampton, 2008.
[2] 陈向明:《质的研究与社会科学研究》，教育科学出版社，2000 年。

8个子量表,其中后3个子量表构成学术自我概念分量表,前5个子量表构成非学术自我概念分量表;学术自我与非学术自我综合构成总体自我;问卷采用5级记分制,有着五级反映指标,从完全不符合到完全符合,累计得分越高说明自我概念水平越高,越积极。国内研究证明,此问卷拟合指标良好,各分维度的α系数均在0.80以上。[1] 本文根据小组设计和需求对该量表进行了一些修改,剔除其中学术自我的题目,只选用非学术自我部分的量表共计46个题目作为小组前后测的量表,自我描述生命外貌和运动能力维度对应了生命教育的"人与己"层次内容,亲子关系和同伴关系维度对应了生命教育的"人与人"层面的内容。

3. 观察法

观察法是指调查者对被观察者进行有意识的、有明确目的的观察,运用个人的感觉器官或辅之以工具,直接地从社会生活的真实场景中收集观察数据资料的调查方法。[2] 无论是小组前期的调研,还是小组介入中的资料收集,研究对象的表情、情绪状态、喜好态度、言语、行为等都是其外显重要观察指标,社工在实践中参与观察并获取一手的资料,同时也将其作为小组评估的重要数据。

(三) 资料分析方法

本文采用SPSS 21.0统计软件对数据进行录入、整理与分析统计,主要分析流动儿童在运动能力、生理外貌、同伴关系这几个维度上的变化,通过对这几个维度上前测和后测得分的均值变化来验证社工介入是否有效。

---

[1] 郑旭:《4—6年级小学生自我概念发展及其与校园人际关系的关系》,[D],山西师范大学硕士学位论文,2015年。
[2] 吴增基:《现代社会调查方法》,上海人民出版社,2003年。

四、流动儿童生命教育小组工作介入过程

（一）小组的实施背景

1. 社区情况简介

昆明市是云南的省会城市，是西部第三大城市。西山区作为昆明市四大主城区之一，全区面积有791平方千米，已有建筑区占地面积约42平方千米，常住人口80多万，流动人口20余万，辖区内居住很多少数民族居民，包括彝、回、苗、纳西、壮、哈尼等25个之多。拥有福海、前卫等10个街道办、98个社区居委会，这中间船房社区面积只有1.8平方千米左右，主要由船房新村与船房老村两个自然村构成，但常住的户籍人口数达到4300人之多，而流动人口更是有7.2万余人，流动人口与户籍常住人口的比例达到16∶1。船房社区是昆明市流动人口密集居住的社区之一，是昆明市最大的典型的城中村，而这其中流动儿童就占到了社区总人口的10%，社区只有9家幼儿园、1所公立小学、3所民办小学，这些是船房社区流动儿童接受各种教育的主要地方，由于社区管理相对混乱也导致校外的社区教育很少开展。在这种背景下，笔者实习所在的K机构在一定程度上承担了社区教育的全部内容，但是由于场地和人员等方面的原因，所能提供的服务也受到了极大的局限。

2. K机构介绍

K机构处于西山区福海乡船房社区内,是一家面对流动儿童及其父母的社会工作性质的机构,它由云南国际民间组织合作促进会、西华派出所和马来西亚的义工三方合作开办。其服务对象主要是社区内小学一至六年级的外来务工人员子女,提供的服务内容包括课业辅导、品格教育、游戏娱乐、兴趣活动等,以提升流动儿童学业成绩、帮助他们形成健康的学习生活习惯和培养他们良好的道德品格为机构宗旨。

3. 服务对象介绍

通过与K机构项目经理的访谈,对来到K机构的流动儿童情况有了大致的了解,再结合自己的观察和量表测量以及他们的个人意愿,并签署了"家长知情同意书"的流动儿童,选取了其中的10人作为本次小组的成员进行研究,具体情况见表2。

表2 服务对象具体情况

序号	姓名	性别	年龄	年级	户籍所在地	现居地
1	DSH	男	11岁	六年级	贵州省	昆明市船房社区
2	ZZF	男	11岁	六年级	四川省	昆明市船房社区
3	ZY	男	10岁	五年级	四川省	昆明市船房社区
4	TYQ	女	10岁	五年级	云南省红河县	昆明市船房社区
5	LX	女	10岁	五年级	云南省镇雄县	昆明市船房社区
6	YY	女	10岁	五年级	贵州省	昆明市船房社区
7	ZJY	女	9岁	四年级	四川省	昆明市船房社区
8	ZL	女	9岁	四年级	四川省	昆明市船房社区
9	LL	男	9岁	四年级	云南省镇雄县	昆明市船房社区
10	LBR	女	9岁	四年级	云南省禄劝县	昆明市船房社区

（二）流动儿童的现状及需求评估

笔者通过对 K 机构项目经理、社区主任、流动儿童的访谈以及自己在实习过程中有意识的观察，发现笔者个人观察与访谈中谈到的问题基本一致，由此笔者对来到 K 机构的流动儿童的现状和需求进行了初步的评估，主要概括为几个方面。

1. 流动儿童对自我认知模糊不清，缺乏生命教育自我认知的引导

由于生活习惯差异、语言障碍、家庭经济状况差等原因，社区的流动儿童有着不同程度的自卑心理，不容易跟同辈和老师沟通，而且在社交中有不同程度的焦虑情绪。因为父母多在离社区较远的地方打工，对孩子监管不够，再加之学校课余时间无人监管，很多流动儿童不能正确认识到自己的优势与不足，不能辨识哪些行为是正确的、哪些是不对的，经常出入网吧和游戏室等场所，逐渐就形成了一些不良习惯和性格，有的少年受到网络及社区偏差少年的影响甚至产生自我摧残行为，对生命缺乏尊重和敬畏。学校的教学质量相对偏低，社区比较混乱，难以提供有效的引导，这些都导致了流动儿童的生活、学习环境不好，进一步影响了他们正向的社会化，不利于形成正确的生命观和价值观。而且在对 K 机构的流动儿童访谈中，所有的人都从来没有想过"生命"是什么，也没有想过"我是谁？""我从哪里来？"等问题，对生命教育的内容完全缺乏认知。

2. 流动儿童户外集体娱乐难以得到满足，阻断了更多的生命体验进行

社区内集体活动偏少，K 机构资源有限，能提供的活动有限，难以满足流动儿童的需要。通过对来到 K 机构的流动儿童的访谈得知，他们都表示喜欢户外集体活动，但是 K 机构的周末娱乐学习内容均为室内活动，活动形式和内容相对单一，不能完全满足流动儿童的娱乐学习需求。同时船房社区是典型的城中村，基础设施不完善，流动儿童能够享受的社区公共资源较少，而且流动儿童家庭经济情况大多不好，免费供应给流动儿童的社区公共资源非常少。且流动儿童的家长由于家庭经济情况不佳而忙于生计，闲暇时间很少，没有足够的时间陪伴孩子，和孩子一起玩耍学习，假期孩子的安全问题又是家长最为关注的事情，因此大多数社区里的流动儿童只能被迫限制在家写作业、玩游戏，他们非常缺乏户外娱乐活动。这些阻断了流动儿童可能接触到生命教育内容的活动，也严重影响了他们增加自我认知的行为，使得生命体验得不到满足，从而形成了不良的恶性循环，最终导致了他们不好的发展变迁。

3. 流动儿童朋辈关系不和谐，对生命教育的"人与人"的关系缺乏正确认知

在访谈和日常观察中发现，K 机构虽然是流动儿童与周围儿童认识互动的平台和机会，但是他们跟随父母迁移到陌生的环境生活，原有的朋辈关系断裂，社会支持网络不足，有一部分孩子在建立新的朋辈关系中遇到一些困难，不懂得如何建立良好的同伴关系；流动儿童相互间经常有各种矛盾冲突，在交往时常常有着争吵与打架的事情发生，而且拉帮结派的行为严重，与社区内游手好闲的"混混"青年交往密切，男生与女生之间也存在着不同程度的排斥和抵触，年龄不同、班级不同的流动儿童之间接触得较多，但是他们之间良性的交流互动比较少。这些在一定程度上也影响了他们在学校的学业成绩，影响了老师们对他们的看法，从而加深了自卑情绪，对自我产生了高的负面评价。

4. 流动儿童的亲子间互动、交流不足，生命教育的情感体验匮乏

笔者通过与机构社工一起家访了解到，社区内的流动人口一般生活水平比较低，流动儿童的父母一般都在昆明市离社区较远的地方做零工，忙于生计而闲暇时间少，陪伴孩子读书、学习、娱乐的时间更少，不少流动儿童表示"父母平时陪自己的时间少，带自己出去玩的次数也比较少"，亲子间互动交流的机会不足。"父母最关心自己的学习成绩"也是流动儿童提到最多的问题，由此可见在一定程度上流动儿童的父母在教育孩子方面太过功利化，过分注重孩子的学习成绩，但是对孩子本身情感需求视而不见，这些也在一定程度上形成了流动儿童的不良情感反应，对社会交往中的情感产生偏差的认知，甚至自我封闭、对人冷漠，上述内容都对亲子关系的发展和流动儿童健康成长产生了不利的影响。

综上所述，社区内流动儿童接触到的生命教育的内容非常匮乏，严重影响到他们的成长发展，需要提供相关服务来澄清自我认知，纠正偏差的自我认知和行为，丰富与充实他们的日常生活，满足他们对情感表达和自我展示的需要，改善他们的人际关系，帮助他们健康快乐地成长。

（三）小组目标和小组活动简介

1. 小组目标

根据需求评估，流动儿童有着缺乏生命教育自我认知的引导、缺乏户外集体活动来加强生命体验、朋辈关系不和谐、亲子关系不佳而生命情感体验匮乏四方面的问题，而这些问题对应着生命教育内容，因此笔者将此次小组定性为"成长性小组"，并以生命教育为内容进行具体操作。

能够对自我有清晰的认知是其他几个层次进一步发展的基础，同时本次小组限于个人精力等方面的原因,只设计了"人与己"和"人与人"两个层次的目标和小组活动。

"人与己"和"人与人"两个层次以"人与己"为核心,重点在于让流动儿童能够清楚地认识自己、了解自己,从而推动"人与人"的交往,反过来,"人与人"层次的提升能够进一步加深流动儿童的自我认知,在实践过程中这两个层次也是相互交织渗透的,最后相辅相成地完成生命教育的内容。具体目标内容如下。

第一层次目标:生命教育的"人与己",这一层次的目标主要包括了解自己的身体、清楚地知道自己的性格、接受自己的不足和欣赏自己的优势、自信与勇气,目的是用生命教育引导流动儿童进行自我认知。

第二层次目标:生命教育的"人与人",这个层次的目标主要有理解人必须与他人链接才能更好地生活、学会理解和尊重他人、乐于助人和奉献精神、爱人如己、培养团队合作精神等阶段性小目标,目的是加强流动儿童的生命体验,改善其朋辈关系和亲子关系。

2. 小组活动设计简介

笔者在船房社区 K 机构进行专业实习,使用自我描述问卷对来到 K 机构的三至六年级的孩子进行了测量作为前测数据,然后根据他们的个人意愿,选取了其中的 10 人作为小组成员,并开展为期 2 个月的生命教育小组,介入时间为 2017 年 10—12 月,以提升他们对自我、对他人的认识和行为改变。

小组名称:K 机构流动儿童生命教育成长小组

小组性质:成长性小组、封闭性小组

活动时间:2017 年 10—12 月

活动次数:7 次

活动地点:K 机构活动室、船房社区青少年宫、云南大学东陆园

和翠湖公园、昆明市桃源广场、西山森林公园

  K 机构流动儿童生命教育成长小组共设计 7 次小组活动，分为小组开始阶段、转折阶段、成熟阶段、结束阶段 4 个阶段，开始阶段和结束阶段各一次活动，小组转折阶段设计 2 次活动，小组成熟阶段设计有 3 次活动，其中，第二次活动和第三次活动体现了生命教育的"人与己"层次，第四次活动到第六次活动体现了生命教育的"人与人"层次，且活动内容按体验式学习的模型进程具体操作。具体活动计划表见表 3

表 3 小组活动计划表

小组阶段		时间及地点	活动名称	活动目标
小组开始阶段		2017 年 10 月 29 日 13：00—15：10 K 机构活动室	K 机构生命教育成长小组见面会	1. 让小组成员彼此认识、熟悉 2. 讲解小组目标、活动计划 3. 共同制定小组规则
小组中间转折阶段	生命教育的"人与己"层次	2017 年 11 月 5 日 13：00—16：20 云南大学运动场及翠湖公园	你了解自己的身体吗？	1. 加深组员相互熟知 2. 认识自己的身体，尊重爱护自己身体 3. 知道如何保护自己的身体
		2017 年 11 月 12 日 13：00—17：00 船房社区青少年宫草坪	了解我们的性格特点	1. 了解自己的优缺点 2. 接纳自己的不足 3. 欣赏自己的优点，学会爱自己，发挥自己的优势，扬长避短

续表

小组阶段		时间及地点	活动名称	活动目标
小组的成熟阶段	生命教育的"人与人"层次	2017年11月19日 13：00—17：00 船房社区青少年宫	我与爸妈有个约会	1. 一定程度上改善亲子沟通 2. 增加孩子对其父母的理解 3. 理解"人与人"的关系，提升人与社会的关系
		2017年11月26日 13：00—17：00 昆明市桃源广场	我是国际助残日主题活动小小志愿者	1. 学会尊重他人、接纳他人 2. 理解和尊重残障人士，不用有色眼镜看待他们 3. 理解"人与人"的关系，提升人与社会的关系，践行乐于助人 4. 奉献自己的时间与精力帮助他人
		2017年12月3日 10：00—17：00 昆明市西山森林公园	我们是登山勇士小队	1. 勇敢、信心与希望，勇于面对自己人生中的一切事物，相信自己 2. 理解团队合作，学会相互帮助，共同成长
小组结束阶段		2017年12月17日 13：00—17：00 K机构活动室	小组结束分享会：明天会更好	1. 回顾整个小组活动的内容，并巩固活动成果 2. 激励组员将小组学到的知识、技巧用于日常生活学习中 3. 离别情绪处理

（四）体验式学习在小组活动中的运用

依据库伯的体验式学习圈，K 机构生命教育成长小组的实践过程中，社会工作者既发挥引导者的主导作用，又充分调动组员的主体参与性，调动组员的积极能动性，社会工作者与组员是平等协作的伙伴关系，双方合作协商，一起达成生命教育的目标。因此将每一次小组活动流程设计为四个环节情境创设与体验启动—问题引导与深化体验—交流感悟与反思体验—反思与反馈、践行体验。需要指出的是，在每节小组活动的具体执行中，各环节往往会相互交叉，不同环节之间也经常相互结合，共同构成生命教育目标的某一具体部分。

第一环节：情境创设与体验启动

以生命教育为内核，精心设计符合学龄儿童、贴近真实生活的场景，这是小组达成预设目标的首要环节。在情境内容的选择上，依据皮亚杰的游戏理论，同时考虑流动儿童的心理特点，结合生命教育的内容，将趣味性与现实性结合来选取情境，要能够吸引组员，培养其参与体验的兴趣，诱发组员的积极思考。而现实场景不仅有着多样、丰富的内容，还能勾起学生产生探究新鲜事物的好奇心，自觉不自觉地融入真实的社会化场景中，能够有很好的情感体验，达到激趣明理的效果。因为船房社区是昆明市典型的城中村，而且流动儿童的家庭经济状况大多不是很好，免费提供给流动儿童的社区公共资源非常少，加之流动儿童的家长大多文化水平较低，平时需要忙于生计，没时间陪孩子玩耍，孩子也不能离得社区太远去玩耍，所以笔者利用城市中的一些免费的公共资源，带孩子们离开相对熟悉的社区开展小组活动，增强小组活动趣味性与吸引力，也使陌生的社会场景引起组员的好奇心与主动思考，达到良好的体验效果。

第二环节：问题引导与深化体验

小组活动中，社工考虑组员们的既有知识状况、认知规律、心理特征等情况，有意识地在创设的情境中提出一些与生命教育内容相关的有挑战性和启发性的问题，激发组员主动积极思考和体验，引导组员在场景中深入体验和即时思考。在关键处或组员卡壳时要有启发性的提示，循序渐进，刚开始让组员集中于眼前的场景和近期发生的事物，再到以前的既有经验和经历，从易到难，步步深入。

第三环节：交流感悟与反思体验

这一环节是体验式学习融入生命教育内容的最重要环节，组员在前面两个环节中生发出丰富多样的生命情感，并且在反思后收获一定的生命认知。此时社工需要以多种形式及时对组员进行激励，譬如口头表扬、小礼品奖励、自由时间奖励等，引导组员自由开放地描述体验细节和体验感受，由于每个个体既有经验各不相同，那么体验中关注的地方和体验感受也必然是各不一样，故而社工要以真诚、包容、赞赏的态度去接纳组员，充分激发组员个性化的表达和分享，同时社工也要重视细节性、即时性的情境引导，重视在结合具体情境下的引导，避免一味地说教，以免挫伤组员学习、思考与表达的积极性和主动性。在组员完全表达清楚自己的体悟和想法后，社工要及时组织进行讨论和反思，具体方式可以运用焦点讨论、组员互评、自由发言等形式展开。这个过程把生命教育的具体内容融入其中，使组员相互启迪，共同反思，实现生命体验从感性到理性高度的升华。

第四环节：反馈与反思，践行体验

基于体验式学习的生命教育，不仅是向体验者传递生命知识与技能，还需要引导组员理解和形成正确的生命观，并且帮助组员运用具体的案例等形式将这种生命观内化为个体自律行为，促进认知向行为的转变,最后达到知行统一的效果。故而,体验和反思后不能就止步于此,社工抛出生命教育的主题目标,让组员总结发言,并对不同的生命认知与价值取向进行积极的鼓励性的反馈,引导小组成员学会分析与认识事物的本质。社工在对反思和讨论的内容进行反馈后,还需要给出具体的指导看法和意见,使组员明白具体怎么做,这样才符合流动儿童这一阶段的理解和认知水平,并且在得到组员的一致认可后,需要在社工的主导下,与组员一起将体验和认识进行分析总结,形成一般性的规律和结论,使之形成一种心理动力和行为价值尺度来指导大家各自的日常行为。

(五) 小组效果评估

评估是小组工作中非常重要的一项内容,本文根据小组开展的实际情况对此次小组活动从小组执行的完成情况、目标达成情况、完成的效果及满意度等方面进行效果评估。

1. 小组前后测结果及满意度情况

本文根据小组设计和需求对我国学者董奇对 Marsh 等人的 Student Descriptive Question I (SDQ I) 的自我描述问卷进行了一些修改,剔除其中学术自我的题目,只选用非学术自我部分的量表共计 46 个题目作为小组前后测的量表,自我描述生命外貌和运动能力维度对应了生命教育的"人与己"层次内容,亲子关系和同伴关系维度对应了生命教育的"人与人"层面内容。

在小组开始阶段和结束阶段,笔者根据学界已有量表对参与的组员进行了前后测,所得数据运用 SPSS 21.0 进行统计学分析,检测组员参加活动前后对自我的描述是否存在差异,并且这种差异是否有统计学意义,进而证明整个小组是否有显著成效。

量表各个维度的得分越高,说明自我概念水平越高、越积极,而自我描述生理外貌和运动能力维度对应了生命教育的"人与己"层次内容,亲子关系和同伴关系维度对应了生命教育的"人与人"层面内容。从表4和图2中可以看出,后测得分中自我描述的各个维度的均值都有提升,这说明总体上"K机构流动儿童生命教育成长小组"的7次实践活动提高了流动儿童的自我概念水平,使得生命教育的"人与己"和"人与人"两个层面内容的认识和理解都有提升,小组成员在对自我和人与人的关系有了更清楚的认识,小组工作介入的服务有着明显的效果。

表4 小组10名组员前后测自我描述均值差异的结果

指标	前测得分	后测得分
生理外貌	27.9 ± 5.76	28.2 ± 8.53
运动能力	23.1 ± 4.68	24.4 ± 5.66
亲子关系	30.4 ± 3.06	33.9 ± 6.24
同伴关系	29.2 ± 4.57	32.4 ± 7.80

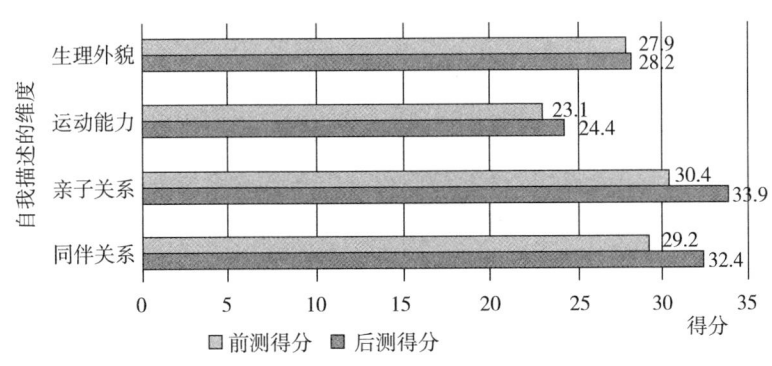

图2 组员自我描述各维度前后测得分均值

从反馈表(表5)中可以看出K机构生命教育成长小组整体上得

到了组员们的认可，大多数人也表示喜欢这个小组，其中全部成员都觉得从小组学到有益的经验，喜欢小组活动形式和场地安排，大多数人觉得对自己有了更清楚的认识，其中亲子关系、同伴关系上有部分成员显示效果不佳，还有一人觉得小组与预期的不一样，这样的反馈表明小组整体设计是成功的，也说明在一定程度上的小组活动设计具有可复制性和迁移性，同时某些部分的小组活动设计还需要更加完善和优化，以加强其效果。

表5 小组活动的满意度反馈表（共计10人）

序号	所评项目	非常同意	同意	一般	不同意	非常不同意
1	你喜欢这个小组活动	7	3	0	0	0
2	你觉得在活动中大家互相信任和坦诚	6	4	0	0	0
3	在破冰活动过程中你感觉和谐愉快	10	0	0	0	0
4	你觉得全体组员得到平等、尊重的对待	7	2	1	0	0
5	你从小组活动中学到了有益的经验	10	0	0	0	0
6	你对自己有了更清楚的认识	8	2	0	0	0
7	你学会了正确处理与父母的关系	6	2	2	0	0
8	你学会了更好地与他人相处	8	1	1	0	0
9	你的团队意识得到提升	9	1	0	0	0
10	你喜欢小组活动形式及场地安排	10	0	0	0	0
11	你觉得这次小组比预期的好	6	1	1	1	0

2. 小组目标的达成情况

本次小组设计了生命教育"人与己"和"人与人"两个层次的目标和小组活动,这两个层次以"人与己"为核心,其中第二次活动和第三次活动主要是达成生命教育的"人与己"层次的目标,第四次活动到第六次活动主要是达成生命教育的"人与人"层次的目标,同时具体小组活动目标的达成贯穿整个小组过程。根据需求评估,流动儿童有着缺乏生命教育自我认知的引导、缺乏户外集体活动来加强生命体验、朋辈关系不和谐、亲子关系不佳而生命情感体验匮乏四方面的问题。

(1)第一层次目标:生命教育的"人与己"内容的达成

这一层次的目标主要包括了解自己的身体、清楚地知道自己的性格、接受自己的不足和欣赏自己的优势、自信与勇气。这一阶段主要是帮助流动儿童学会处理好自己个体与真实内心的关系,处理好自己与自己的关系是进一步学会处理好自己与他人关系的基础。小组的第二次活动和第三次活动都设计了一个"冥想体验"的环节,引导小组成员进行自我思考,让组员对自己的身体、性格、优缺点等内容有初步的认识和反思,然后再经过体验具体的场景深化对自己的认识和理解,对流动儿童进行生命教育自我认知的引导。

认识自己的身体,尊重爱护自己的身体,知道如何保护自己的身体,这是认识自己的第一步,只有懂得爱护自己的身体,才能理解和学会去接纳、欣赏他人。第二次小组活动中"问题引导与深化体验环节",社工讲解各类人体生理指标,并对便于测量的指标进行现场测量,让每位组员记录自己的生理数据,对自己的身体有初步的认知,第一轮测量完毕后,组员在运动场地进行体育活动,如跑步、跳远等,让其感受到运动带来的畅快感,同时感受生理指标的变化,加深对身体的认知和体悟。

第二步通过科学的测量和学习性格方面的知识,了解自己的性格特征，清楚地明白自己是怎样的人，便于进一步去正视、接纳自己的缺点，同时欣赏自己的优点，肯定自己的能力和价值，激发个体的潜力和优势，从而变得自信和更加有勇气去面对世界，并为了自己的理想而努力奋斗。第三次小组活动"反馈与反思，践行体验环节"让组员填写乐嘉四色性格测评表，让组员明确自己是属于红、黄、蓝、绿哪种性格。并根据测评结果，社工对每种颜色的性格优缺点进行讲解，并在过程中与相应颜色的组员进行互动，让每个组员对自己有更多认识和了解，最后做出总结，每种性格都有其优缺点，金无足赤，人无完人，我们要接纳自己的不足，欣赏自己的优点，更加自信，学会在日常生活中扬长避短。

(2) 第二层次目标：生命教育的"人与人"内容的达成

这个层次主要学会理解和尊重他人、培养乐于助人的奉献精神、爱人如己、培养团队合作精神等阶段性小目标。

组员们经过在小组设计的场景中体验，认识和理解人与人之间存在的关系，进一步引导流动儿童认识到与其父母之间的关系也是如此，而且需要更加重视，与父母的相处也是有技巧的。第四次小组活动"情境创设与体验启动环节"通过角色体验活动来接近目标。此环节借鉴运用"空椅子疗法"来进行角色扮演体验，刚开始时组员有着新奇感，但进行到中途出现一些觉得无聊的反应，伴随着乱扯的情况，这时社工通过话语引导、减少反复扮演的次数等方式来避免主题偏离，虽然后面发现组员的模仿性很强，大家的扮演出现大同小异的情况，但是总体上还是能反映出共性的亲子关系沟通问题。社工通过观察发现亲子之间存在以下问题：孩子与父母沟通的主动性不足，很多孩子主动与父母沟通就是要钱要物等；父母最注重孩子的学习情况，采取孩子不听话就打的暴力沟通方式等。通过体验反思最后社工总结本次小组活动，总结出以后日常与父母交流中应该注意的情况，提醒组员要有意识地去应用这些沟通技巧和应对方式，并布置家庭作业，晚上与家长进行沟通交流，分享今天活动和学习所得，从实践中积累经验。

能理解父母的相处原理，那么就可以更好地理解和学会处理与朋辈群体或陌生社会群体的关系，进一步通过体验让他们形成乐于助人和奉献的正向品行。第五次小组活动中笔者链接到"昆明新天地康复托养服务中心（为精神智障残疾人进行社区康复托养服务的专业机构）"的资源，参与到"昆明市残联"承办的"2017年国际残疾人日主题活动"中，让小组成员与残障人士亲身接触。这是一个双赢的活动。一方面，对残障人士来讲，他们需要与更多的社会群体接触来促进其社会正常化；另一方面，对小孩子组员来讲，与残障人士亲身接触体验，不仅可以提升他们对社会的认识，而且能促进其社会化，了解社会的多元化，深入理解"人与人"，了解人是处于社会关系中的，学会尊重他人、爱他人。同时通过热身游戏来感受残障人士的心理，增加组员的同理心，再与场地里的残障人士聊天，满足好奇与疑惑，来启动体验。通过体验和反思、分享，社工根据观察及倾听的内容对组员的共性和个性问题进行总结，并解答疑惑，引导学会尊重他人、接纳他人、理解和尊重残障人士，不用有色眼镜看待他们，奉献自己的时间与精力帮助他人。

在"人与人"的关系中学习团队合作，相互帮助，共同成长。第六次的小组登山体验活动中，从山脚开始一起登山，过程中进行聊天与思考，社工发现在登山途中，组员有自觉相互帮助的表现，如有男生主动帮助女生背包，有走不动的大家自觉停下等待，有良好的团队氛围，但也出现了小团体，男生跟男生一起，女生跟女生一起，异性间彼此割裂，聊天较少，这时社工主动邀请双方与自己一起，充当润滑剂角色，发起话题，促进异性间的交流，开始时双方表现出害羞的情绪，但在社工的调和下慢慢有了好的转变。山腰休息时进行游戏"解手链"，通过游戏来引发思考，社工增加问题的难度，思考什么是团队精神，我的性格在团队中可以扮演怎样的角色，怎样更好地团队合作，等等，深化体验。在登山后半段，有队员出现体力不足的情况，想放弃登顶，这时其他组员主动出来鼓励她，并说我们是一起的，不能半途而废，最后在大家的鼓励和帮助下，全部成员成功登顶，组员在登山中形成了较好的团队意识。到达山顶后休息，组员分享登山的感受，交流各自的所见所悟，欣赏山顶的风景。

通过设置的体验环节，引导小组成员去多看和接触社会的阳光面，了解人与人的社会交往过程，而在整个过程中必须要小组成员全体协调合作才能完成，这就在过程中锻炼了他们的团队合作意识，达到生命教育"人与人"的整体目标。几个小组活动都设计为户外的集体活动，目的是利用户外集体活动来加强生命体验，改善组员的朋辈关系和亲子关系。

五、结论和意见

（一）研究结论

1. 体验式学习运用于流动儿童生命教育有着较好的适用性和契合性

通过为期两个月的完整小组实践和小组效果评估，可以发现，体验式学习运用于流动儿童生命教育有较好的适用性，特别是成长性小组对生命教育的"人与己"和"人与人"这两个层次的内容有着较高的实用性。而且体验式学习运用到小组工作中，起到了很好的效果，也说明小组工作介入流动儿童的生命教育在具体操作上可以有着多样性实践。

将体验式学习运用到流动儿童生命教育实践中，与常规小组的模式化和僵化区分来，以调动组员的主动参与为核心，激发组员的优势和潜能，重视组员的体验与自我反思，在互动过程中使组员体验生命情感、理解生命意义、发现生命价值，引导组员去正确地认识和思考自我，提升组员的自我效能感，改善他们的朋辈关系，提高他们与人相处的能力，让其意识到他们能够健康快乐地成长。体验式学习与生命教育有着相互促进的作用，能够形成良性的循环，以推动双方的继续深化发展。

2. 小组取得较为明显的效果，具有可复制性和推广性

本次小组开展得比较顺利，无论是前期的调研、小组设计和活动实践，还是过程中的各种情况的应对与反思，在社会工作的理论指导下，都是较为一般化地进行，因此，本次小组的理念和设计都具有可复制性，可以为后来的研究者提供可操作化的借鉴和运用。

3. 离开人们熟悉的场景来开展小组活动可以取得更好的效果

本次小组的设计根据小组成员有从户外集体活动中来加强生命体验的需求，小组活动都是在离开熟悉社区的环境中进行的，相较而言取得了比在熟悉的地方进行活动更好的效果。离开了组员熟悉的环境，可以增强他们的好奇感，调动组员的积极性和主动性，同时在真实的与主题相关的场景中开展小组活动也更利于小组目标的达成，使体验式学习取得更好的效果。

4. 在小组规范中人为地创造独特的小组仪式感可以增强小组动力

受到电影《浪潮》的启发，本次小组活动的小组规范中笔者专门设置了有趣的仪式感的规则：握手礼，这个作为社工设置的一个特别环节，贯穿整个小组的始终。每次小组活动中小组成员打招呼的方式就是握手，通过握手礼节来创造一种正式的仪式感，可以在一定程度上增强小组成员的独特感和强链接，使小组成员在新奇的同时无形中加强了联系，这种独特性也在无形中增强了小组的动力，使得其他小组规范得到了更好的执行，有了更好的小组秩序。

（二）研究反思

1. 体验式学习中社会工作开展活动的过程比结果更为重要

社会工作者在小组中与小组成员共同完成小组计划，这是一个"助人自助"的过程，这个过程中社会工作者在实践中不断重新检验与提升自己的专业能力，同时也带动组员自主地激发个体的潜力，有的时候虽然小组由于主客观原因未能达到预期的目标，但是这个具体实践的过程却教会了组员如何去做，提升了他们的自信心和主观能动性，所谓"授之以鱼不如授之以渔"，这个过程中一般都能够激发组员的内源性力量，为其以后的进一步发展提供足够的动力。

我们要在不断实践中将社会工作的专业价值观融入我们小组工作的每一个细节中，而社会工作的专业价值也正是在这些细节处得到实践和体现，而非空谈社会工作价值。同时社会工作者也需要在实践和反思中不断加深对社会工作的认识和理解，掌握社会工作理论，并反复练习社会工作实务技巧，做到熟能生巧，探索出最适合自己的工作方式以促进社会工作价值的融入和小组目标的实现。

小组前期准备阶段，要做好充分的调研，探究出服务对象面临的核心问题，避免为了做活动而设计活动；小组设计时，要多与团队成员和督导老师商讨，保证尽可能地把具体细节考虑周全，减少实践中的风险和意外，同时要有针对性地设计小组目标，再根据小组目标需求，选择最符合小组目标和需求的小组性质与小组结构等，以保证小组开展的质量；小组过程中，需要运用沟通技巧、关系技巧、过程技巧等来推动小组的发展，小组气氛、活动引导步骤、分享技巧等方面也是非常重要的，这些在一定程度上直接影响着小组活动能否达到好的效果，对布置的家庭作业，需要在小组活动时专门花时间来检视，以巩固学校成果，而不要让其成为一个形式；小组后期的评估也需要在现实条件具备的情况下尽量做到全面评估，以对小组效果有准确的判断。

2. 体验式学习运用于小组工作中要重视和强调分享与反思

笔者依据库伯的体验式学习模型将体验式学习融入小组活动中，设计为四个环节：情境创设与体验启动—问题引导与深化体验—交流感悟与反思体验—反思与反馈、践行体验。这种设计基本上是一事一分享—反思，而活动体验后的分享有时会因社工的经验、技巧的不熟练而不能很好地抓住主题。通过本次流动儿童生命教育成长小组的实践，总结出一些经验：在分享、反思时，要从具体体验的感受、情绪等来引导组员回忆活动细节，并及时对这些细节点进行总结归纳，必要时给予鼓励性回应，再根据多次的总结归纳，提炼出抽象的概念，同时对这些抽象概念与具体经验进行连接，引发组员自主思考是否过往的日常经验中有类似的情况，最后，通过反复强调和提醒，以及对课后作业的检视等方式来促使组员将学到的经验付诸实际行动。

3. 体验式学习的小组设计要有参与性、主体性、情境性和趣味性

在设计体验活动时，社工要结合小组的具体情况进行方案设计，使方案具有主体性、趣味性的同时也要准备情境性与参与性。只有在真实的具有参与感的场景或游戏中，才能受到最直接、最鲜明、最强烈的感受刺激，并由此生出对事物、对生命最鲜活、最丰富、最形象具体的深刻印象与感受，才能更好地达到情感、心理、意识的体验和共鸣，从而改变既有的偏差经验，形成新的认知和经验。体验式学习融入小组工作中，可以极大地丰富和拓宽小组工作的具体形式及内容，譬如，特色游戏体验、角色扮演（剧场）体验、实验体验、实地考察体验、绘本阅读体验、冥想体验、历奇体验等都是很好的小组工作可以运用的体验形式，可以在小组设计中灵活应用。

4. 儿童生命教育需要家庭、学校和社区教育的配合

家庭、学校和社区是儿童最重要的社会化场所，而生命教育的核心是传递生命的意义与价值，让个体更深刻清楚地认识和了解自己、他人及社会，学会去尊重和爱自己、尊重和爱生命，生命教育的内容可以极大地促进儿童的健康成长，它能帮助儿童建立正向积极的三观。家庭教育的内容直接影响着孩子的发展方向，家庭需要了解生命教育

的内容,并对孩子进行积极主动的引导;学校除了德育之外还需要设置生命教育课程来教导学生;社区也可以在一定程度上通过生命教育预防和减少儿童青少年犯罪、自杀等偏差行为,故而也需要组织生命教育的宣传与活动。三者缺一不可,才能使生命教育得到良性的发展。

5. 社会工作者要有文化敏感性

生命教育的内容是从发达国家引进来的概念和内容,在国内的运用和开展是从台湾、香港等地方开始的,再到内地,所以生命教育的内容需要有一个本土化的过程,而在这个本土化过程中必然会被一些人不理解,譬如流动儿童的家长对于生命教育内容中"死"的教育的避讳,中国传统文化中也有避讳。这就要求我们在社会工作实践的过程中保持着文化敏感性,要让生命教育的内容去适应和契合传统文化与观念,选择最恰当的策略去设计和执行生命教育的内容,减少外来理念应用过程中的水土不服,促进它们的融合和相互涵养。

本文研究有着一定的价值和重要性,在社会工作实践中取得了一定的经验和成果,也得到了一些结论,但也存在一些不足的地方,主要表现在几个方面:第一,量化数据的支持略显不足,同时本研究主要对社区主任和K机构项目经理做了访谈,深度不够,再根据笔者平时的观察来总结到K机构的流动儿童的需求,大数据的支持不足。第二,效果评估上没有进行多方调查,本研究没有对组员的家长及学校老师做调查,小组评估的丰富性和全面性有着不足,在一定程度上降低了小组评估的精准性。第三,限于个人精力和客观条件的原因,本次小组只对生命教育的"人与己""人与人"两个层次进行实践,没有涉及"人与自然""人与生命"这两个更高层次的内容,在一定程度上割裂了生命教育的整体性,但总体上来说,本文研究依旧有着为后来者将体验式学习融入流动儿童生命教育社会工作的研究提供一定经验和参考的价值。

流动青少年职业生涯教育的社会工作介入

作　　者：侯新月(云南大学公关管理学院社会工作专业硕士研究生)

指导教师：刘建娥

随着我国流动人口规模的扩大，流动人口家庭化迁移形成趋势，从农村来到城市生活的流动青少年人数逐渐增多。流动青少年由于成长环境的特殊性，引发许多社会问题，近年来受到学界的广泛关注。然而对于流动青少年的多数研究是针对其负面问题，从犯罪、心理障碍、疾病控制等角度进行研究，很少从发展的视角看待流动青少年。从社会工作领域看，笔者认为对流动青少年的研究理论多于实践，对其进行的社会工作服务有限，难以充分回应其需求。调查发现，多数在城市生活的流动青少年对初中毕业后的发展感到迷茫，对升高中不抱希望，在读技校和去工作的选择间犹豫。针对这样的现状，云南省 X 非营利组织通过职业生涯教育项目，对即将初中毕业的流动青少年开展社会工作介入，以培养其对人生的自主选择能力和态度，从而改善其迷茫的现状。

研究在非营利组织的项目背景之下以行动研究的方法开展。在对流动青少年开展需求评估、行动介入与效果评估后，笔者通过评估和反思获得了一些经验反馈，进而提出流动青少年的职业生涯教育相关建议。需求评估中发现流动青少年存在自信心缺乏、利己偏差、社会资源缺乏和未形成职业观等问题，使得他们对自我认知和社会认知不清晰，并且对未来缺乏理性规划。针对流动青少年的现状与问题，非营利组织制定了一系列职业体验、讲座、培训和参观等活动，运用社会工作的理念和方法，开展职业生涯教育。研究发现，流动青少年通过活动初步形成职业观，对未来产生了理性的规划意识。并且在这一过程中，其自我认同感和社会支持网络也有所增强。研究认为该非营利组织具有较强的社会工作专业水平，因此社会工作理念和价值观能够在项目背景下得以践行，特别是体验式学习模式的运用使项目取得很好的服务效果。基于实践研究的经验，能够为后期项目的可持续性提供参考。在整体研究的基础上，研究最后提出相应建议。研究认为对流动青少年开展多样化社会工作服务、进行职业生涯教育以及加强对未成年工的保护，可以促使流动青少年未来良好发展。

一、从侧重社会管理到服务发展

（一）国内外相关研究回顾及评述

1. 流动青少年的研究状况

文献回顾发现，对于流动青少年的研究大多从青少年犯罪、心理健康、人际交往、疾病传播控制等问题出发，多为问题视角，对其正向关注的研究不多，只有少数涉及流动青少年就业取向、学习发展以及劳动保障等。姚本先等对流动青少年的焦虑、抑郁与偏差行为现状及影响因素进行研究发现：流动青少年的焦虑、抑郁和偏差行为水平高于一般青少年群体。[1] 杨丽、朱明瑶研究发现有九个因素影响社区流动青少年的心理健康，分别为：性格倾向、蒙受羞耻、家庭亲情、父母监管、自理能力、留守少年亲情缺失、健康状况、独自生活能力、绝望无助。[2] 杨丽发现有五方面因素会影响社区流动青少年心理负荷，分别为："上进心受挫折""父母教育方式""教师教育方式""缺乏

---

[1] 姚本先、刘正奎、朱丽娟：《流动青少年的焦虑抑郁与偏差行为——现状及影响因素研究》，载《增强心理学服务社会的意识和功能——中国心理学会成立90周年纪念大会暨第十四届全国心理学学术会议论文摘要集》，北京，2011年10月，第581页。

[2] 杨丽、朱明瑶：《社区流动青少年心理健康影响因素的研究》，《护理学报》2011年第18期，第3页。

远大理想""同学关系失衡"。[1] 史小花和阳德华总结流动青少年人际交往的三个特点为：交往范围窄、交往对象固定、交往程度不深，而这些特点与社会、学校、家庭和个人都有关系。[2] 汪清对比发现，与公办学校读书的流动人口子女相比，民工子弟学校的学生在人际交往过程中更易产生紧张、不安甚至恐惧的情绪体验，而这种情绪体验将妨碍其正常的社交活动，使其社交主动性下降，同时也影响着他们的师生、同伴关系水平。[3] 田小兵等对流动青少年上网时间与艾滋病相关知识、态度与行为的关联性进行研究，证实了流动青少年艾滋病感染的脆弱性，同时提示通过网络开展干预时更应重视行为的引导和改变。[4] 从社会管理创新预防流动青少年犯罪的角度，陈国辉建议社会组织通过明确定位、完善自身人才队伍建设、吸纳城市流动青少年志愿者建立其自治组织等方式对流动青少年犯罪起到预防作用。[5] 2007年8月至2008年5月"流动青少年权益保护与犯罪预防研究"课题组在北京、上海、广州、南京、杭州、成都、郑州、沈阳8个流动人口规模较大的城市进行了专项调查。调查表明，流动青少年违法犯罪与本地青少年违法犯罪相比，流动青少年中侵犯财物类犯罪的比例更高。[6] 张玲玲在"青少年未来的取向发展与家庭、同伴因素的关系"的研究中发现，流动青少年对未来职业发展的态度比城市普通青少年

---

1 杨丽：《社区流动青少年心理因素与成绩关系的量性研究》，《护理研究》2012年第4期，第1079页。
2 史小花、阳德华：《城市流动青少年人际交往问题研究》，《现代中小学教育》2008年第10期，第72—73页。
3 汪清：《流动人口子女师生、同伴关系的研究》，[D]，苏州大学硕士学位论文，2006年。
4 田小兵、姜晶梅、张彪：《南充市流动青少年感染艾滋病脆弱性的现状分析》，《现代预防医学》，参见http://www.cnki.net/kcms/detail/51.1365.R.20130304.1000.003.html，最后访问日期：2012年12月1日。
5 陈国辉：《社会管理机制创新与预防城市流动青少年犯罪——基于社会工作"嵌入"视角的分析》，[D]，华中师范大学硕士学位论文，2012年。
6 "流动青少年权益保护与犯罪预防研究"课题组：《我国八城市流动青少年违法犯罪状况调查》，《青少年犯罪问题》2009年第1期，第31页。

更消极。[1] 2009年6—12月,"在试点地区为青少年流动人员提供非正规教育的基线调查"项目组对北京、湖南、陕西、天津、河北五省市开展调研活动,针对研究发现的四种情况:学习愿望强烈、学习资源欠缺、学习条件困难、学习保障机制脆弱,项目组做出了加强综合素质教育的建议,提出将普通教育和职业教育相结合,加强对流动青少年工作的法律法规的宣传。[2] 周拥平结合朱传耿[3]的研究,基于流动青少年从事简单劳动、工资水平很低、有关部门的各种收费拉高其流动成本、劳动权利基本没有保障等就业现状,提出应保障流动青少年劳动权利。[4]

2. 流动青少年的社会工作研究状况

目前针对流动青少年的社会工作服务的研究,大多是提出建议和倡导,实际介入不足。洪雁和方爱清认为对城市社区农民工子女的教育期望可以通过社会工作的方式进行回应:协助学校进行个案辅导,开展改善交往的团体活动,开办家长培训班促进亲子良性互动,营造良好校园环境和社区环境,积极宣传政策、开展教育规划辅导工作。[5] 巨东红、邓玮为厦门市14~25岁的流动人口子女(指随父母和其他家庭成员进入厦门生活的未成年人)展开偏差行为矫正的介入研究,得出结论:将流动人口子女偏差行为的矫正作为社区服务的一项重要内容,建设专业化的矫正工作者队伍,为流动人口子女提供多方位的服

---

1 张玲玲:《青少年未来的取向发展与家庭、同伴因素的关系》,[D],山东师范大学博士学位论文,2008年。
2 曾天山、周越:《我国农村青少年流动人员学习需求的调查分析》,《教育研究》2010年第3期,第29—35页。
3 朱传耿:《中国城市流动人口的特征分析》,《人口学刊》2011年第2期,第3—7页。
4 周拥平:《保障流动青少年劳动权利的政策建议》,《中国青年政治学院学报》2002年第1期,第38页。
5 洪雁、方爱清:《城市社区农民工子女的教育期望与社会工作回应》,《前沿》2010年第10期,第182页。

务，帮助其构建社会支持系统。[1] 张丽君认为，应该开展从"管理控制"到"照顾服务"的流动青少年社会工作服务，在社工专业价值理念下，以"人在情景"中的理论分析流动青少年的困境与问题，运用社会工作方法，为其提供照顾服务，满足其需求。[2] 曾守锤对上海浦东的流动青少年社会工作研究发现：截至2006年，浦东只有一所专业社工机构对流动青少年进行服务介入，并且工作管理大于服务，研究提出四个可能加强对流动青少年服务的途径：提高对其关注度，推动政策倡导，构建信息平台，加强学校社会工作。[3]

3. 职业生涯教育研究状况

从职业生涯教育的对象上看，研究对象多为大学生或者职高生，中学生很少。郭欣等认为，大学生职业生涯规划教育存在着意识淡薄、理论本土化不足、从教人员专业化程度较低、教育方式单一等问题，提出要实现就业指导观向规划指导观转变、结合实践进行理论创新、完善从教人员的再教育提升系统、科学建构大学生职业生涯规划教育体系。[4] 王中对认为针对大学生开展职业生涯规划的体验教育能够促进大学生就业能力提高。[5] 王仁伟从创新课堂实践教学模式、开展课外教学活动、组织校外职业体验活动三个方面对大学生职业生涯规划

---

[1] 巨东红、邓玮：《流动人口子女偏差行为矫正的介入研究——基于厦门市J社区的青少年社会工作实践》，《集美大学学报》（哲学社会科学版）2009年第4期，第19页。

[2] 张丽君：《从"管理控制"到"照顾服务"的流动青少年社会工作服务》，《传承》2012年第11期，第96页。

[3] 曾守锤：《亟需加强流动青少年的社会工作——以浦东为例》，《华东理工大学学报》（社会科学版）2006年第2期，第20—23页。

[4] 郭欣、娄淑华、王顺吉：《对当前大学生职业生涯规划教育的几点思考》，《教育探索》2012年第11期，第148页。

[5] 王中对：《开展大学生职业生涯规划体验教育的必要性分析》，《教育与职业》2008年第32期，第98页。

实践教育途径进行了探析，以期增强大学生职业生涯规划的实效性。[1] 刘华利对大学生职业生涯规划教育模式开展研究，认为以课程结构、师资队伍、测评体系以及实践训练相结合的"四位一体"模式能够帮助广大学生完善综合素质、增强就业技能、提高就业质量。[2] 袁淑清分析认为完善辅导体系、与社会资源对接、建立激励机制是促进地方院校职业生涯规划教育的有效路径。[3]

职业生涯教育的开始阶段，部分学者认为应该从基础教育开始，并且认为中学是开展职业生涯教育的关键阶段。朱宪政认为根据不同年龄段学生认知水平和心理特点，以小学的思想品德教育为基础，引导学生自我认识，了解教育与职业的关系等，然后在初中、高中逐步开展较为系统的职业生涯规划教育。[4] 杨忠健认为在中小学生阶段开展职业生涯教育可以帮助中学生思考未来的发展方向和角色，看到不同行业和不同生活类型，通过教师的指导对未来进行规划，学生可以思考将来的职业生涯和生活状况。[5] 刘海娟认为应在中学阶段开展职业生涯规划教育，可以通过学校来增强教师的职业生涯规划意识、开办相关课程和讲座、丰富课余活动、开展社会实践、培养家长相关意

---

[1] 王仁伟：《大学生职业生涯规划教育途径探析》，《中国成人教育》2012年第8期，第42页。

[2] 刘华利：《构建"四位一体"的大学生职业生涯规划教育模式的探索》，《社会科学家》2009年第5期，第124—125页。

[3] 袁淑清：《有关地方院校大学生职业生涯规划教育的探讨》，《中国人才》2011年第7期，第114页。

[4] 朱宪政：《职业生涯规划要从基础教育做起——中国职业教育发展的破局之策》，《职业技术教育》2011年第21期，第41页。

[5] 杨忠健：《生涯教育应从何时开始》，《中小学心理健康教育》2012年第1期，第37页。

识来进行尝试。[1] 国家教育发展研究中心开展调研[2]认为在农村中学实施职业生涯教育能够深化和改革素质教育。其具体方法为：发挥课堂教学的主渠道作用、注重多学科的适度渗透、结合学校相关活动开展实验、开拓多种教育资源和教学途径。[3] 韩辉认为从社会工作的视野下，可以采用体验式小组的方法对青少年展开生涯辅导，更好地完成生涯辅导的四个内容：自我状况了解与认识、生涯规划及决策能力的培养、做出合理选择、自身潜能开发。[4]

4. 国外职业生涯教育的研究状况

通过对国外相关文献研究发现，国外的职业生涯教育已成体系并有相关立法保证其实施，可为我国职业生涯教育提供借鉴。美国《国家职业生涯发展指南（NCDC）》将中学生的职业生涯发展目标分为三个方面：自我认识、教育与职业调查和职业生涯规划。20世纪70年代和90年代，美国制定出《生计教育法》和《从学校到工作机会法》为各级学校开展职业生涯教育提供法律依据。《国家职业生涯发展指导方针》制定出各阶段学校职业生涯教育所要达到的能力指标。《生涯辅导与咨询法》和《生涯教育激励法》更是进一步为幼儿园到高中的综合性学校咨询方案提出了一个全国标准。可以看出，美国政府十

---

[1] 刘海娟：《中学应大力开展职业生涯规划教育》，《中国教育学刊》2010年第2期，第87页。

[2] 国家教育发展研究中心基础教育研究室与北京现代教育发展中心合作，于2004年10月启动"农村中学实施职业生涯教育"项目。2005年5—6月，项目组分赴辽宁清原、桓仁、山东青州、寿光、吉林舒兰、浙江奉化和河北丰宁7个实验县，主要采用座谈、访谈以及现场培训等方式进行项目调研。

[3] "农村中学实施职业生涯教育"项目组：《开展职业生涯教育促进学生持续发展——农村中学实施职业生涯教育情况的调查分析》，《中国教育学刊》2005年第12期，第16—19页。

[4] 韩辉：《社会工作视野下的青少年生涯辅导——体验式小组工作的应用》，《青年探索》2008年第4期，第40—41页。

分重视保障职业生涯教育的实施。[1] 日本通过修订《小学和初中学习指导要领》《高中学校学习指导要领》,将职业生涯教育渗透到课程和学校活动中,特别规定各阶段应完成职业生涯教育的课时量标准,并将职业体验活动作为促进职业生涯教育的重要手段。[2]

在对青少年的职业价值观的研究中发现,影响青少年职业价值观的因素很多,反映个体需要、能力、爱好、性格、气质等内在因素,以及家庭、教育、社会文化等外在因素,都会对职业价值观的形成产生影响。[3] 奥图的研究显示了在家庭影响方面,年轻人在职业价值观、职业抱负与职业计划方面与父母之间有很高的兼容性。[4] 约翰森、兰德对高中毕业后8年内学生的职业价值观变化轨迹进行研究,证实受过良好教育的职员在许多方面都比未受过良好教育的职员优秀得多。[5]

回顾以上文献,笔者发现,目前国内对于流动青少年这一群体关注度越来越高,但是过多集中于如何管理和预防青少年犯罪等问题,对于其发展的正向关注不足。从社会工作的介入角度来看,专门针对流动青少年的服务机构也不是很多,并且其提供的发展性服务不多,大多倾向于问题解决型。社会工作从优势视角来看,认为每一个人都有潜能,流动青少年也能有很好的发展。因此,运用社会工作的手法对其展开职业生涯教育是有必要的。职业生涯教育在我国属于较新的领域,针对的人群以大学生为主,而忽略了中学生这一群体。国外的

---

[1] 王志强:《美国生涯教育的实施及对我国的启示》,《职业与成人教育》2008年第3期,第43—45页。

[2] 徐爱新、安月辉、于伟娜:《解析日本的职业生涯教育》,《教育与职业》2011年第18期,第81—82页。

[3] 金泽勤、李祚山:《青少年职业价值观研究概述》,《职业教育研究》2007年第6期,第13页。

[4] Otto L B. "Youth Perspectives on Parental Career Influence", *Journal of Career Development*, Vol. 27, No. 2, 2000, pp. 111—118.

[5] Monica Kirkpatrick Johnson. "Social origins, Adolescent Experiences, and Work Value Trajectories during the Transition to Adulthood", *Social Forces*, Vol. 80, No. 4, 2002, pp. 1307—1341.

职业生涯教育规划活动已经形成体系，在立法、学校教育和社会教育等几个方面都有所涉及，为我国提供了许多可以借鉴的宝贵经验。通过文献回顾，笔者将结合我国流动青少年的现状和特点，借鉴国外的职业生涯教育的经验，做出具有可操作性和切合实际的职业生涯教育的社会工作介入方案。

（二）现有政策回顾

笔者发现国家对已满16岁未满18岁的未成年人就业做出了特殊保护的规定，对工作类型和用工安全以及用人单位的责任等都颁布了相关的政策以保障其合法权益。《就业服务与就业管理规定》（2007年10月30日中华人民共和国劳动和社会保障部令第28号）的第六条规定：劳动者依法享有自主择业的权利。劳动者年满16周岁，有劳动能力且有就业愿望的，可凭本人身份证件，通过公共就业服务机构、职业中介机构介绍或直接联系用人单位等渠道求职。[1] 全国人民代表大会常务委员会1998年12月29日批准通过《准予就业最低年龄公约》，同时声明：在中华人民共和国领土内及中华人民共和国注册的运输工具上就业或者工作的最低年龄为16周岁。[2] 1994年12月9日劳动部颁发《未成年工特殊保护规定》。其中第二条规定：未成年工是指年满十六周岁、未满十八周岁的劳动者。该规定还对未成年工不能从事的劳动范围进行了规定，同时要求用人单位按要求对未成年工定期进行健康检查，对未成年工的使用和特殊保护实行登记制度，在未成年工上岗前对其进行有关的职业安全卫生教育、培训等。

---

[1]《中华人民共和国劳动和社会保障部令第28号》，参见http://www.molss.gov.cn/gb/zxwj/2007-11/07/content_208512.htm，最后访问日期：2012年12月28日。

[2]《准予就业最低年龄公约》，参见http://www.npc.gov.cn/wxzl/gongbao/1998-12/29/content_1480049.htm，最后访问日期：2012年12月27日。

我国的职业教育体系包括初中后的职业学校教育和职业培训，目前并不对初中的职业教育做明确要求。1996年9月1日开始施行的《中华人民共和国职业教育法》中对职业教育体系做出明确说明：国家根据不同地区的经济发展水平和教育普及程度，实施以初中后为重点的不同阶段的教育分流，建立、健全职业学校教育与职业培训并举，并与其他教育相互沟通、协调发展的职业教育体系。其中，第十六条规定：普通中学可以因地制宜地开设职业教育的课程，或者根据实际需要适当增加职业教育的教学内容。[1]

笔者结合文献对现有政策进行分析后认为，我国职业教育的体系还不完善，对未成年工的保护还需要加强。许多国家已经将职业生涯教育当作贯穿人生历程的终身教育，职业教育的体系基本涵盖基础教育全过程，且有相应的指导方针促进政策实施。但我国的职业教育体系比较狭隘，仅包括初中后的职业学校教育和职业培训，并且对于是否在中学开设职业教育课程态度犹豫，使得政策实施存在困难。特别是未成年工的特殊保护规定缺乏可操作性，对如何监督管理用人单位的措施没有特殊说明，难以保证政策的落实。

---

[1]《中华人民共和国职业教育法》，参见 http://www.gov.cn/banshi/2005-05/25/content_928.htm，最后访问日期：2011年4月28日。

二、理论与方法

（一）社会支持网络理论

周湘斌等认为，社会支持网络理论从社会秩序、网络、支持系统等视角为社会工作实践提供了理论指导，该理论从现代社会系统理论发展出来，是实际应用比较广泛的客观性理论。这一理论把社会支持与社会系统概念联系起来，把个体与各种社会关系的交往视为一种相互关联的网络，在这个网络中，个体获得各种正式或非正式的社会支持，从而获取社会资源。[1]

林南等将社会支持定义为："意识到的和实际的由社区、社会网络和亲密伙伴提供的工具性或表达性的资源。"这一概念凸显了社会工作对社会支持的动态式理解。社会支持在社会互动过程中被当作可以给予社会工作对象资源和动力的帮助，满足需要和解决问题，而不仅仅是社会互动状态分析。[2] 从社会学对社会网络的定义"个人之间纵横交错的复杂的社会关系"[3] 中分析，社会网络作为一种社会关系，能够影响个人形成意见、做出决定或选择；为个人提供信息和建议，

---

[1] 周湘斌、常英：《社会支持网络理论在社会工作实践中的应用性探讨》，《中国农业大学学报》（社会科学版）2005年第2期，第80页。

[2] ［美］林南等：《社会资源和关系的力量：职业地位获得中的结构性因素》，《国外社会科学》1999年第4期。

[3] ［美］戴维·波普诺：《社会学》，李强等译，中国人民大学出版社，1999年。

同时还可以将社会关系网络从个人提供给同辈群体。

从研究对象原有的社会支持网络分析，学校、家庭和社区构成他们的正式支持网络。通过对研究对象社会支持网络的资源分析发现，其学校是位于流动人口聚集的社区，是办学条件较差的民办学校，其拥有资源比较有限，无论是教学水平、学校设施还是师资力量都与公办学校差距较大。其家庭所有资源也比较少，父母从事低收入行业，家庭兄妹众多，经济条件较差。从社区角度分析，流动人口家庭目前不纳入当地居委会的管理范围，他们无法像其他正式居民一样分享社区的资源。社会资源缺乏和社会支持网络有限是许多流动青少年面临的现状。

根据社会支持网络理论，研究能够从资源整合的角度开展活动。研究为流动青少年提供职业参观和体验的机会，使其走出社区和学校，发掘自己的职业兴趣点，为其以后的职业选择打下基础。在这个过程中，社会支持网络理论可以为研究提供理论支持。在这个理论视角之下，非营利组织将充分发挥其资源整合优势，促进流动青少年这一群体内部的互动，加强其同辈群体支持网络；同时，带领流动青少年参与一系列的职业体验、参观和培训活动，可促进其与社会各个单位和企业之间的互动，发掘出可以利用的正式或非正式资源，增强其社会支持网络。

（二）职业生涯规划理论

职业生涯规划研究开始于20世纪60年代，90年代中期从欧美国家传入我国，其理论的实践最初以就业指导形式出现。该理论主要包括帕金森的职业—人匹配理论、霍兰德职业类型理论、职业锚理论等。

帕金森职业—人匹配理论强调自身主观条件与职业的客观环境进行平衡的重要性。该理论认为有效的职业生涯规划的前提和保障是将自身主观条件与客观环境进行平衡,在此基础之上才能进行科学有效的职业生涯规划。

霍兰德职业类型理论由美国著名职业指导专家约翰·霍兰德(John L. Holland)于20世纪50年代创立。霍兰德将人格类型划分为六种:实用型、研究型、艺术型、社会型、企业型和事务型,并且认为不同类型人格的人,会对相应的职业类型中的工作或学习产生兴趣。[1]

"职业锚"是由美国著名的职业指导专家埃德加·H. 施恩教授提出的。他认为,职业生涯发展实际上是一个持续不断的探索过程,在这一过程中,每个人都在根据自己的天资、能力、动机、需要、态度和价值观等慢慢形成较为明晰的与职业有关的自我概念。[2]

职业生涯规划理论能够为职业生涯教育提供指导。社会工作者可以通过理论思考采用何种方式进行职业生涯教育,包括如何通过职业生涯教育的活动对社会环境、个人因素以及同辈群体关系等因素进行影响和干预,制定有效的行动方案来促进流动青少年的职业生涯教育。

(三)优势视角理论

不同于以往的社会工作理论,优势视角具有其独特之处,注重以优势为核心。社会工作者在对案主进行帮助时,强调将关注点聚焦在案主身上,尽可能地发挥案主自身的能力和优势,并利用案主的这些优势来进行其自我的帮助和发展。[3] 优势视角对现存的主流病态或缺

---

[1] 姚进凤:《霍兰德类型理论在大学生就业指导中的应用》,《中国科教创新导刊》2009年第23期,第72页。

[2] 兰顺东:《职业生涯规划理论研究文献综述》,《教育与职业》2008年第3期,第149页。

[3] Dennis Saleebey:《优势视角——社会工作实践的新模式》,李亚文、杜立婕译,上海华东理工大学出版社,2004年。

陷模式展开反思和批评，立足于积极心理学、抗逆力研究、社会建构、叙事治疗和寻解治疗。该理论有别于传统的社会工作实践，受社会建构主义影响颇深。[1]

优势视角实践相关的概念和原则具有与其他理论不同的特点。在优势视角的实践中，赋权、成员资格、抗逆力、治愈和整合、对话与合作以及悬置怀疑的概念比较重要。"赋权"建立在与案主的伙伴关系、扩大案主能力与优势、关注环境、视案主为能动主体、强调弱势群体的个人精神觉醒的基础上。"成员资格"认为应使服务对象认为自己是属于集体，享有自尊、尊重和责任，同时服务对象应该团结在一起集体发声，使自己的不公平受到重视。"抗逆力"强调人在受到挫折时，自身会产生反弹力量去解决负面事件，是一种面对磨难而抗争的能力。"治愈和整合"认为每个人都具有身心修复的能力，身体和心灵的机制能够通过整合调整，面对障碍、疾病和情感断裂。"对话和合作"认为工作者应以同理心、认同与包容的态度与案主对话，并与案主保持合作者的关系。"悬置怀疑"则认为工作者应尊重案主的言语与故事，对案主的怀疑持保留态度。优势视角的原则认为：个人、团体、家庭和社区都具有优势，创伤和疾病等也是挑战和机遇，与案主的合作能够更好地服务于案主，所有环境都充满资源以及关怀、照顾和脉络。[2]

优势视角的实践要求社会工作者关注案主的环境和现状，并不是聚焦于问题。社工与案主一起探索并利用案主生活环境中的优势资源，达成目标去解决问题，改善案主的现状。优势视角从某种程度上是给予案主以希望，鼓励其转变。基于优势视角，研究认为流动青少年也有优势和美好未来。因此，对其开展职业生涯教育，以社会工作优势

---

[1] 何雪松：《社会工作理论》，上海人民出版社，2007年。
[2] Dennis Saleebey：《优势视角——社会工作实践的新模式》，李亚文、杜立婕译，华东理工大学出版社，2004年。

视角的理念和方法提供服务,能够关注其环境并发掘其潜能。

(四) 核心概念界定

1. 流动青少年

流动人口是在中国户籍制度条件下的一个概念,指离开了户籍所在地到其他地方居住的人口,但目前尚无明确、准确和统一的定义。根据国家第六次人口普查数据结果发布,将流动人口定义为:居住地与户口登记地所在的乡镇街道不一致且离开户口登记地半年以上的人口。[1] 而青少年往往认为是指13岁以上到成年之前,即年龄在13~18岁。根据以上定义,在本研究中,将流动青少年定义为流动人口中从农村来到城市生活的青少年,即由于从农村来到城市,使居住地与户口登记地所在的乡镇街道不一致且离开户口登记地半年以上,年龄为13岁以上18周岁以下的人。

2. 职业生涯教育

职业生涯,又称职业发展,最早由美国生涯理论家舒伯(Donald Super)在其著作《职业生涯心理学》中提出。它是指一个人遵循一定的道路或途径,去实现所选定的职业。广义的职业生涯是指社会个体在其整个生命活动中以接受教育或培训与职业转换为主轴的一切活动的总和。它始于职业兴趣的培养、职业能力的获得、职业选择、就职,直至最后完全退出职业劳动,它是一个完整的职业发展历程。[2] 我国学者沈登学、孔勤认为职业生涯是个体的行为经历,而非群体或组织的行为经历。职业生涯实质上是指一个人一生之中的工作任职经历或

---

[1] 国家统计局:《第六次全国人口普查主要数据发布》,参见 http://www.stats.gov.cn/zgrkpc/dlc/yw/t20110428_402722384.htm,最后访问日期:2011年4月28日。

[2] Jeffrey H. Greenhaus:《职业生涯管理》,王伟译,清华大学出版社,2006年。

历程。广义而言，职业生涯是由出生之始到完全结束职业工作为止，"同时职业生涯是个包含着具体职业内容的发展概念、动态概念"。[1]

职业生涯教育（career education）的概念最早是由美国教育总署署长西德尼·马兰（S. P. Marland）于1971年提出的，一般是指对受教育者进行的有关职业知识、职业技能、职业选择、职业发展的教育，旨在培养受教育者自主选择人生道路的能力和态度，引导受教育者顺利完成由自然人向社会人、职业人的转变。[2]

根据以上定义，本研究将职业生涯教育定义为：在尊重社会个体个性和创造力发展的情况下，通过关注其人生发展，开展有关职业的知识、技能、选择与发展的教育，培养社会个体对人生的自主选择能力和态度。

（五）研究设计

针对初中三年级流动青少年的特殊背景，X非营利组织与位于昆明市区流动人口较为集中的某社区内的一所民办学校建立项目合作关系。研究以该校57位初三流动青少年作为研究对象，通过"青少年职业生涯教育"项目展开社会工作介入。研究以资源整合的方法筹划一系列活动，引导即将初中毕业的流动青少年认识自我、认识社会从而规划未来，为以后的生活方向做理性选择。研究基本分为三个阶段进行：研究对象需求与问题评估时期、行动介入时期和反思评估时期。在需求和问题评估时期，研究通过访谈和问卷调查的方法，对初中三年级的57名研究对象进行资料收集。研究在需求与问题评估的资料分析基础上，了解研究对象的需求与现状，并结合相关理论做出服务计

---

[1] 沈登学、孔勤：《职业生涯设计学》，四川大学出版社，2003年。
[2] 徐爱新、安月辉、于伟娜：《解析日本的职业生涯教育》，《教育与职业》2011年第18期，第81—82页。

划，开展行动介入。根据行动介入和目标完成的情况，笔者再进行项目的评估和总结，针对活动在研究对象身上产生的影响和效果，对项目的优势与局限性等进行社会工作的反思，最后做出对策建议。

（六）研究方法

1. 定性研究与定量研究相结合

本研究采用了定性与定量研究相结合的方式，定性研究采取了文献分析法和深度访谈法进行资料收集，定量研究采取问卷调查法收集资料，两种研究方法相互补充。

文献研究法在研究初期应用，以便加强对研究主题的了解。文献结合研究主题，充分利用中国知网数据库，以流动青少年、社会工作、职业生涯教育作为文献检索词对数据库资源进行检索，根据相关文献对研究进行资料的分析。利用相关书籍和网络资源查询初中毕业的未成年工和职业生涯教育的有关政策法规并进行政策分析。

本文采用深度访谈法与问卷调查法相结合的方法，通过问卷调查法对研究对象开展需求与问题评估以及活动效果评估，同时运用深度访谈法对所收集的资料进行补充。访谈采用非结构式访谈方法，涉及未来规划、自我认知、对学习的态度和对成功的认知等内容。访谈对象为民办学校的校长和部分研究对象，所得访谈资料作为问卷调查的资料补充。

问卷调查法在对研究对象进行需求评估和活动效果评估时运用，对57位研究对象发放调查问卷。在文献分析基础之上，研究采用问卷调查法对研究对象进行需求与问题评估，以了解研究对象的状况，发现他们的需求，做出能够回应其需求和问题的行动介入计划。在行动介入之后，再以问卷调查的方式评估行动对服务对象的收获和改变。调查问卷内容涉及研究对象基本情况、自我认识和社会认知、对未来的打算、政策法规了解度以及对职业生涯教育的态度和期望等几个方面。评估问卷则根据需求评估反映的问题是否通过活动得到改善来进行设计，所得结果作为行动介入的效果评估依据。

2. 行动研究法

美国社会心理学家勒温最早提出行动研究的理念：知识生产应该直接服务于解决现实生活中的实际问题需要，研究人员应该从保持距离的观察者变成解决问题的参与者。格林伍德和利维恩则认为，行动研究不是一种短期的干预，而是一个持续的、参与的学习过程，其核心是创造一种可持续的学习能力，以增强对自己境遇的控制能力，并改善群体、组织和社会的状况。行动研究的实质是实践性的参与或研究，是一种质的研究方法，是通过各种方法和工具试图缩短研究主体和客体之间的距离，力图从研究客体的视角来发现问题和解决问题。[1]

凯米斯认为行动研究一般过程是由"计划、实施、观察、反思"四个环节组成的螺旋式发展过程，其中每一个螺旋圈都由这相互联系的四个环节组成，从反思环节过渡到下一螺旋圈。[2]

行动研究具有理论与实践相结合，针对解决实际问题的特点，同时也具有注重行动与研究之间的互动关系、着力从行动中发展实践理论、注重研究的实用性与应用性以及强调对理论的反思批判和持续改进等特点。[3]

研究针对研究对象的需求与评估，制订出行动目标和计划之后，就针对服务对象开展行动介入。在此过程之中，笔者不断地观察和反

---

[1] Greenwood, Davydd J and Levin. Morten. "Introduction to Action Research", *Social Research for Social Change*. SAGE, 1998. pp. 17 - 19.

[2] 寇东泉：《行动研究法及其操作程序与要领》，《广西教育学院学报》2003 年第 3 期，第 27 页。

[3] Latapi, Pablo. "Participatory Research: A New Research Paradigm", *The Alberta Journal of Educational Research*, Vol. 34, 1988, p. 3.

思，根据活动目标的达成情况和行动过程的反馈来完善行动计划，总结经验，改善行动的方案和细节，以便能够改善研究对象的问题，回应其需求。最终根据行动研究反思总结出行之有效的行动介入模式和方法。

（七）研究内容

研究是以非营利组织为行动主体，对某民办学校初中三年级流动青少年开展"职业生涯教育"的行动研究。研究内容包括研究对象的需求评估，对其开展行动研究并进行反思，根据研究结果提出对策建议。笔者首先调查评估研究对象的需求与问题，了解研究对象。问卷内容涉及流动青少年的基本情况、社会认知及自我认知、未来规划情况以及对职业生涯教育活动的态度与期望等。研究通过问卷反映的问题来了解研究对象需求，从需求回应的角度设计服务计划。同时在服务计划的实施过程中，对研究对象展开行动研究。项目通过活动设计，培养研究对象的自我认知意识，强化其对未来的规划意识。试图通过各种职业的参观和体验活动使其产生职业兴趣，了解职业生涯教育对于未来发展的重要性。最后，研究结合项目服务计划的实施，开展项目的评估与反馈。研究采用评估问卷的资料收集方法，评估项目为研究对象带来的改变。注重以反思的方式去总结项目的优势与局限性，从实际介入的角度为项目的可持续性与有效性提供建议。

（八）研究创新

本研究应用社会工作的理念和方法，以非营利组织为主体对流动青少年开展职业生涯教育，因此研究的主体、对象以及介入的理念和方法都具有一定的创新性。目前，职业生涯教育在高校、高职院校和基础教育中都进行了相关理论实践的研究探索。然而，多数研究把教育的主体定位在学校，忽略了非营利组织的社会服务能力。因此，将非营利组织作为教育主体进行研究，具有一定的创新。同时，从研究对象上来讲，流动青少年的背景具有一定的特殊性，是目前研究关注的热点。从职业生涯教育的方式上看，以社会工作的角度介入并运用社会工作的理念和方法对流动青少年开展服务也有一定的创新。从以上因素来看，本研究选题较为新颖，具有创新性。

（九）研究意义

研究的现实意义是立足于实际，通过社会工作服务回应流动青少年需求的同时，能够对非营利组织的新型服务项目开展探索性研究。针对流动青少年职业生涯教育，从社会工作的角度进行一系列的行动介入，试图引导流动青少年在自我认知、社会认知、未来规划的态度和能力上有所增强，促使其职业观形成，并对未来做出理性选择。通过职业体验、拓展培训、生涯规划讲座等主题活动，流动青少年可以更多地接触和了解社会，扩大他们的视野，看到未来的多种职业可能，对未来不再迷茫而有所定位。在这一过程中，流动青少年将走出校园，拥有更多的学习和体验的机会。这在一定程度上丰富了他们的社会资源，使其了解更多的职业信息，提高其职业生涯规划的能力。同时，研究也能帮助流动青少年发掘兴趣点，找到感兴趣的职业和爱好，树立起正确的职业观，为未来职业发展找到定位。研究以非营利组织为项目主导展开行动研究，能够为非营利组织的这一新型服务项目进行评估总结。通过分析和讨论"流动青少年职业生涯规划教育"这一项目的可行性与可持续性，也可以为后期的项目开展提供经验。

研究的理论意义是在社会支持网络理论、职业生涯规划理论以及优势视角的理论基础上，设计活动方案开展流动青少年职业生涯教育的项目，联系理论进行实践。青少年时期是世界观、人生观、价值观形成的重要时期，参与以职业生涯教育为主题的活动，对于帮助其树立远大的理想信念和正确职业观具有重要意义。研究始终以优势视角肯定并相信研究对象的自身能力和潜能，能够促使其积极态度的形成，帮助其形成正确的自我认知。在社会支持网络理论的指导下，研究对象通过参与活动，增加研究对象与同辈群体的交流，增强其对社会可利用资源的认识，对于其社会支持网络的构建有重要意义。根据职业生涯理论，研究对象通过参与体验反思自我角色转换，掌握一定的职业知识和技能，了解职业要求，促使其形成对人生选择的态度和能力。

三、流动青少年的现状与需求评估

项目初期,笔者联系相关民办学校,对参与研究的57位初中三年级学生开展问卷调查。57位研究对象均为流动青少年,即户籍所在地不在昆明,但在昆明居住半年以上,年龄为13岁以上18岁以下的青少年。调查问卷针对其家庭和个人的基本情况,社会认知和自我认知,对未来的规划情况以及对职业生涯教育活动的态度和期望进行需求与问题评估,所得的相关数据将为服务计划的制订提供数据支持。问卷共发放57份,通过非营利组织发放给有关学校,由学校负责发放和回收,共回收57份。为了弥补问卷资料的不足,研究还采用了访谈法对该民办学校的校长以及参与问卷调查的同学进行相关资料收集。

(一)基本情况

对研究对象的基本情况调查中,就研究对象的个人基本情况和家庭基本情况进行了调查。个人情况就年龄、家乡和在昆明生活时间进行了解,家庭情况就父母职业类型、家庭平均月收入和家庭人口数等进行了解。

在问卷第一部分关于研究对象的基本情况调查中,个人基本情况显示研究对象多数已满16岁,具有工作能力,但也有少数不满16岁,他们在昆明生活时间长,对昆明有较强归属感;其家庭情况显示,其父母大多从事自我雇佣或体力劳动职业,家中兄妹较多,家庭月平均收入不高。同时,访谈发现研究对象对家庭责任感较强。

研究对象中,年龄在 16 岁以上的有 45 人,其大多数已经达到国家规定的未成年工的用工年龄,即成为法律意义上年龄在 16 周岁以上 18 周岁以下的未成年工,已经可以就业。但是 57 人中有 12 人尚未满 16 岁,甚至有一个人才刚 14 岁,若这部分人毕业后就业,其工作年龄会小于法律规定的最低工作年龄,成为法律禁止雇用的童工,劳动权益难以保障。

研究对象在昆明生活时间长,对昆明有较强归属感(表1)。研究对象中,有 56 人在昆明生活了 1 年以上,其中有 26 人已经在昆明生活了 10 年以上,占总人数的 47.4%。从对研究对象的访谈中得知,他们对于昆明的生活已经十分习惯,大部分研究对象表示,只有过年的时候才会回老家,每年在老家的时间也只有一个多月,其余的时间都是在昆明跟父母在一起生活。由此分析研究对象对于家乡的熟悉程度要低于对昆明的熟悉程度,对于昆明这个城市的归属感比较强。

表 1　在昆明生活的时间

时间	频率/人	有效百分比/%
1 年以上 5 年以下	15	26.8
5 年以上 10 年以下	15	26.8
10 年及以上	26	47.4

根据数据显示,研究对象家中兄妹众多,家庭人均收入不高(表 2)。在家庭经济压力较大的情况下,研究对象对家庭表现出较强责任感。从家庭情况来看,他们父母的工作大多是从事建筑工作和个体工商业的工作,其中建筑工人、装修工人、司机、摆小摊这几类较多,这些职业技术要求不算高,劳动强度大,且薪水往往比较低,收入不稳定。数据显示,家庭平均月收入在 1500 元到 2500 元的占到 36.5%,

尽管有 28.8% 的家庭月收入 3500 元以上，然而考虑到家庭人口，家庭人均月收入不容乐观。

表 2 家庭平均月收入

平均月收入	频率/人	有效百分比/%
800 元以下	2	3.8
800~1500 元	8	15.4
1501~2500 元	19	36.5
2501~3500 元	8	15.4
3501 元以上	15	28.8

在接受调查的 52 人中，只有表示自己的兄妹在两个以上的有 46 人，这也是流动人口家庭的一个普遍现象，就是子女众多。在这样的情况下，家庭人均月收入就比较少，流动青少年所在家庭的经济压力往往比较大。部分研究对象表示，因为父母赚钱很辛苦，所以要帮忙做家务。访谈发现，研究对象对家庭表现出很强的责任感。

GXL20121203 访谈[1]："我回家要给弟弟妹妹做饭，爸妈赚钱很累，回家很晚，我做好饭他们就可以吃了。"

LXL20121123 访谈："……今天放学不能过来（活动中心）了，我得回家帮忙做工（扎拖把）。"

YYC20121206 访谈："我爸妈去做工，我得接我弟弟下学，我把他送回家再过来（活动中心）。"

---

[1] 本文中的访谈资料采用"姓名（拼音首字母）+时间（年月日）+访谈"的形式予以编号。

(二) 自我认知和社会认知

1. 自我认知

自我概念（self-concept）是一个人关于自己本质的所有信念组成的动态的心理结构，包括个人对自己个人特征、成长变化、行为习惯的设想和描述，其作用在于引发、解释、组织、传递、调节内心及人际的行为和活动。自我概念包括：关于自己的记忆、特质、动机、价值以及能力的信念和最想成为的理想自我，预期要扮演的可能自我，对你自己的积极或消极评价以及关于别人怎么看待你的信念（Brown，1998）。[1]

2. 自信心缺乏

访谈发现大部分的研究对象对于生活或者学习都有自信心缺乏的状况，对于自我的评价比较低。外在的表现往往比较乐观，但是做事的态度却比较悲观。该民办中学的校长也对这些即将毕业的学生感到无能为力，认为他们的前途堪忧。这既有家庭背景、社会环境等外界因素的影响，也与其自身的因素有很大的关系。而从学生自身来讲，学习成绩不好与能力不高，是他们自信心缺乏的主要原因。校长、老师和家长虽然很支持和鼓励研究对象好好学习考高中，但是从现实原因分析，如成绩、家境等，他们对于研究对象的评价不高，而研究对象对于自我的评价也比较低。

在学习方面，研究对象对于学习的兴趣状况是比较乐观的，但对于学习成绩的自我评价比较低（表3）。数据显示，43.9%的人对学习有兴趣。虽然有56.1%的人在学习兴趣上选择了"一般"，但是也说明了他们对于学习知识是接受的，是愿意去学习的。对于自己的学习

---

[1] 周宗奎：《青少年心理发展与学习》，高等教育出版社，2007年，第79页。

成绩，仅有14%的人认为自己的成绩在中等偏上，86%的人认为自己的成绩处于中等或者中等偏下，甚至比较差。基于这样的学习成绩，他们认为自己升高中的期望不大。从他们对自己的学习成绩的选择上，客观认为，每个年级里中等偏上和偏下的人数应该相差不大，但数据显示，认为自己处于中等偏下的人比中等偏上的人更多，几乎多出一半，可以看出他们在学习成绩上对自己信心不足。

（校长）HXZ20121117访谈："……说实话，我对他们都没有什么信心。家庭条件差，有的学费都交不齐，父母很多没文化，哪里知道孩子毕业之后怎么办。学生又浮躁得很，自己都觉得考不上高中，不想学习，混得毕业就满足了……我们老师对他们也是恨铁不成钢。"

GXL20121109访谈："……我学习成绩很差的，再努力成绩也是上不去，有时候真的没有不想去上学……我想好好学习的，但是又什么都不会。"

JFY20121115访谈："我不知道要干什么，觉得好多事情想做又做不了，我又没有什么能力……我了解自己，学习都弄不来，我肯定考不上高中的。"

表3　自我认知（一）

	选项	频率/人	有效百分比/%
学习感兴趣程度	十分感兴趣	5	8.8
	有点感兴趣	20	35.1
	一般	32	56.1
学习成绩	中等偏上	8	14.0
	中等	17	29.8
	中等偏下	20	35.1
	比较差	12	21.1

3. 利己偏差

研究认为，研究对象对于自我认知存在着利己偏差，对于未来发展过高地估计了自己的能力，产生自我优化倾向，可能会妨碍对自我的客观认知。人们在自我价值定向理论中强调自我价值保护倾向，喜欢用好的眼光观察自己，倾向于把成功归因于自己而否认对失败有责任，这种偏差被称为利己偏差。[1]

数据显示，51.8%的研究对象认为自己性格开朗；面对困难和挑战时，94.5%的人表示会勇敢面对去努力克服困难，其中63.6%更是选择会"努力直到成功"；甚至47.1%的人认为初中毕业后基本可以自立求生（表4）。

表4　自我认知（二）

	选项	频率/人	有效百分比/%
自己是开朗的人	同意	29	51.8
	一般	26	46.4
	不同意	1	1.8
面对困难和挑战	努力直到成功	35	63.6
	努力之后若失败还是会放弃	17	30.9
	什么也不做	3	5.5
毕业能够自立求生	同意	25	47.1
	一般	17	32.1
	不同意	11	20.8

但笔者发现，虽然多数研究对象比较乐观开朗，但面对困难和挑

---

[1] 金盛华：《社会心理学》，高等教育出版社，2005年，第159页。

战的时候多数人的做法与问卷表述有所出入,他们常对失败进行外部归因:

> CXF20121211访谈:"努力虽然有用,但是成功也是靠运气的,比如考试……我常常运气不好……"
>
> LQ20121211访谈:"我很赞同努力直到成功的说法,所以我选了,但其实我觉得自己应该做不到,不然我学习成绩早上去了。都怪我们那些老师一个比一个差,我学习成绩怎么能好?"

研究对象对自立求生的想法过于乐观,存在着过高地估计自己的能力的情况。他们只是想当然地认为到社会上随便做点什么都可以,对谋生的方式还不太了解。如访谈所示:

> NT20121122访谈:"我可以自立的,很容易嘛……直接给我点钱就可以了!"
>
> LPP20121122访谈:"我就去找工作挣钱,街上随便找一找,到处都有小广告……我看有的小广告上工资很高,够我自己生活了……找不到的话,我就自己做生意开店……做生意的本钱,我要自己赚……那我是不是还得找工作?"

4. 社会认知

社会认知是建立在利益基础上的,对社会性事物所进行的感知、记忆、理解、推理、沟通和协商的过程。社会性事物包括他人的心理和行为以及社会的普遍现象,影响个体处理人与人的关系以及处理个人与社会的关系。认知者的切身利益对于社会认知起着决定性的导向作用。[1]

---

[1] 邵志芳、高旭晨:《社会认知》,上海人民出版社,2009年,第58页。

在社会认知这一部分,笔者分析发现学习、金钱和人际关系三者压力在研究对象的生活并存,并且家庭经济和学习成绩的压力较大;研究对象多数保持社会传统价值观,认为善良是美德,良好的品德能够在社会上成功。但同时他们对成功的理解比较片面,"努力就是成功"反映出研究对象的社会阅历较少,对社会缺乏全面的认识(表5)。

表5 社会认知

	选项	频率/人	有效百分比/%
现代社会压力大	同意	38	67.9
	一般	14	25.0
	不同意	4	7.1
善良人吃亏	同意	16	28.6
	一般	14	25.0
	不同意	26	46.4
生活压力来源	家庭经济问题	18	32.1
	众多的兄弟姐妹	2	3.6
	学习成绩	21	37.5
	朋友之间	10	17.9
	其他	5	8.9
理解成功	有文化高学历	2	3.6
	道德高尚	17	30.9
	努力就是成功	28	50.9

调查数据显示,压力主要来源为学习成绩、家庭经济问题和朋友之间,这三者的百分比分别为37.5%,32.1%,17.9%。在初中三年级这样一个年龄段,处于在学校学习的时期,学习压力大是可以理解的,但是从数据上分析,经济压力与学习压力相差不大,可见来自家

庭的经济压力对流动青少年心理有一定影响。经济压力也许会成为其初中毕业之后选择走向社会的一个重要原因。

当谈到善良人吃亏时，仅有28.6%选择同意，46.4%的人认为还是应该保持善良，相信好人有好报。可见大部分研究对象都认为善良是应该保持的品德。调查发现，研究对象在学校教育下，对于社会认知基本保持了传统价值观，认为善良仍然是应该保持的美德。

对研究对象如何理解成功的部分进行分析时发现，有30.9%的人认为"乐于助人，做高尚的好人"是一种成功，显示出他们对于品德修养还是非常看重的。50.9%的人认为"只要自己努力过，就算是失败，也是一种成功"，这也反映了他们积极的一种心态，愿意尝试和努力，能够接受失败。然而，这种心态也反映出他们对于成功的理解比较片面，对成功的方法和途径缺乏认知。

> LQ20121205访谈："我觉得努力就是一种成功……这种已经让我很满足了……学习努力就好……但是我成绩还是不好，不过也没有办法……"

> JFY20121205访谈："如何成功，我还说不清楚，还是努力吧……不知道怎么努力……"

（三）未来规划情况

1. 毕业选择

在与研究对象的访谈中，笔者了解到，大多数人已经开始考虑未来毕业后的打算，其中大部分既有读书的考虑又有毕业出去工作的想法，还处于一种犹豫不定的状态。因此在未来规划这一部分，问卷对研究对象进行了两种假设：一种是继续读书，读高中或者技校；另一种是走向社会去工作。

(1) 升学信息匮乏

在读高中的部分,问题从一种假设的角度去问。因为据学校校长介绍,想要读高中的,在初二毕业就转回老家继续读书,初三还在昆明没有转走的,一般是准备不再升高中了,学生自己或者是学生家庭已经另有打算。

调查显示,多数流动青少年想读高中,但由于对考上高中没信心,升学信息也较为匮乏,所以才会选择读技校和工作(表6)。在问卷中,选择回答读高中人数为52人,说明在这些流动青少年的心里,大部分人对于读高中有渴望。并且在回答"如果能考上高中,你选择留在昆明还是老家"的问题时,有一半人选择在昆明读高中。但调查发现有73.1%的人根本不了解在昆明考高中所需要的条件,如公立高中是否录取非当地户口学生,对成绩的要求是什么以及私立高中如何录取学生,学费有多高等。可见,研究对象对于升学信息资源比较缺乏,对未来发展思考较少。假如考不上高中,60.4%的人选择了技校,22.6%选择了工作,这或许是他们自己或家庭对于其未来规划的真实想法,即把读技校和工作作为初中毕业后的主要选择。

表6 读高中的选择

	选项	频率/人	有效百分比/%
如果你考上了高中	在老家读高中	24	49.0
	在昆明读高中	25	51.0
昆明读高中的条件	了解	11	21.2
	不了解	38	73.1
	不关心	3	5.8
若你没有考上高中	继续考	5	9.4
	打工	12	22.6
	读技校	32	60.4
	其他	4	7.5

(2) 专业选择缺乏理性

研究认为，研究对象对技校缺乏了解，其自我认知不清晰或许会影响专业选择，对未来的职业发展造成影响。数据显示，较多的人有读技校的打算，并且对于读技校的原因和专业选择有了一些思考，但仍缺乏职业规划考虑。78.8%的研究对象认为"学习专业技术，找相关工作"是读技校的目的，兴趣是选择专业的重要指标，百分比为59.6%，"赚钱多"为13.5%，"工作轻松"为9.6%（表7），由此可以分析出，凭借兴趣找到一个专业学会相关技术，在此基础上找到一份工作是他们所需要的。

表7 读技校的选择

	选项	频率/人	有效百分比/%
读技校的原因	学技术找相关工作	41	78.8
	为了学历	4	7.7
	父母的期望	4	7.7
	有朋友读技校	2	3.8
	其他	1	1.9
选择专业的原因	兴趣所在	31	59.6
	赚钱多	7	13.5
	工作轻松	5	9.6
	听起来很体面	1	1.9
	就业前景好	2	3.8
	父母要求	2	3.8
	其他	4	7.7

研究对象对技校专业选择以兴趣为主导，倾向于以其为导向，选

择相关专业进行学习，毕业后从事相关工作。但目前来看研究对象的兴趣爱好以娱乐为主，缺乏职业因素匹配性。从对研究对象兴趣爱好的数据分析发现，大多数人的兴趣爱好集中于听音乐、体育运动和上网，占到总比例的60.7%，这些属于放松娱乐的爱好范畴，对于职业发展可能不会有太大帮助（表8）。

表8 兴趣爱好

选项	频率/人	有效百分比/%
美术	3	5.4
听音乐	14	25.0
体育运动	9	16.1
看书	5	8.9
交友	2	3.6
舞蹈	3	5.4
上网	11	19.6
摄影	1	1.8
睡觉	2	3.6
学习新的知识和技能	1	1.8
参加社区公益活动	3	5.4
其他	2	3.6

笔者注意到，在兴趣爱好的选项中，"上网"的被选择比例仅次于"听音乐"，达到了19.6%。但是在访谈的过程中发现，研究对象对于上网的认识仅仅停留在聊天、游戏等，并不清楚兴趣爱好与职业发展的关联。这样的情况或许使他们以后面临工作时无法根据兴趣筛选出适合自己的职业。其中，有两人选择了"睡觉"为兴趣爱好。虽

然人数较少，但是这样的情况也反映出研究对象对于自我认识不清楚。根据这些数据可以分析出目前研究对象对兴趣与职业发展的关系认识不清，所以可能会面临选专业不够理性的情况。因此，后期行动的活动设计就可以联系一些技校，就不同专业的课程让研究对象体验学习，培养其职业技能的兴趣，使其专业选择更为理性。基于这样的情况，项目就把重点放在了对于他们职业发展兴趣点的探索上。

（3）职业选择迷茫

57人中有43人表示在未来规划中有去工作的想法，这部分人与想去读高中的52人有很大程度上的重叠，说明他们现在处于一种读书和工作两难的情况之下。然而研究发现，他们对工作的认识较少，职业选择迷茫。

首先，研究对象对工作种类的认识比较有限，职业选择受环境限制。从他们选择的理想工作的种类上看，个体经营者和手工业者占有较高比例，分别为16.3%和14%，其次服务员和军人的选择比例也较高，都为11.6%。而根据访谈发现，在研究对象的生活圈子中，亲属和朋友大多从事此类工作，可以分析出与研究对象有亲密关系的人会影响其职业选择。这在某种程度上也会使其选择受限。

其次，从职业选择的动机看，兴趣是职业选择的主要因素，但缺乏与职业的匹配度（表9）。职业选择动机里面兴趣占55.0%，仍是主要因素，其次赚钱多为17.5%，也占有一定的比例，与读技校专业选择的数据（表7）有些相似，同样需要注意的是职业与个人兴趣的关联。

表9 工作的选择

	选项	频率/人	有效百分比/%
选择理想工作的动机	兴趣所在	22	55.0
	赚钱多	7	17.5
	工作轻松	4	10.0
	就业前景好	1	2.5
	父母要求	3	7.5
	其他	3	7.5
你认为理想工作需要	较高学历	6	14.6
	过硬的技术	10	24.4
	丰富的经验	9	22.0
	雄厚资金	2	4.9
	好的人际关系	3	7.3
	良好的品德	11	26.8
能够找到理想的工作	完全可以	1	2.4
	应该可以	17	41.5
	说不清	19	46.3
	应该不行	4	9.8
找工作的途径	不知道怎么找工作	5	12.5
	父母、亲戚的介绍	18	45.0
	去人才市场应聘	3	7.5
	朋友介绍	4	10.0
	从网络找招聘信息	2	5.0
	从报纸找招聘信息	1	2.5
	其他	7	17.5
了解理想工作的方式	培训	15	37.5
	职业参观	3	7.5
	成功人士经验分享	7	17.5
	职业体验	11	27.5
	其他	4	10.0

最后，研究对象对于职业信息的了解较少，还没有做好工作的准备（表9）。他们认为具备过硬的技术、丰富的经验和良好的品德就可以找到自己的理想工作，其中"良好的品德"选择比例最高，为26.8%。但同时，48.8%的研究对象在"是否了解理想工作对自己的要求"这一选项中选择了"说不清""不太清楚"或"非常不清楚"，而46.3%的人对于是否能够找到理想工作选择了"说不清"。从这些数据可以分析出，研究对象对于工作的认识还处在一种模糊的认识状态，并不清楚该如何找工作。所以，项目可以结合职业体验和培训等形式把一些工作的基本要求和用工条件告诉研究对象，让他们了解更多的职业信息。从研究对象的需求来说，他们主要希望通过培训、职业体验以及成功人士的经验分享来了解他们理想中的工作，比例分别为37.5%、27.5%、17.5%。同时有51.3%的人表示如果找不到理想工作可以去看看别的工作，表示他们对于工作的选择具有机动性，不是特别执着于某种工作。那么，服务计划可以就不同种类工作以培训、职业体验和成功人士的经验分享等形式开展服务。从找工作的途径上看，55%的人选择会通过父母、亲戚和朋友的介绍，这些普遍被认为是比较安全的方式。但同时也有人表示会选择通过人才市场招聘以及报纸、网络等方式，这些方式可能存在被拐卖或者受骗的风险。而66.5%人对于未成年人工作的法律不太了解或非常不了解，87.5%的研究对象也表示想要学习防止被拐骗的知识，在这样的情况之下，法律和防止拐骗的知识在行动计划制订中就必须有所体现，以增强其自我保护的意识与能力。

2. 影响未来规划的因素

（1）职业观未形成

通过对研究对象的访谈发现，不管是读技校还是工作的选择，研究对象多数都还没有形成职业观或者职业的概念。谈到对未来想从事的工作时，多数研究对象表示不愿读高中，倾向于读技校或者工作，但是访谈中发现他们不知道要具体从事哪一种职业或学习哪一种技能类型。即使有明确的职业选择，也多数是父母的决定。多数研究对象对于未来的职业发展还没有任何想法，关于职业选择对于自己以后生活的影响以及需要具备怎样的条件去从事一份工作，都没有认知。即便目前部分研究对象有了趋向于某个职业发展的兴趣爱好，想去学习有关技能，但还无法获取相关的学习途径。

如以下访谈所表明：

> HGZ20121111访谈："我肯定不会读高中，考不上呗……我爸妈让我毕业就去福建做工，我姨在那里一个厂子里，想我过去帮忙……我不知道具体是做什么的，让我去就去呗。"

> LXL20121112访谈："（毕业之后）爸妈要我帮着家里做工（扎拖把）……我也不想去找别的工作，愿意待在家里。"

> WLL20121112访谈："我考不上高中的话，我老爸就让我读卫校，其实我不想去，想去学设计……我也不知道怎么才能学设计，到底有没有这个专业啊？"

（2）社会资源缺乏

在分析研究对象对未来的规划中，发现研究对象社会资源比较缺乏，这使其对于读高中、技校还是工作，缺乏理性的认知。首先，在读高中的资料分析中发现研究对象对于升学的信息比较缺乏，想留在昆明读高中又不清楚在昆明读高中的条件。访谈中还发现部分学生有转回老家读高中的想法，但对于如何办手续以及其他相关信息也不太了解。其次，对于技校的选择，很多人对想要学习的专业也不清楚。虽然说是想找感兴趣的专业学习，但是很多时候是父母帮他们做的选择，他们自己对于技校有哪些专业或者相关专业的教学和就业情况都不清楚。最后，从他们对工作的选择和准备情况上看，他们社会资源缺乏的情况更为突出。研究对象长期在社区，很少接触外面的生活，没有接触过职介所和各种培训中心，对就业现状了解有限。部分研究对象父母收入都不稳定，职业资源和信息不多，研究对象所掌握的职业信息就更有限。对于找工作的方式、途径和工作所需的技能，研究对象只能依赖于家庭、同伴和亲戚，自己对于这些信息不了解。

GXL20121213 访谈："我知道有些地方在招工，但是不是很好的工作……有没有工资高又不太累的工作？"

YYC20130323 访谈："我要去上技校，专业还认不得……先考上一个再说！"

CXF20130316 访谈："虽然我很想读高中，但是我爸妈都在昆明，我已经回不去老家了……昆明的高中我能不能考？但是我学习很差……应该考不上……"

（四）对职业生涯教育的态度和期望

资料显示，多数研究对象对项目活动期望是增加对社会的认识，使自己开阔眼界、了解职业信息以及加强与同学之间的关系。虽然近半数的研究对象并不清楚什么叫作职业生涯教育，但是他们中的大多数人出于想要了解社会、开阔眼界和在活动中与同学增进友谊等原因而参与进来，并且想要在活动中探索职业兴趣、学习理财和相关职业技能。在与个别研究对象的访谈中笔者发现，家庭经济条件和学习成绩的不理想使得他们有一种自卑心理，他们想要去接触外面的社会但是又觉得自己的能力不足，害怕失败。针对这样的态度和期望，项目尽量避免为其做有针对性的职业生涯规划，而是出于一种生涯教育的目的引导其正确认识读书与工作，让研究对象在活动中探索自己的兴趣点,为未来发展做出理性的判断和选择。

GCC20121203 访谈:"我希望这个活动能让我找到感兴趣的职业,我毕业以后就可以过去工作了。"

MF20121128 访谈:"我觉得能和大家一起在学校外面参加活动挺开心的。"

CHQ20121217 访谈:"我想去看看各种职业,去技校看看也可以,我也许毕业就会去那里读书,先看看那里的情况比较好。"

四、社工介入与行动研究

（一）项目背景

研究在 X 非营利组织的流动青少年职业生涯教育项目背景下开展，对某民办学校的初三学生进行社会工作介入。该非营利组织经过云南省民政厅注册成立，创立至今已超过 10 年，服务了许多社会弱势群体，在昆明具有一定的影响力。2002—2008 年该组织面向昆明市市区内低收入群体，开展无抵押小额贷款、免费创业培训以及互助小组等多项服务，帮助困难群体（下岗职工、失业人员）自主创业提高收入。大量的流动人口涌入城市，在其生存和生活状况不容乐观的情况下，2008 年之后该组织将服务重心逐渐转移到为生活在昆明城市的外来务工者及其子女开展服务。目前其主要服务城市弱势流动儿童以及他们的家庭，运用社区综合发展模式，通过开展多种形式的公益服务，改善流动儿童及其家庭在教育、健康、生计方面的现状，促进流动儿童的全面发展，使其家庭和社区能够和谐融合。其宗旨是：遵守宪法、法律、法规和国家政策，遵守社会道德风尚，与城市困难群体特别是弱势儿童共同面对发展的挑战。通过开展持续服务，使其得到尊重与关怀，并有能力自我发展使生活得到改善，从而建设一个和谐的社区。

该组织拥有较强的资源调动能力，运用社会工作的价值理念和手法开展了很多服务项目。通过慈善企业和基金会的资金支持，截止到

2012年7月，该组织已经投入资金400多万元为服务对象进行专业化服务，平均每年服务两万余人次。该组织还与多所民办学校合作，资助贫困家庭的子女上学，开办自习室和周末兴趣班，开展防灾和安全教育、艾滋病预防教育、健康教育活动，资助学校办学设施设备，举办各种丰富多彩的课外活动等服务，丰富孩子的教育资源。同时针对成人开办缝纫培训班以及综合能力培训等，来提高外来务工者的收入和能力。在服务中，该组织以尊重、接纳的社会工作专业价值理念，运用小组社会工作、社区工作等专业的社会工作方法对服务对象进行直接或间接的服务，取得了较好的服务效果。

流动青少年职业生涯教育项目是该机构首次服务尝试，预期目标是使参与项目的流动青少年对未来发展形成积极态度做出理性选择，对毕业后的生活有所定位。通过与所在服务社区内流动青少年集中的民办学校进行合作，该学校的初三年级学生全部参与项目，人数为57人，项目周期为一年，分为上下两学期进行项目活动。该组织以往的青少年服务项目，具有鲜明的社会工作的专业特点，能有效回应流动青少年的需求。具有代表性且受到好评的项目有"青少年生命健康教育""青少年成长挑战""成长中的人际关系"等，都具有较强的社会工作的专业特色。该组织项目的社会工作专业化体现在：首先，青少年项目的工作者是具有社会工作师专业资格认证的社会工作者，从事青少年社会工作实务工作已有8年，具有专业的价值和丰富的经验；其次，项目活动的开展方式，运用了社会工作的方法，如"成长中的人际关系"采用了小组工作的方法，招募小组成员，以提高其人际沟通能力改善其人际关系为目标，取得了一定的效果；最后，项目活动体现出的社会工作专业价值观和理念比较突出，项目工作人员表现出社会工作的平等、接纳和尊重等价值观，使他们与服务对象建立了良好的关系。在这样的基础之上，开展流动青少年的职业生涯规划项目，具有人员、技术和资金的保障，为后期活动的进行创造了良好的条件。

（二）服务计划的制订

根据宋丽玉等增强权能策略与方法的研究，行动策略从优势视角的实务角度来制定，以增强研究对象的权能为目标。行动研究从认识自我能力、提升自我内在能力、相信自己有选择三个范畴来增强研究对象的自我能力和意识。在认识自我能力提升方面，以再建构的策略角度，尝试从不同的视角分析和认识自我的处境。并通过不加批判的自我故事陈述，重新解读增进自我认识的方法进行行动介入。提升自我内在能力以促进体验、社会动员策略开展。促进体验策略运用过来人的成功经验激励研究对象，利用个人兴趣激发行动力的方法开展。动员社会支持策略则从运用非营利组织拓展研究对象视野，增加其权益常识、帮助链接非正式资源、增强其自信的方法介入。为案主提供多元的具体选择机会则是使其相信自己有选择的可能的策略，其方法包括：提供过来人的经验和相关资源，相信个人有多元的具体选择机会；了解相关权利义务与各种行动的结果，使个人有不同的充分考量。[1]

从对研究对象的需求与问题评估中发现，研究对象对于未来的选择还不确定，充满一种迷茫感，在工作与继续读书之间犹豫。但其自我认识不清晰、社会经验少、资源欠缺、自信心不足等情况都影响着其未来发展以及职业观的形成。针对研究对象的需求，服务计划为其未来发展做出两种假设：第一种针对继续升学的研究对象，活动形式就以参观大学校园、参观职业培训学校为主；第二种针对要工作的研究对象，就由非营利组织机构联系项目合作伙伴，选择有不同专业特色的单位和企业，为研究对象提供培训和体验的机会。

---

[1] 宋丽玉、施教裕：《优势观点——社会工作理论与实务》，社会科学文献出版社，2010年，第99—101页。

由于研究对象很多选择了职业技术学校，突出了职业选择因素，更加倾向于学习专业技术、找专业工作的目的。针对这样的状况，服务计划将更多地突出职业的特点，重点多放在与职业相关的分享、培训与体验上。活动内容的安排上有专题性的讲座、技能性的培训、实践性的职业体验以及拓展性的素质培训。

项目目标：

1. 通过活动使研究对象接触社会，开阔视野。

2. 通过活动提高研究对象的自我认识，增强其对未来发展的自信心。

3. 通过活动使研究对象学会和了解一些职业的要求和技能，寻找职业兴趣，对未来的职业生涯产生规划意识。

4. 通过活动增强流动青少年社会支持网络，增强同辈群体的支持同时获得外在资源的支持。

项目时间：2012年11月—2013年4月

行动介入方案见表10

表10 行动介入方案

	阶段目标	活动节数	活动内容
第一阶段	开阔视野，了解未知的校园生活，思考升学对未来选择的影响	第一节（大学）	职业生涯教育讲座； 人生经验分享：学历和学习； 参观大学校园并与大学生互动
		第二节（职高）	参观职高校园，听职高教学和就业的讲座； 走进课堂，实地体验教学

续表

	阶段目标	活动节数	活动内容
第二阶段	职业参观与体验，发掘职业兴趣	第三节（手工）	1. 老师介绍手工制作职业情况； 2. 学习抱枕的制作； 3. 体验使用缝纫机，自己创作布艺手链
		第四节（酒店）	1. 参观酒店，了解职业类型与用工需求； 2. 了解客房服务这一工作内容与要求； 3. 体验客房服务工作，完成工作任务
		第五节（茶艺）	1. 参观茶室，学习茶知识； 2. 学习茶的礼仪，与老师和同学互动； 3. 故事分享："终身学习"的励志故事； 4. 茶道的欣赏和实际操作体验，发掘职业兴趣
		第六节（工厂）	1. 参观义齿工厂，了解技术型职业的发展前景； 2. 通过职工的人生经验分享，思考职业方向

续表

	阶段目标	活动节数	活动内容
第三阶段	认识自我与社会，学习职业生涯规划与自我保护知识与方法	第七节（认识自我）	1. 分享成功的故事，正确理解成功的条件； 2. 正确对待金钱，学习一些理财的知识； 3. 认识自我，学习利用主客观条件规划未来的方法
		第八节（认识社会）	1. 了解实用法律法规：合同法、未成年工保护法等； 2. 了解自我保护的方法和途径
第四阶段	增进同学友谊，为未来树立信心	第九节（素质拓展）	1. 完成自我挑战的项目，增强自信与勇气； 2. 完成团体协作项目，增进同学友谊； 3. 项目结束，访谈与问卷评估

（三）流动青少年的需求回应

针对研究对象的行动介入效果，以评估问卷为测量工具。以需评估的反映出的自我认知、社会认知以及对未来的选择情况中的问题和行动介入目标为评估维度，反映职业生涯教育项目对研究对象的影响。参与评估的对象为57人，发放问卷57份，回收57份。问卷所设选项以"增强"和"几乎没有变化"两个程度选项作为评估的依据，对数据进行频率描述统计，评估得出以下结论。

研究对象通过职业生涯教育，其自我认知与社会认知程度、社会支持网络以及对未来的规划情况都有不同程度的改善和增强（表11）。

表11　行动介入评估问卷结果

问卷评估	增强		几乎没有变化	
	频率/人	有效百分比/%	频率（人）	有效百分比/%
对自我的了解	44	77.2	13	22.8
自信心	48	84.2	9	15.8
对社会的了解	50	87.7	7	12.3
与同学关系	38	66.7	19	33.3
看待成功	37	64.9	20	35.1
可利用资源	52	91.2	5	8.8
人生目标的选择能力	39	68.4	18	31.6
职业的兴趣	46	80.7	11	19.3
对职业信息的了解	43	75.4	14	24.6
职业相关知识技能水平	42	73.7	15	26.3
了解相关法律法规	54	94.7	3	5.3

（1）在自我认知中，有77.2%和84.2%的研究对象认为对自我的了解程度增多，自信心得到提升。尤其是自信心提升比较显著，达到了项目在提升研究对象自我认知方面的目标。

（2）在社会认知部分，评估显示：研究对象对社会的了解增多、与同学的关系改善以及对成功的认识情况改善，其有效百分比分别为87.7%、66.7%和64.9%。其中，对社会的了解程度增强的百分比数值较大，说明项目使研究对象达到了认识社会和开阔眼界的目标，对其需求做出了有效回应。作为研究对象的社会价值观的反映，研究对象对成功的看法，能够影响其社会认知。通过项目中许多成功人士分享人生经历，影响了研究对象对成功的看法，能够改善其利己偏差状况。在社会认知中，同辈关系是重要的维度之一。作为非正式资源，同辈关系是社会支持网络的重要组成部分。研究对象认为通过活动自己与同学的关系得以提升，同辈关系作为其社会支持网络的一部分，证明其社会支持网络得以增强。

（3）从对未来的规划情况看，研究认为项目使研究对象的未来规划的能力和资源得以提升。多数研究对象认为可利用资源、对人生目标的选择能力增强，百分比分别为91.2%和68.4%。可利用资源增多是行动干预的目标，根据数据认为结果比较理想，达到了良好的效果，能够增强研究对象的社会支持网络。作为项目的理想目标，人生目标的选择能力增强，使研究对象找到人生定位，其效果虽然并不是特别理想，但至少有68.4%的人肯定了服务的效果。对职业的兴趣、职业信息的了解、职业相关知识技能水平和相关法律政策了解程度选择增强的人数有效百分比分别为80.7%、75.4%和73.7%，其中职业兴趣的增强幅度比较显著，能有效帮助其形成理性的职业观。

1. 流动青少年自我认同感增强

（1）自信心增强

项目发现，通过加强外部激励，研究对象对未来生活的自信心有所增强。项目邀请一些成长背景与研究对象相似的成功人士参与活动，通过人生经历的分享，引起研究对象内心的共鸣，使其肯定自己的能力。在相似的人生境遇之下，那些人的成功，为这些之前对未来缺乏信心的研究对象带来希望。这是一种外部激励的方法，促使其内在自信心的增强。同时，在活动中，工作者以优势语言体系的构建，在各项知识、技能的学习和体验中肯定研究对象的能力，鼓励研究对象以积极的言语去赞美同伴的进步和成长，从优势视角出发来发掘其潜能，以外部的积极评价影响其自我认知。通过参与活动，研究对象看到许多不同的职业类别，了解到不同的生活方式，使其社会阅历有所增加，对于未来的畏惧感减少，对未来产生一定自信。在活动中学到的一些知识和技能，发掘出的一些职业兴趣，在某种程度上也为研究对象的未来发展起到了提升自信的作用。

  GXL20130323："我原来很担心自己毕业以后找不到工作，参加活动了解招工信息之后，觉得自己也有一点能力，符合基本条件……我相信自己（可以找到工作）……"
  LH20130319："……因为参与活动进行了体验，我自己也去做了兼职（超市促销），我感觉很好（充满自信的样子）……"
  CHQ20130316："参观了技校之后，我觉得那里学习还蛮有意思，我会好好学习，考上那里的中专。"

（2）自我认知合理化

研究发现，通过项目流动，青少年更加了解自我，对自我的认知更加合理与全面。在需求评估的时候发现研究对象对自己的认知存在着利己偏差，对自我的能力估计过高，将失败进行外部归因。然而通过活动，研究对象对与自己背景相似的成功人士所分享的人生经验和故事非常感兴趣，对这些人生故事也感触颇深。"学历代表过去，学习代表未来"，许多研究对象都记得这句话。这位曾经是流浪儿童但现在已成为著名企业人事经理的人，为研究对象留下了反思的好素材。许多研究对象在分享结束之后，对自我不断反思，思考相同境遇下自己会通过何种方式达到成功，思考自己的兴趣和特长，该如何与自己的未来发展相结合。多数研究对象为之前需求评估中所选择的娱乐休闲爱好，甚至是睡觉的爱好感到羞愧，对自我爱好进行了重新认知。通过手工的职业体验，部分研究对象表现出工作制作的能力，使得他们通过自我肯定，对自身能力有了更为客观的认知。而部分研究对象通过活动发现他们对于之前认为很简单的事情却做不好，他们开始审视自己的优点和特长，准备通过学习的力量，达到自己的目标。

LQ20121213 访谈："我之前觉得我已经够惨了，没想到他比我更惨……他通过努力学习竟然成功得到了经理的赏识……我觉得我之前总是喊着要努力，但从不愿意去做，今后我要像他一样，用学习证明未来会更好。"

LZ20121230 访谈："在来（手工制作）之前，我还在想终于能够亲自体验一回，我对这个很感兴趣……没想到我真的用一块牛仔布做成了手链，我似乎还是有点能力的。"

MF20130311："我今天第一次觉得我能说（人际沟通能力强）是件挺好的事情，听说还有人夸我说得好，嘿嘿（开心的样子）。"

2. 流动青少年社会支持网络增强

通过非营利组织与学校合作开展此次项目活动，研究对象的社会支持网络得以增强，这些资源可以成为其未来发展的可利用资源。非营利组织为项目研究对象提供社会支持，包括项目活动的资金、联系项目合作伙伴等。其中，项目合作伙伴也能够作为社会支持为研究对象提供资源，大学、技校、社会企业、工厂、公益组织、酒店等单位都可以为日后研究对象提供可以利用的资源。这些资源丰富了研究对象可以利用的社会支持网络，可以对其以后工作和学习有所帮助。可以看出在这个过程中，提供的非正式的资源比较多。以同辈群体的支持网络来说，研究对象参与活动，与同辈群体的互动增多。有些研究对象在活动中发现有共同兴趣爱好的朋友，甚至都对同一种职业产生兴趣。多数研究对象认为通过参与活动，他们和同学相处得更加融洽。项目也从法律法规上为研究对象开展培训，增强其对于正式资源的利用意识。当出去工作遇到拐骗等情况时，要寻求公安机关、劳动局等正式支持资源来保护自己，或者是在签订工作合同时，知道通过何种途径保护自己的合法权益。

DSM20120330："……工资待遇很好，我想毕业之后过来（义齿加工）工作……"

GCC20130401："……这些（劳动权益保护知识）对我很有用，我以后要工作的话，应该会用到……"

CJL20130323："（活动中）我们又一起表演了舞蹈，虽然好久不跳了，但我们几个还是跳得很开心（笑着搂在一起）……"

3. 流动青少年的职业观初步形成

研究认为，通过项目，流动青少年的职业观初步形成。通过行动介入，研究对象发掘出自己的职业兴趣点，在职业参观和体验中逐步形成了职业观，掌握了一些职业技能和知识。项目开展之前，大多数研究对象都在工作与读书之间犹豫不定。其中有读书意向的人数占一半以上。他们选择想要从事的工作时也是以兴趣为导向，对相关信息了解有限，多数人都不知道或不清楚理想工作对自己的要求和条件。当通过职业体验和参观使他们了解部分工作类型的用工要求和条件之后，他们才发现原来自己对工作知之甚少。研究对象从之前对于酒店服务工作的趋之若鹜，到体验之后的筋疲力尽。职业体验使研究对象发现工作并不是想象中那样简单，对待工作的选择也会更加理性了。之前他们觉得找到理想的工作需要经验和技能以及良好的品德，但是经过体验之后他们发现最重要的是还要有吃苦耐劳的精神。有些研究对象在了解部分工作之后发现，凭目前自己的能力根本无法达到这份工作的基本要求。理想中的好工作对于他们而言确实是距离很远。认清了理想与现实的距离才能够促使他们脚踏实地地找到新目标，做出更加理性的选择。

SQQ20120316："茶艺体验让我知道很多相关的知识，我也学会了正确的泡茶方法，但是我觉得自己做不来茶艺师。它对心境的要求很高,我还是太浮躁,我想我会选择有挑战性的工作种类。"

HYD20120318:"我对做饭很感兴趣,但是去了新东方之后,我看见那些学生在努力练习刀工,我才发现原来做饭并不是那么简单……我会努力的,毕业之后要去学烹饪,将来做个厨师。"

(四)流动青少年的服务经验反馈

1. 非营利组织的社会工作专业化

非营利组织发挥其资源整合以及社会倡导的优势,促成讲座、职业体验等活动,争取到各种资源来搭建职业生涯教育的平台。作为项目活动的组织者,该非营利组织首先关注到了社区内流动青少年这一弱势群体所面临的问题,并从流动青少年的发展考虑做出了"职业生涯教育"这一项目主题,体现出非营利组织回应社会问题的及时性。非营利组织通过社会倡导,采用各种方式为项目做宣传,带着宣传彩页到相关的单位和企业寻求合作,在网页上发布项目活动信息,充分发挥其灵活性,引起了一些合作伙伴的兴趣。与此同时,非营利组织发挥其资源整合的功能,与各个相关的单位和企业进行资源的对接。大学、技校、社会企业、工厂、非营利组织、企业、培训中心等参与其中,它们具有不同的类型特点,但是却都是因为该项目的公益性和主题的吸引力而加入项目,成为资源的提供者。它们为研究对象提供了不同类型的资源,而这些恰恰是因为非营利组织的资源整合才能够达成。

非营利组织的社会工作专业背景,对流动青少年服务具有优势。该非营利组织的工作人员具有社会工作专业价值和理念,对于青少年社会工作有多年的实务经验,对流动青少年这一群体比较了解。研究发现,部分流动青少年因为社会环境的负面标签,将"学习差""没能力""家里穷"等标签已经内化。个别流动青少年更因为在社区和学校被认为是"问题少年",从而表现出更多的问题。该非营利组织工作人员怀着平等和接纳的态度,鼓励其参与活动。从行动介入看,社会工作的专业价值和理念使得非营利组织的行动介入能够充分尊重和接纳研究对象,运用专业的社会工作方法及时对行动进行评估和反馈,能够较好地回应流动青少年的需求。

在社会工作的价值观之下,非营利组织与合作伙伴的关系也值得探讨,非营利组织既要与企业型的合作伙伴合作,又要与之保持距离,避免出现类似职业中介的感觉。总的来说,资源整合建立在一种合作"共赢"的基础上,或者说是有潜在的利益相关才能够进行资源的整合。技校和工厂因为学生和工作人员的缺乏以及社会责任感,因而选择加入项目。它们在履行自己的社会责任的同时,把研究对象当作一种潜在资源,如果将来可以成为它们的学生或者工人,也是一种很好的利益产出。但是从非营利组织而言,合作伙伴也是研究对象将来可以利用的潜在资源,通过其参与,构建起职业生涯教育的体系。但是由于社会工作专业价值观指导,这样的合作关系很微妙,双方各取所需,实现资源的对接,充分体现出非营利组织的社会工作背景和资源整合优势。

2. 社会工作理念和价值观的践行

在行动介入的过程中发现,社会工作的理念和价值观的内化,对于社会工作者与研究对象的关系建立以及研究对象相互之间的关系建立有促进作用。首先从社会工作优势视角来看,工作者发掘并肯定研究对象的优势和能力,用一种积极的语言体系去影响研究对象的态度与自我认知。在研究中发现,研究对象常常会出现一种无力感,对于自己的优点不能正确地认识,总是罗列自己的缺点,为自己无法做好一件事找借口。基于这样的情况,工作者在与研究对象相处的过程中,尽可能用"你可以的""你这样很好"等语言去肯定研究对象取得的成绩，与服务对象建立了良好的关系。并且在活动的分享环节，工作者鼓励其他研究对象去发现同伴的优点，并用积极的语言去肯定同伴的变化。经过这样的鼓励，观察发现研究对象在参与活动时，常常能够表现出积极自信的状态，对于活动的参与性也会提高。并且通过优势语言体系，研究对象也开始运用积极的表达方式对别人的优点给予肯定，优化了与同伴的关系。

社会工作的助人自助理念对研究对象形成一定影响。工作者引导研究对象发现身边的优势资源，强化其运用优势资源的能力和意识。在行动介入之前，研究对象对于身边的很多潜在资源并不是很了解，更不知道该如何运用这些资源。行动介入通过资源整合，让研究对象了解这些资源，掌握运用这些资源的途径和方法，为其构建出优势资源的平台。在此基础之上，研究对象更好地认识自己所处的环境，自己做决定选择哪些资源为己所用，在充分尊重其自主性和自尊的前提下，其解决问题的能力有所提高。研究对象表示会通过自己的能力使自己的未来发展得更好。

3. 体验式学习模式

体验式的学习模式能够增强研究对象的参与意识，促使其在活动中发挥主动性，提高学习的效率。在行动介入中，体验式的学习主要运用在职业参观和职业体验中，通过研究对象的参与和实践，使其了解不同的职业类型和工作，运用了解的一些职业知识和技能。职业体验使得研究对象与学校之外的社会接触，参与校外的生活对于探究对象而言具有新鲜感，所以在这个过程中，其参与体验的积极性非常高。以茶艺体验为例，研究对象在参观茶艺师表演之后，表现出很强的兴趣，拿到工具就直接想要去操作进行模仿。通过茶艺师直接教学指导，短时间内，研究对象已经能够运用一些专业的技术和方法进行实际操作。并且研究对象在操作过程中,能够与茶艺师和同学进行互动,使得学习并不枯燥,调动了其参与和学习的兴趣。而从学习的效果上看,在活动结束了一星期之后,部分研究对象还能够将茶艺的几个步骤演示出来,看来就体验式的学习模式而言,学习的效果是非常好的。

体验式的学习能够使研究对象接触更多的信息,对于其认知和反思有很好的效果。体验式的学习为研究对象营造出一种较为自由的氛围,研究对象可以在学习过程中,自己探索感兴趣的学习内容并及时发问,也能够观察职业环境后进行思考。在参观技校的过程中,研究对象通过体验式的学习进行实际专业操作,走进课堂与技校的学生和老师进行互动,对专业教学情况和未来就业情况深入了解,并有了很多的感悟。多数学生表示,体验式学习使他们对技校的认知产生了改变,他们对技校学生的素质、教学的情况、专业的发展等都有了新的认知。因此,研究对象开始对读技校重新进行理性的考虑。部分研究对象认为技校比原来想的差,但是也还能够接受,未来发展关键靠自己的努力;另一部分研究对象则认为,技校与自己想象中差别太大,已经无法接受,准备毕业后找一份工作。

(五)研究的局限

由于研究针对昆明市区内某民办学校的57位初三流动青少年,因此研究范围有限,研究对象人数较少,研究代表性有待增强。研究在昆明市区内某社区的民办学校进行,存在着地域和文化的特殊性,研究范围有一定的局限。并且,从参与需求评估与行动研究的人数上看,57人的研究对象数量有限,只能反映这一小部分的流动青少年的特点和需求,研究无法对流动青少年这一大群体进行有效的说明。在这样的基础之下,研究从一种发展性的角度,对57位即将初中毕业的流动青少年开展行动研究,干预的模式和效果只能为流动青少年的研究提供借鉴，其经验的推广有待进一步研究。

　　研究从研究对象的个人层面回应了问题与需求，影响层面有限。从研究的效果来看，研究改善了研究对象对未来感到迷茫的情况，对于其自信、社会支持网络以及未来规划都产生了积极影响；从社会影响层面上看，研究也引起一些单位对于流动青少年这一弱势群体的重视，通过非营利组织的影响找到了一些合作伙伴。这些合作伙伴利用其现有资源，结合项目活动安排为研究对象提供了很多的机会去认识自我、认识社会，了解一些职业种类的发展情况。通过研究可以看到，众多合作伙伴对于流动青少年这一弱势群体比较关注，说明研究在社会倡导方面产生了一定影响。并且可以发现，社会工作可以从一种更广泛的层面来回应问题，社会、学校、社区和家庭都可以成为问题回应的一个层面。但从研究的效果上看，家庭对研究对象的问题回应有限，这与其资源的缺乏有关。同时反思认为，这与项目活动方案也有一定的关系。从研究对象的个人角度出发，可以考虑其家庭对于其未来发展的重要影响作用，从而做出回应。

五、讨论与对策建议

（一）结论

研究认为从社会工作介入角度对流动青少年开展职业生涯教育是必要的。首先，由于目前流动青少年的研究缺乏对其未来发展的关注，过多的负面关注容易使其被标签化。其次，从社会工作服务于弱势群体的宗旨上看，理论的研究多于实际服务，且现有的服务还不完善，对流动青少年的需求回应有限。最后，从职业生涯教育领域看，初中阶段的青少年有必要进行职业生涯教育，对其发展能够起到引导作用。而根据观察发现，即将初中毕业的流动青少年对于未来发展正处于迷茫的状态。因此，在非营利组织的项目背景之下，研究从社会工作介入角度对流动青少年开展职业生涯教育，具有较强的现实意义。

研究通过对流动青少年进行需求评估，发现其自我认知与社会认知存在偏差，未来规划缺乏理性等问题。原因在于自信心缺乏、存在利己偏差、未形成职业观以及社会资源缺乏等。通过非营利组织与民办学校的合作，对 57 位初三流动青少年进行需求评估，评估采用问卷调查和深度访谈相结合的资料收集方法。问卷对研究对象的基本情况、自我认知与社会认知、未来规划情况以及对职业生涯教育的态度和期望进行了资料的收集与分析。对其基本情况分析发现，研究对象在昆明生活时间长，对昆明归属感强，对家庭责任感强；从家庭情况看，研究对象父母从事低收入职业，家庭人口多，人均月收入不高。在自我认知和社会认知部分，笔者分析发现其自我认知存在自信心欠缺、利己偏差等问题。在社会认知方面，发现研究对象保持了传统的价值观：善良是美德、成功需要努力。同时研究发现，学习成绩、同学关系和家庭经济是流动青少年主要压力来源，并且他们对成功的理解比较片面，"努力就是成功"反映出研究对象的社会阅历较少，对社会缺乏全面的认识。在未来规划方面，调查发现研究对象有读高中的想法，但现实条件只能让他们把读技校、工作当作以后的出路。其职业观尚未形成、社会资源缺乏，使得其未来的规划缺乏理性。从研究对象对职业生涯教育的态度和期望看，研究对象以了解社会、开阔眼界和在活动中增进与同伴的友谊等为动机，以职业兴趣探索和学习相关职业知识技能为目的。

研究的行动介入回应了流动青少年的需求的同时，发现其自我认同感、社会支持网络增强，并初步形成职业观。针对研究对象的需求，项目活动以开阔视野、增强自我认知、促进职业探索、增强社会支持网络为目标，通过参观、职业体验、素质拓展、培训与讲座等形式开展活动。项目周期完结后，评估发现项目基本达成目标，研究对象的自我认知、社会认知以及对未来规划的能力和资源增强，基本达到职业生涯教育的目的。同时研究发现其自我认同感增强、社会支持网络增强并初步形成了职业观，在其未来发展的能力和态度引导方面起到积极作用。研究认为非营利组织的社会工作专业化使项目服务具有针对性，提供资源来关注流动青少年这一弱势群体，回应了流动青少年的需求。在项目过程中，社会工作理念和价值观的践行对研究对象与工作人员产生积极影响，在工作人员社会工作专业素养增强的同时，也促进了双方良好关系的建立。研究还发现体验式学习模式能够调动起研究对象的参与意识，使其接触更多的信息，增强其自我反思意识。根据这些经验和反馈，研究能够为项目的可持续性提供建议，以完善该非营利组织下一期的流动青少年职业生涯规划项目。

（二）对策和建议

1. 开展流动青少年职业生涯教育

（1）开设初中生职业生涯教育课程

初中阶段是流动青少年人生发展的重要阶段，由于流动青少年多数在初中毕业之后就面临读书和工作的选择，因此有必要在初中开设职业生涯教育课程。在初中阶段，青少年的生理和心理正在快速成长，人生观、价值观也正在形成。在这一时期，职业生涯规划教育能够建立其职业观，使其对未来发展规划产生意识，培养初中生的自我责任感，能够较好地促进其今后的发展。美国、日本等国家早已开展针对初中生的职业生涯教育，发现是十分必要和有效的。虽然我国尚未把对初中生的职业生涯教育纳入职业教育正规体系之中，但是目前我国已经有部分有条件的中学在学校开展职业生涯教育课程，以提高学生的综合素质。遵照我国基础教育《新课程改革纲要》"从小学至高中设置综合实践活动并作为必修课程……了解必要的通用技术和职业分工，形成初步技术能力"的要求，基础教育阶段学生应该具有一定的职业认知水平和职业抉择能力。在流动人口聚集的社区，一些办学条件稍差的民办学校目前无力进行这样的课程教育，学生对于职业技术等信息也很少了解。但由于民办学校就读的流动青少年初中毕业后大多去工作或是读技校，了解与职业相关的信息，寻找职业兴趣对于他们而言就比较重要。建议有关教育部门进行调研和考察，促使初中生职业生涯教育课程尽快开展，同时给予流动青少年集中的民办中学更多关注，对流动青少年的未来发展形成引导。

（2）培养学校职业生涯教育的专业化队伍

在流动青少年较多的学校，培养教师的职业生涯规划能力。在学校的教育体系之中，教师是教育的主体，强化教师的职业生涯规划能力和专业水平，对于发展学校职业生涯教育十分必要。从目前的职业生涯教育现状来看，大学的职业生涯教育正在向着专业化努力，对于其教育的方法、模式和途径等进行了一些探索。但笔者发现，大学生接受的职业生涯教育，多是学校以就业为指导开设的就业指导课程，且课时并不多，真正对大学生的职业生涯规划和未来发展所起到的作用十分有限。这与开展职业生涯教育的教师的专业化水平有一定的关系。有些教师就以高校的就业指导手册为教材，按照课时完成教学任务，这种情况在民办高校和高职院校并不罕见。近年来，各高校的就业情况也不甚理想，或许也说明了在职业生涯教育上的一些问题。从基础教育阶段开展职业生涯教育或许能够成为其突破口。针对这样的情况，提升学校职业生涯教育教师的专业能力和知识水平，培养一支专业化的职业生涯教育教师队伍已经刻不容缓。有关教育部门可以安排专业人士定期对教师进行专业培训，增强其专业化，在学校为中学生尤其是初中的流动青少年做职业生涯教育。流动青少年较为集中的学校，能够选派教师到有关的专业培训机构进行学习深造，使教师掌握职业生涯规划的相关知识和技能，向专业化发展。同时还可以从社会上引进专业人士充实到职业指导教师队伍中，切实提高职业指导教师整体的能力与水平，对流动青少年进行职业生涯教育。

(3) 完善职业生涯教育体系

从目前我国职业生涯教育的现状来看，有必要完善和构建专业化与系统化的教育体系，对教育开展的模式进行进一步的探索。对目前发展较好的大学生职业生涯教育情况分析，职业生涯教育只是狭义的就业指导，且从高校就业指导取得的效果来看，就业现状不甚理想。只从就业信息、就业渠道等方向进行职业生涯教育，已经无法满足目前职业生涯教育对象的需求，有必要在现有的职业生涯教育上进行一些改革和创新。不仅可以在学校进行职业生涯规划的教育，同时也可以通过整合劳动部门、职业中介、企业和各个单位的资源，进行校外的职业生涯教育。将职业体验、参观、培训和讲座等模式放入职业生涯教育体系之中，对职业生涯教育模式进行有效探索。其中，针对流动青少年的职业生涯教育，更应注重青少年的自我成长，要将职业生涯教育对象的主动性充分考虑进入教育体系。不仅要在外部联系资源，同时也要促进受教育者的内部成长，从两个方面将教育体系完善。

2. 流动青少年社会工作服务多元化

社会工作作为关注弱势群体福祉和发展的学科，面对越来越多的流动青少年，应该关注到这一群体的需求，对其开展多元化的服务。从传统的社会工作视角看，社会工作对流动青少年的服务可以从犯罪预防和社区矫正、疾病传播控制等角度进行介入。但是笔者认为基于尊重和接纳的价值观，社会工作应该对流动青少年的发展多一些正向关注，从促进其健康发展的角度进行一些服务，以回应流动青少年需求。同时，可以对服务的形式和内容进行理论与实践的探讨，使社会工作服务更加多元化。社会工作者要警惕过多的负面关注使本来就弱势的流动青少年更加弱势化，使这一群体将"犯罪""社会不适""人际关系差"等问题自我标签内化。这还需要社会工作共同努力，在服务内容上进行较多的探索。同时，笔者注意到目前许多关于流动青少年的服务，理论的探讨较多，开展的实践较少。然而，从社会工作的发展来看，社会工作作为一门应用型的学科，对于流动青少年的研究，不应只从理论上探讨，理论也应该多联系实践。借鉴国外和港澳台地区的理论与经验，社会工作者应该加快进行社会工作本土化探索。可以通过流动青少年这一群体的理论和实践研究，推动社会工作本土化发展。

3. 加强对未成年工的保护

多数流动青少年选择初中毕业后走向工作岗位，成为受到法律和社会保护的未成年工。然而目前对于未成年工的劳动保护，虽然已经有政策法规，但是未成年工劳动权益受到侵害的案例仍频繁出现。有关未成年工的法律保护政策在《中华人民共和国劳动法》《中华人民共和国未成年人保护法》和《未成年工特殊保护规定》中已有所说明，在用工年龄、从业类别和特殊保护上都做出了规定，但笔者发现这些规定的可操作性有限，很难实施。虽然劳动部在颁发的《未成年工特殊保护规定》中规定未成年工不从事高危职业、用人单位要对未成年工体检等，但并没有对违反规定的处罚做出明确说明，只是一种倡导性的政策，于是有很多企业和单位不履行相关规定，执法监督部门也很难做出处罚。且发现违规情况多数是由他人举报，可见执法监管的力度也须加强。若法律法规不完善，执法监督力度不大，就无法对未成年工达到保护的目的。因此，建议完善法律法规，增强政策的可操作性，加强执法单位对用人单位的监管力度，切实保障未成年工的合法权益。

未成年工作为社会弱势群体，不仅需要社会的保护，也需要了解相关政策法规来学会自我保护和维权。然而目前的法律法规宣传力度还不够大，未成年工自我维权意识淡薄，很多时候是在身心已经受到伤害之后，才想到诉诸法律。建议相关劳动就业部门可以通过用人单位组织未成年工定期开展阶段性的法律法规学习，培养其法律维权意识，使其了解和掌握维权的方法与途径。同时，在人才市场和职业中介机构也通过发放法律宣传页的形式，进一步宣传劳动维权的信息。同时，为了预防未成年工的劳动权益受侵害，还可以通过学校对老师、家长以及在校初高中学生宣传对未成年人和未成年工的法律保护信息，使未成年人接触和了解这些信息，为以后走向社会做准备，增强其维权意识。